21 世纪高职高专规划教材·市场营销系列

广告策划

（第 2 版）

白云华 编著

清华大学出版社

北京交通大学出版社

·北京·

内 容 简 介

本书为“广告策划”课程项目化教学改革的成果教材。

本书以培养高素质的技术技能型广告策划人才为目标，以广告公司策划岗位的工作任务及职业能力分析为依据，按照广告策划岗位的工作流程，将内容整合为 6 个项目：感悟广告、广告调查、广告战略策略决策、广告创意、广告设计、广告策划方案的设计与实施。每个项目又依据职业需要，分解为若干工作任务，每个任务都以“知识储备——任务演练”的逻辑思路组织内容，以指导学生进行实际操作。

本书可作为高等职业院校、高等专科院校、成人高校及本科院校举办的二级职业技术学院广告专业、市场营销专业及其他相关专业的通用教材使用，也可供广告从业人员的自学和培训使用。

图书在版编目（CIP）数据

广告策划 / 白云华编著．—2 版．—北京：北京交通大学出版社，2015.8
（21 世纪高职高专规划教材・市场营销系列）
ISBN 978-7-5121-2327-4

Ⅰ．①广…　Ⅱ．①白…　Ⅲ．①广告学-高等职业教育-教材　Ⅳ．①F713.80

中国版本图书馆 CIP 数据核字（2015）第 175831 号

责任编辑：谭文芳
出版发行：清 华 大 学 出 版 社　邮编：100084　电话：010-62776969　http://www.tup.com.cn
　　　　　北京交通大学出版社　邮编：100044　电话：010-51686414　http://www.bjtup.com.cn
印 刷 者：北京时代华都印刷有限公司
经　　销：全国新华书店
开　　本：185×230　印张：17.25　字数：392 千字　彩插：4
版　　次：2015 年 8 月第 2 版　2017 年 3 月第 1 次修订　2017 年 3 月第 2 次印刷
书　　号：ISBN 978-7-5121-2327-4/F・1517
印　　数：3 001～5 000 册　定价：32.00 元

本书如有质量问题，请向北京交通大学出版社质监组反映。对您的意见和批评，我们表示欢迎和感谢。
投诉电话：010-51686043，51686008；传真：010-62225406；E-mail：press@bjtu.edu.cn。

第 2 版前言

《广告策划》一书自 2009 年 8 月出版以来，持续重印 7 次，备受广大读者的支持与厚爱。 在此，编者深表谢意！

近年来，我国的高等职业教育在发展中出现了瓶颈，各大院校正在大刀阔斧地进行改革，以适应时代的发展与需要。其中，教学质量的提升成为高等职业教育改革的重中之重；而提升教学质量关键在于课程建设与改革。现代高等职业教育的课程观认为：高等职业教育课程教学应该是职业导向的动态过程，也是职业能力的获取过程，强调的是职业所需技能与知识的掌握，以及职业道德与精神的锤炼。正是本着这样的指导思想，编者在老版的基础上作了大的修订，将新版的《广告策划》编写成为项目化教材，以指导学生的实际操作。

新版的《广告策划》与老版相比，其主要特色与创新体现在以下几个方面。

1．“工作过程”导向，实用性强。本书以广告公司策划岗位的工作任务及职业能力分析为依据，以广告公司策划部的实际“工作过程”为逻辑主线编写而成。全书共分 6 个项目：感悟广告、广告调查、广告战略策略决策、广告创意、广告设计、广告策划方案的设计与实施。每个项目又依据职业需要，分解为若干工作任务，任务翔实、具体，突出了职业能力的培养。

2．做中学，学中做，学做一体。本书对每一个任务，都以 “知识储备—任务演练”的逻辑思路组织内容，让学生边做边学，既提高了职业技能又掌握了业务知识，达到了理论与实践的统一。

3．案例导入引导，教学资源丰富。本书每一个项目都以典型案例展开，引导出工作任务，且在指导每一个工作任务时，都提供了丰富的教学资源，如知识储备、知识链接、案例讨论、优秀广告作品赏析、思维训练等，有利于学生对知识的掌握与运用。

4．新增任务演练，强化技能培养。本书每一个学习任务后都配有任务演练，要求学生在相应的情境下，运用所学知识展开实际操作，这将有效强化学生的业务技能。

本书在老版的基础上修订而成，在此感谢老版的参编者才新与孙捷。同时在修订过程中，借鉴了大量的文献资料，在此也感谢所有参考文献的作者！

由于编者水平有限，书中难免会有缺陷和不足之处，诚恳希望各位专家和读者提出宝贵意见，以便日后再修订，使之更加完善。

编　者

2015 年 2 月

目　录

项目一　感悟广告……1
任务 1.1　认识广告……2
1.1.1　广告的内涵……2
1.1.2　广告的构成要素……3
1.1.3　广告在现代市场营销中的地位和作用……5
任务 1.2　认识广告策划……8
1.2.1　广告策划的内涵……8
1.2.2　广告策划的分类……9
1.2.3　广告策划的程序……9
任务 1.3　组建广告策划团队……15
1.3.1　专业广告公司……16
1.3.2　企业广告组织……18
1.3.3　媒体广告组织……20
1.3.4　广告团体——专业广告协会……22
项目二　广告调查……30
任务 2.1　制定广告调查方案……31
2.1.1　广告调查内容……32
2.1.2　广告调查方法……38
2.1.3　广告调查方案……40
任务 2.2　设计广告调查问卷……43
2.2.1　广告调查问卷的构成……43
2.2.2　问题的设计……44
2.2.3　问卷设计的原则……46
任务 2.3　实施广告调查……51
2.3.1　广告调查程序……51
2.3.2　广告调查样本的选取……52
2.3.3　广告调查资料的整理与分析……53
任务 2.4　撰写广告调查报告……56
2.4.1　广告调查报告的格式及内容……56
2.4.2　撰写广告调查报告应注意的事项……57

项目三　广告战略策略决策……68
任务 3.1　广告目标决策……70
3.1.1　广告目标与营销目标……70
3.1.2　广告目标的类型……71
3.1.3　影响广告目标决策的因素……74
3.1.4　广告目标的设定……75
任务 3.2　广告预算决策……77
3.2.1　广告预算的作用……77
3.2.2　广告预算的内容……79
3.2.3　影响广告预算的因素……80
3.2.4　确定广告预算总额的方法……81
3.2.5　广告预算的分配……83
3.2.6　广告预算表的编制……83
任务 3.3　广告定位决策……87
3.3.1　市场细分……87
3.3.2　选择目标市场……89
3.3.3　广告定位……90
任务 3.4　广告表现策略决策……100
3.4.1　广告表现手段……101
3.4.2　广告表现策略……102
3.4.3　广告表现的心理原则……106
任务 3.5　广告媒体策略决策……114
3.5.1　广告媒体的分类……114
3.5.2　各类广告媒体的特性……115
3.5.3　广告媒体的策划程序……118
3.5.4　广告媒体的选择与组合……118
3.5.5　广告媒体的发布……121
项目四　广告创意……135
任务 4.1　认识广告创意……136
4.1.1　广告创意的内涵……136
4.1.2　广告创意的原则……137
4.1.3　广告创意的过程……139
任务 4.2　创意思维训练……143
4.2.1　发散思维……143
4.2.2　聚合思维……145
4.2.3　联想……147

4.2.4 组合……148
4.2.5 类比……149
任务 4.3 头脑风暴……152
4.3.1 脑力激荡……152
4.3.2 默写式智力激励……154
4.3.3 卡片式头脑风暴……154
项目五 广告设计……161
任务 5.1 撰写广告文案……164
5.1.1 广告文案的类型……164
5.1.2 广告文案的构成……165
5.1.3 广告文案的创作要求……168
任务 5.2 平面广告的设计……173
5.2.1 平面广告的构成要素……173
5.2.2 海报的设计……182
5.2.3 报纸广告的设计……184
5.2.4 杂志广告的设计……187
任务 5.3 电子广告的设计……192
5.3.1 广播广告的设计……192
5.3.2 电视广告的设计……193
5.3.3 网络广告的设计……196
项目六 广告策划方案的设计与实施……206
任务 6.1 广告策划方案的撰写……214
6.1.1 广告策划方案的一般格式……215
6.1.2 广告策划方案的基本内容……215
6.1.3 广告策划方案的编写要求……218
任务 6.2 广告策划方案的实施……231
6.2.1 广告策划方案的可行性分析……231
6.2.2 广告策划方案的实施程序……233
6.2.3 广告策划成功的关键……233
任务 6.3 广告效果的测评……235
6.3.1 广告效果的类型……235
6.3.2 广告效果的特性……236
6.3.3 广告效果的测评内容与方法……236
附录 A 中华人民共和国广告法……248
附录 B 广告管理条例施行细则……260
参考文献……264

项目一

感悟广告

能力目标

■ 能够正确认识广告与广告策划
■ 能够用广告的相关理论分析当前的广告市场
■ 能够合理组建广告策划团队，按广告策划的工作流程开展工作

知识目标

■ 知道广告的内涵及构成要素
■ 了解广告在现代市场营销中的地位与作用
■ 了解广告策划的内涵
■ 掌握广告策划的工作流程

情境分析

当代社会是一个到处充满广告的社会，整个地球已成为一块巨大的广告牌，向世人传递着各种各样的广告信息。不管人们对它抱有什么样的态度，广告正以不以人的意志为转移的姿态渗透到社会生活的各个角落，影响和制约着企业的发展、媒体的命运，也改变了人们的日常生活。

小明就是一位从小受广告影响长大的年轻人，小时候看的"南方黑芝麻糊，一股浓香，一缕温暖"，让他钟爱上了南方黑芝麻糊。长大了，吃五谷道场，"非油炸，更健康"；喝星巴克咖啡，"邂逅你自己"；穿美特斯·邦威，"不走寻常路"；用动感地带M-ZONE，"我的地盘，我做主"；住月伴林湾，"Q 小宅，小户型专家"……广告深深地影响着小明的衣食住行，也让他爱上了这一行业，并立志要成为一名广告策划大师。那么，到底什么是广告？如何正确认识和理解广告？广告策划工作又是如何开展的？小明很期待能够有一个专业的了解和认识，同时也期望能够与朋友一起组建广告策划团队，在实践中锻炼自己。

任务分解

任务 1：认识广告
任务 2：认识广告策划
任务 3：组建广告策划团队

案例导入

广告就是劝别人离婚

有一次，叶茂中做客中央电视台三套《文化访谈》节目，聊的是有关广告的话题。当时叶茂中说："广告是一门劝诱的艺术。劝，就要有一定的量；诱，就要有一定的技巧。这就和劝两口子离婚一样，不是一天两天就能劝离的，得反复劝，同时还得诱导，告诉人家，你们两口子过没前途，你看我推荐的这个姑娘多水灵，多有文化。"

帮企业做策划，推广产品，就得说服消费者放弃他（她）以前购买的品牌。但由一个品牌转移到另一个品牌谈何容易，这其实就和劝两口子离婚在性质上是一样的。所以说，营销人的角色之一就是劝别人离婚的说客，劝得离了婚，还得再结婚。

一个男孩爱上了一个女孩，大多数情况下，这个男孩会产生一种自卑感，这是经科学家研究证实的。可怕的自卑感，可能会导致这个男孩后来一连串的追求都将失败。比方说，他不能鼓足勇气去说"我爱你"，而是默默地爱着，躲在角落里注视着，黑夜里辗转反侧地思念着，邂逅的台词念了一千遍，还是说不出口。在这种情况下，这男孩如何能追求得到女孩呢？所以，企业在追求消费者时，自信是不可缺少的，而大声地说出来更为重要。说出来，就有百分之五十的把握能赢；不说，百分之百的会输。

再回到那个男孩。如果他终于鼓起勇气，向那个女孩告白，可是却说错了。这时情况还是一样的糟糕，女孩断然拒绝了他。所以，我们有必要建议男孩了解一下女孩的家庭背景、个人喜好等。这个女孩还有两个追求者，那么男孩还得好好研究一下这两名竞争对手，以便做出更有针对性的，同时又区别于竞争对手的追求方式。

广告是一门关于人的学问，更是大众文化的表现。它必须包容各种意见，表现一大群人现存的价值观、集体心理、文化和道德观。传播大师说："广告的内容应当涵盖消费者的经验。"而"消费者的经验"的来源，就在对消费者的关注和与消费者的沟通之中。

资料来源：叶茂中. 叶茂中的营销策划. 北京：中国人民大学出版社，2007. 85 页.

任务 1.1 认 识 广 告

知识储备

1.1.1 广告的内涵

什么是广告？最简单的理解就是"广而告之"、"广泛劝告"。在西方，广告一词最早来源于拉丁文 Adverture，意思是“大喊大叫、引人注意”，后来逐渐演变为“让众人知道某事”的意思。1905 年，被称为美国广告之父的约翰·肯尼迪提出了一个著名的广告定义：广告是“印在纸上的推销术”，第一次提出了广告的营销属性，指出广告是营销的重要工具和手段。20 世纪 70 年代以后，随着市场环境和传播环境的巨大改变，广告也在不断丰富着自身的内涵，不断改变着自己的存在方式和活动方式。

当前，对广告的理解有广义和狭义之分。广义的广告是指一种付费的信息传播活动，它包括商品、劳务、服务、观念、主张等一切信息的传递。从这个意义上来看，公告、启事、声明都属于广告的范畴之内。而狭义的广告则把广告看作是一种商品促销手段，它传递的是商品和服务方面的信息，是广告在经济领域中的应用。

余明阳在《广告学》一书中指出：广告是广告主以付费的方式，运用媒体劝说公众的一种信息传播活动，其目的是为了影响公众的态度、观念和行为。这个定义包含五层含义：

① 广告是一种付费的信息传播活动，有偿性是广告的基本属性；

② 广告的内容是有关商品、劳务、观念方面的信息；

③ 广告的传播方式是大众传播，即社会化、群体化的传播，而不是个体传播；

④ 广告的主体是广告主，广告的对象是社会公众，而不是个人；

⑤ 广告的目的是说服消费者接受广告信息，促使其购买广告宣传的商品，以提高企业经济效益或树立企业良好的形象。

1.1.2 广告的构成要素

任何一则广告都是由广告主、广告代理、广告媒体、广告费用、广告信息、广告受众和广告效果，这七大要素构成。

1. 广告主

广告主又称广告客户，是广告活动的发起者。根据《中华人民共和国广告法》的规定，广告主是指为推销商品或提供服务，自行或委托他人设计、制作、发布广告的法人、其他经济组织或个人。一般来说，广告主可以划分为以下两个层次，具体如图 1-1 所示。

广告主
- 法人
  - 经济组织——如工厂、商店、公司、银行、服务机构等
  - 非经济组织——如学校、部队、街道、团体等
- 自然人，具有完全民事行为能力的个人，如刊登征友、挂失、出租房屋、寻人启示等的广告主

图 1-1 广告主的分类

要成为明确的广告主，必须具备相应的条件：

① 要具备独立的民事主体地位，能够承担相应的民事责任，不具备法人资格的组织或不具备完全民事行为能力的个人不能成为广告主；

② 要具有明确的广告目的；

③ 愿意承担或提供相应的费用。

广告主对广告活动起主导作用。它是广告信息传播费用的支付者，同时通过付费，获得了一份对媒体的控制权和主动权。他可以根据自身的整体经营战略，确定广告目标，控制广告内容、形式及广告推出时间和推出方式。

2．广告代理

广告代理，即广告经营者。根据《中华人民共和国广告法》的规定，广告代理是指受委托提供广告设计、制作、代理服务的法人、其他经济组织或者个人。具体包括广告公司、广告制作机构及调查公司等。广告代理介于广告客户和媒体之间，为广告客户和媒体提供双重服务。一方面，为客户提供以策划为主导，以创意为中心的全方位、立体化服务；另一方面，为媒体承揽广告业务。广告代理可以充分发挥其专业人才和设备齐全的优势，提高广告效果，增强广告竞争力。

3．广告媒体

广告媒体是广告信息的物质载体，是连接广告客户和消费者的中介和桥梁。从人类上古时期口头广告的出现，到现代高科技广告的发展，人类科技的每一次飞跃，都促进了广告媒体的革命，交通运输广告、太空广告、人体广告、网络广告等新型媒体正在不断地发展壮大，为广告提供了用之不竭的传播手段。各类媒体各自有自己的特点，广告策划者应充分考虑广告产品的特性、媒体的性质及目标消费者的媒体接触习惯，选择媒体和进行媒体组合。

4．广告信息

广告信息是广告所要传达的内容，它主要包括商品信息、劳务信息、企业信息及观念信息等。广告信息必须真实、合法，不能欺骗和误导消费者。广告的目的就是让消费者接受广告信息，从而影响和改变消费者的态度和行为。

5．广告费用

广告是一种付费的信息传播活动，广告主必须向广告代理和媒体支付费用，才能进行相关产品或企业的宣传。有偿性作为广告的本质属性，它使广告的商业性质更加突出，也使广告各要素之间形成了一种相互制约的经济关系。

6．广告受众

广告受众是接受广告信息的对象。广告并非要针对所有的消费者进行诉求，企业应根据自己的营销目标，有针对性地进行劝说，才能达到预期的效果。因此，广告要在市场细分的基础上，选择目标市场，研究目标受众的心理特征、消费习惯和消费能力，要有的放矢地采取相应的对策。

7．广告效果

广告效果是广告活动所要达到的目的。广告在播出前、播出中和播出后，都要进行广告效果的评估，以便及时调整广告策略或检验广告活动的成败。

广告的七大要素构成了广告活动的基本框架，它们之间是相互联系、相互制约的，具体如图 1-2 所示。

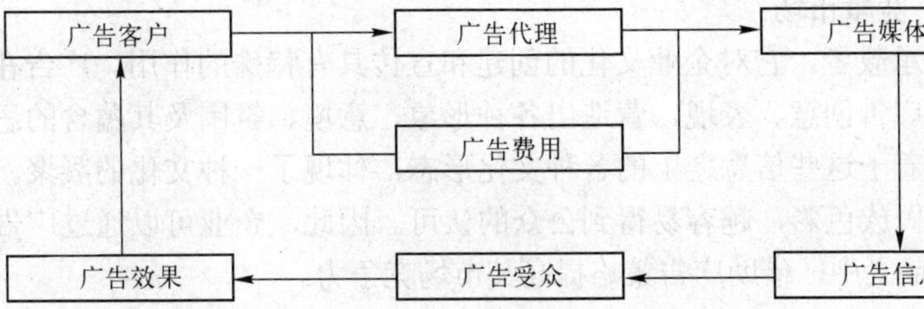

图 1-2 广告要素构成框架图

1.1.3 广告在现代市场营销中的地位和作用

广告是现代市场营销活动不可缺少的组成部分，它是一种重要的营销工具和手段。对于企业来说，现代广告在创造市场、占领市场、发展市场方面起到了积极的推动作用。同时，广告对企业文化的创建和宣传，也具有特殊的作用。

1．传播信息，沟通产销

广告是一种信息传播活动。通过广告，企业可以向消费者传递有关商品或劳务的信息，也可以将企业的文化和经营理念融入广告信息中，传递给消费者。这些信息将生产者和消费者联系起来，在产销之间架起了一座桥梁，有利于物尽其用，加速流通。

2．促进销售，扩大市场

俗话说："好酒不怕巷子深"，但商品极大丰富的今天，好酒也怕巷子深。商家要通过一定的方式，让人们知道在巷子深处的好酒，要宣传、要促销，而广告则是一个高效的促销方式。美国著名的宝洁公司已故负责人罗伯特・戈尔斯坦曾说过："我们发现效率最高、影响最大的推销方法就是广泛地做广告。"

对于企业来说，广告并不能直接带来利润，而且还要支付庞大的广告费用。但是广告对商品信息传递的广泛性、有效性则大大降低了商品销售的实际成本。据统计，在发达国家，投入 1 元广告费，可收回 20～30 元的收益，比值是 1∶20～1∶30；在中国，广告投入与收益之比大概为 1∶10～1∶20。所以有人说，广告是"以银子换金子"的行为。健力宝曾有过忽略广告的惨痛教训。有一段时期，健力宝公司以为健力宝一直受消费者欢迎，便停止了广告宣传。可没想到，广告停止不久，销售便一落千丈。后来健力宝公司如梦初醒，立即恢复了广告宣传，但却付出了巨大的代价。由此可见，企业只有具有"以银子换金子"的广告意识，才能销售更多的产品，赚取更大的利润，可谓"小财不去，大财不来"。

3．引导消费，创造市场

广告是消费者的忠实顾问和参谋，它向消费者介绍商品，帮助消费者认识商品，指导消费者如何购买和使用商品，起到引导消费的作用。同时，广告是一门劝诱术，它可以有效地调动和刺激消费者的潜在需要，激发其购买欲望，促成其行为的发生。

4. 传播文化，竞争市场

广告是文化的承载者，它对企业文化的创建和宣传具有特殊的作用。广告在宣传产品、服务的同时，通过广告创意、表现，营造出各种形象、意境、氛围及其蕴含的思想、观念、情感等，传播了附着于这些信息之上的各种文化形态，体现了一种文化的凝聚。广告越具有文化蕴含，越具有民族色彩，越容易得到公众的认可。因此，企业可以通过广告，把无形的文化融入有形的商品之中，借助广告策略提高其市场竞争力。

案例讨论：纳爱斯集团的广告制胜策略

纳爱斯集团是专业从事洗涤和个人护理用品的生产企业，其旗下拥有“纳爱斯”、“雕牌”、“超能”、“百年润发”等品牌。在纳爱斯的发展过程中，一直注重产品品牌和企业品牌的打造。

纳爱斯集团广告中心主任赵国瑞说：“一个好品牌，首先要有好的品质、建立好的渠道；其次要有一个能打动人心的广告；再者是要选择好的传播平台。我们最初在浙江台、江苏台和江西台尝试投放广告，效果不错。随即企业想迅速在全国形成销售热潮。1992 年，纳爱斯拿出 100 万投放中央电视台，选了两个栏目，一个是《名不虚传》，一个是《榜上有名》，投了两个月，全国的订单就像雪片一样飞来，在全国一下子就铺开了，并且受益到现在。在中央电视台投放广告的纳爱斯香皂，成为我们第一个成功的全国性品牌。”在纳爱斯另外一个主要品牌“雕牌”的媒体传播上，走的也是纳爱斯香皂的路线，先从浙江周边做起，然后在 1997 年年初，登上中央电视台，当年的销售额就从 5 亿元跃升到 10 亿元。在以“雕牌”这一品牌进入洗衣粉市场以后，纳爱斯制作了一条后来被奉为经典的广告，就是“孩子懂事篇”：妈妈下岗了，孩子在家里主动帮妈妈洗衣服。这条广告制作完成后，直接放到中央电视台播出，借助这一牵动人心、催人泪下的广告迅速拉动了市场，纳爱斯的销售额从 10 亿元一下子到了 25 亿元。

随后，纳爱斯开始走上中央电视台黄金招标广告资源的舞台。2005 年和 2006 年，纳爱斯连续投放 CCTV-1 上午精选剧场冠名项目；2007 年和 2008 年分别冠名下半年和全年的 CCTV-1 黄金剧场。2009 年，又分别以 18 100 万元和 12 400 万元中标 2009 年上半年和下半年的“电视剧特约剧场”，全年中标价总计达到 3.05 亿元，再度获得 CCTV-1 黄金剧场全年的特约权。如此巨资砸向广告，纳爱斯并不是头脑发热。纳爱斯集团执行董事、市场发展部总监董丽瑛表示：“中央电视台综合频道的黄金剧场家喻户晓，是观众不可缺少的文化大餐，纳爱斯的产品也是家喻户晓，与百姓生活日益密切，黄金剧场电视剧资源与我们的品牌定位非常吻合，这一最大的结合点给我们带来了很好的广告传播效果和市场实效。”实践证明，这样的广告投放非常适合企业产品和营销计划，市场反馈很好，给企业带来了巨大的利润与品牌增值。

思考与讨论：

1. 结合案例谈一谈广告的作用。
2. 纳爱斯的成功说明了什么？

案例讨论：中秋送“金福”

中秋节的流行产品当然是月饼，而且长期以来广式月饼一直畅行天下。2010 年夏天，中秋节来临之际，广州蓝色创意广告公司的创意人员，对月饼市场进行了细致的研究，结果显示：广州产的月饼一半流到了外地，一半在广州地区销售；而在广州的月饼又有三种流向，三分之一被吃掉，三分之一被扔掉，三分之一被送出去最后也不知去向。此外，广州市民对中秋送月饼的传统习惯已有不少微词。于是，蓝色创意广告公司大胆地提出了一个新的口号：“今年中秋节，流行送金福”。它没有改变或者淡化人们对团圆的渴望和追求，也没有动摇人们对月饼的特殊情怀，但是却对中秋节送月饼的习惯大胆提出了挑战，明白无误地传达出人们对这种旧习惯的厌倦和无奈，同时又不容置疑地提出一种全新的习惯去替代它。结果金福米的销售空前火爆。

思考与讨论：

金福米在中秋节期间的销售火爆，说明了什么？

任务演练：主题座谈会——“广告引导我的消费”

1．演练目的

通过让学生畅谈对广告的亲身感受，让学生体会广告的魅力，加强对广告的认识，同时激发学生对本课程的学习兴趣。

2．演练要求

主题座谈会由学生自己组织，教师参与指导。要求充分调动学生的自主性与能动性，激发学生的学习兴趣。

3．演练步骤

步骤 1：将班级每 10 位学生分成一组，每组确定 1 名主持人。

步骤 2：开主题座谈会，每位学生谈一谈印象最深刻的广告，并介绍广告是如何引导消费的。

步骤 3：主持人及教师总结。

4．演练成果

每位学生提交一份对广告认识的书面材料。

任务 1.2 认识广告策划

知识储备

广告策划是广告发展的必然产物。早在 20 世纪 60 年代，西方广告界便建立了以策划为主体，以创意为中心的广告策划管理体系，掀起了一股广告策划的热潮。广告策划成为现代广告活动规范化、科学化、专业化的主要标志之一。

1.2.1 广告策划的内涵

要了解广告策划，首先必须要知道什么是策划？策划是人类“斗智”的重要形式之一，可以说有着极其悠久的历史。关于策划，古人称之为“策画”，策，即计策、谋略；画，即谋划、筹划。总而言之，策划就是出谋划策的意思。

广告策划，则是指根据广告主的营销战略目标，在市场调查的基础上，对广告活动的战略和策略各个环节进行的整体运筹和规划，它是广告战略战术的决策形成过程。广告策划由五个要素构成，即策划者、策划依据、策划方法、策划对象和策划效果。

1．策划者

策划者，即广告工作者。人是策划活动的主体，没有人，也就没有广告策划。

2．策划依据

策划依据，即策划者掌握的知识和信息。策划水平与策划者的知识水平和信息掌握程度有关。策划者要在实践中不断丰富自己的专业知识，同时要博览群书、拓宽知识面，为不断激发好的创意奠定基础。除此之外，策划者还必须要拥有准确、快捷的信息，它是策划的依据，而这些信息则来自于充分的市场调查。

3．策划方法

策划方法，即具体的策略和手段的运用。广告策划是复杂的脑力劳动，它决不是简单的排列组合，而是要运用科学的手段和方法对广告活动的战略和战术进行科学的决策。

4．策划对象

策划对象，即目标市场和消费群体。策划是有目标和对象的，应根据市场态势和消费群体的特点，展开策划。

5. 策划效果的预先推知和判断

策划的必然结果是对未来效果的预测，如果经过策划对实现企业的营销目标毫无效果，则策划不能成立。

广告策划的这五个要素是一个相互依存、相互关联的有机体系。广告策划者在广告活动开始之前，首先要进行市场调查，掌握相关资料和数据，然后再进行综合分析，确定策划对象，并运用科学的手段和方法，使广告策划收到良好的效果。

广告策划是广告活动的生命与灵魂，要完整地理解广告策划的内涵，还必须要掌握以下几个要点：

① 广告策划要服从于和服务于企业的整体营销战略；

② 广告策划是一个宏观的、全面的决策，具有整体性和程序性特征；

③ 广告策划要有明确的目标效果，为广告活动指明方向；

④ 广告策划必须以市场调查为依据，良好的市场调查为广告策划提供各种战略、策略依据；

⑤ 广告策划不是纸上谈兵，必须要具有可操作性；

⑥ 广告策划是一个动态的过程，要在动态中寻求平衡。

1.2.2 广告策划的分类

根据广告策划的规模，广告策划可以划分为单项广告活动策划和整体广告运动策划。

单项广告活动策划，是指单独地对一个或几个广告的运作过程进行策划。这类策划，时间较短，通常在一年之内，最短至一个月。面对的是一个产品或一个地区，广告活动侧重于具体的行动方案，具有较大的独立性。

整体广告运动策划，是指对同一个广告目标统摄下的一系列广告活动的统筹规划。它在较长的时期内持续展开，通常在一年以上。涉及的地理范围广，媒体组合丰富，广告投入的费用较大，广告目标侧重于企业或品牌的长期发展。

另外，根据每个时期广告策划的目的不同，单项广告活动策划还可以分为：促销广告策划、上市广告策划、处理危机广告策划、形象广告策划、活动广告策划等。不同目的的广告策划在时间长短、投放量、诉求方式、媒体选择等具体方面都会有所不同。

1.2.3 广告策划的程序

广告策划是一项全面的系统工程，它由一系列环节组成，每一个环节都环环相扣，既不可忽略、也不可颠倒，形成了一个极为有序的整体，如表 1-1 所示。

表 1-1 广告策划的程序

阶段	程序
第一阶段：调查分析阶段	1. 成立策划小组
	2. 广告调查与分析
	3. 编写广告调查报告
第二阶段：制定方案阶段	4. 制定广告战略和策略
	5. 制定广告计划
	6. 编制广告预算
	7. 编写广告策划书
第三阶段：执行阶段	8. 广告设计与制作
	9. 广告实施
第四阶段：评估总结阶段	10. 广告效果评估
	11. 总结

广告策划的具体程序如下。

1. 调查分析阶段

（1）成立广告策划小组

广告策划需要集思广益、集体决策，因此，首先要成立一个策划小组，具体负责某一项策划工作。策划小组主要由业务主管、策划人员、文案撰写人员、美术设计人员、市场调查人员及媒体联络人员、公关人员组成。其中，业务主管的水平的高低决定了策划小组策划能力的高低。

（2）广告调查与分析

广告调查是广告策划的基础，有人说，"广告是三分想出来的，七分走出来的"，由此可见广告调查的重要性。广告调查主要围绕广告产品、竞争者、消费者展开。

首先，策划小组要对广告产品了如指掌，就其生产工艺、材料成分、品质、价格、分销渠道、主要消费对象、现有的市场占有率等详加研究。

其次，要对市场中各类品牌的同类产品进行分析，并与广告产品进行比较，分析其优势与劣势，寻找广告定位的突破口。

再次，还要对目标市场消费者进行分析，具体包括他们的需求、动机和行为特点，如喜欢购买哪些产品，一般在什么时间、什么地点购买，如何使用，购买的频率及媒体接触习惯等。广告要有的放矢，就离不开对消费者的研究与分析。

（3）编写广告调查报告

在对所得资料进行统计和分析的基础上，策划小组中的市场调研人员要负责撰写市场调查报告。市场调查报告要总结外部环境的机会与威胁，同时通过内部环境的分析，找出优势与劣势，为后序的广告决策提供依据。

2. 制定方案阶段

这一阶段是广告活动的战略战术决策形成，并拟定计划方案的阶段，是广告策划的核心。

（1）制定广告战略

广告战略是对广告运作各环节的总体决策，主要解决以下几个问题。

首先，确定广告目标。广告目标是对广告运动提出的总要求，应根据企业的经营目标、竞争环境、营销手段不同，确定本次广告活动的目标。当企业通过广告需要解决多个问题的时候，会出现目标多元化的情况，这时必须要分清主次。主要目标和次要目标，近期目标和长远目标，都应明确规定。

其次，确定广告诉求对象。广告商品不会也不可能满足所有消费者的需要，一则广告也不可能针对所有的消费者进行诉求。因此，要找出对广告商品感兴趣的目标消费者，对他们进行分析，从中确定此次广告活动的诉求对象是谁。

最后，确定广告诉求重点，进行广告定位。如何在有限的时间内，找出最能打动目标消费者的广告诉求重点，是广告战略的一项重要内容。

（2）选择广告策略

广告策略是实现广告战略的具体方法和步骤，它主要包括目标市场策略、广告诉求策略、广告表现策略、广告媒体策略等。

（3）制定广告计划

广告计划是对一系列广告活动的归纳和总结，是侧重于规划和步骤的具体的行动方案。

（4）编制广告预算

广告预算是企业投入广告活动的费用计划。应本着“在发展中求节约”的原则，来确定本次广告活动的费用总额及分配，以确保以最少的投入获得最佳的效果。

（5）编写广告策划书

广告策划书是广告策划的产物，经广告客户的审核批准后，它将成为本次广告活动的行动大纲。

3. 执行阶段

广告策划书一经批准，就要将具体的策划意图交给各职能部门实施。首先，广告设计部门要撰写广告文案，进行广告构图、广告色彩的设计，再提交给制作部门制作，形成最终的广告作品。对广告作品进行事前测定和评价后，再交给媒体单位，正式推出广告。在执行阶段，策划小组要全权负责监督实施情况，对不适宜之处要及时修正，保证广告活动的顺利进行。

4. 评估总结阶段

在广告的播出过程中及播出后，要安排调查人员，收集一些数据，测试广告效果，并撰写评估报告，对整个广告策划进行总结，包括成功、失败、存在的问题等。

知识链接：广告策划新境界——整合营销传播

20 世纪 80 年代中期，美国营销大师唐·舒尔茨提出整合营销传播（Integrated Marketing Communications，IMC）的概念，有人把它称为新广告（New Advertising）。其核心思想是：以整合企业内外部所有资源为手段，再造企业的市场行为，充分调动一切积极因素以实现企业统一的传播目标。IMC 强调与顾客进行多方面的接触，并通过接触点向消费者传播一致的清晰的企业形象。这种接触点小到产品的包装、色彩，大到企业的新闻发布会、公关、广告活动，每一次与消费者的接触都会影响到消费者对企业的认知程度，如果所有的接触点都能传播相同的正向的信息，就能最大化企业的传播影响力。

整合营销传播将企业的一切与市场营销有关的传播活动一元化。它把广告、促销、公关、直销、CI、包装、新闻媒体等一切传播活动都涵盖到广告活动的范围之内，使企业能够将统一的传播资讯传达给消费者。所以，整合营销传播也被称为“Speak With One Voice（用一个声音说话）”。

整合营销传播具体包括以下 7 个层次的整合。

（1）认知的整合

即，要求营销人员认识或明了整合营销传播的需要，从整合营销传播的角度出发考虑问题、处理问题。

（2）形象的整合

即，确保信息/媒体的一致性，也就说广告的文字与其他视觉要素之间要达到一致性，不同媒体上投放的广告要保持一致。

（3）功能的整合

即，把每个营销传播要素的优势与劣势都详尽地分析出来，并与特定的营销目标紧密结合，让它们各自发挥自己的功能，为实现营销目标服务。

（4）协调的整合

即，各种手段都用来确保人际营销传播与非人际形式的营销传播的高度一致。例如，推销人员所说的内容必须与其他媒体上的广告内容协调一致。

（5）基于消费者的整合

即，营销策略必须在了解消费者的需要和欲求的基础上锁定目标消费者，在给产品以明确的定位以后才能开始营销策划。

（6）基于风险共担者的整合

即，营销人员应该认识到目标消费者不是本机构应该传播的唯一群体，其他共担风险的经营者也应该包含在整合营销传播战术之内。例如，企业的员工、供应商、配销商以及股东等都应该包括在内。

（7）关系管理的整合

即，为了加强与组织风险共担者的关系，企业必须在每一个环节内，如制造、工程、研发、营销、财务、会计、人力资源等环节，都提出管理战略以达成不同职能部门的协调。

案例讨论：冰露纯净水广告策划书（部分节选）

一、市场分析

1．市场前景

近两年来，虽然继低浓度果汁饮料的热潮过后，新一轮的功能型运动饮料正在兴起，但瓶装水一直占饮料市场中 30%的份额，虽然其他类饮料一直在试图分割市场，但瓶装水以其低廉的价格和纯正的特性，仍有着不可替代的地位。而中国内地瓶装水的人均消费量仅为世界平均水平的 1/5，可以说中国的瓶装水市场还很年轻。随着人们生活水平的不断提高，中国内地市场瓶装水的人均消费量每年正以 20%的增幅发展。

2．竞争对手分析

目前，主要的竞争对手有娃哈哈、乐百氏、农夫山泉。其他竞争对手有小品牌瓶装纯净水和地方品牌瓶装纯净水。

调查结果显示：娃哈哈、乐百氏和农夫山泉三大品牌占据了瓶装水市场的绝大部分份额，在消费者最常饮用的瓶装水品牌中，有 35.2%的被访者选择了娃哈哈，28.3%的被访者选择了乐百氏，17.8%的被访者选择了农夫山泉，这说明人们在购买瓶装水时，有着较强的品牌消费意识。品牌是企业产品的生命，随着品牌消费时代的到来，如何进行品牌营销，正日益成为企业的核心工作之一。而以娃哈哈为代表的三大知名品牌瓶装水的成功，很大程度上也得益于其正确的品牌策划与战略实施。

3．消费者接受程度分析

虽然矿泉水、果汁等其他软饮料的出现对纯净水造成了冲击，但调查显示，在我国七大中心城市中，有 30.1%的人仍喜欢纯净水，有 21%的消费者表示无所谓。

调查显示：消费者在购买瓶装水时受广告的影响、售货员推荐和亲戚朋友介绍的比例分别占 38.3%、25.4%和 11.1%，这说明广告是消费者在购买瓶装水时的最佳“导购”。

二、广告策略

1．广告目标

通过广告宣传，在数月内使冰露纯净水的品牌认知度提高 90%，销售量增加 50%，进入中国瓶装水销量前三名。

2．定位策略

冰露纯净水定位于大众品牌，以中青年消费者为诉求对象。

3．诉求策略

冰露纯净水广告宣传诉求一种品质，塑造一个坚强而不失缠绵的品牌形象。

4．媒体策略

选择电视、报纸、公共汽车车身、站台、超市。

5．广告创意

A．平面广告文案

标题：冰露，永远不认输！

广告语：相信你自己！

正文：人生，充满无数的赛场，面对一个又一个强有力的对手，谁又会是永远的赢家？输，绝不会是终点；坚强，也不等于永远。心，依然坚强如冰，流在你的脸庞，只是水，是对冰的坚强的安慰。输，只是再来一回，冰露，永远不认输！

随文：冰露纯净水由可口可乐公司出品，国际品质，带给你非一般纯净的感觉。

B．电视广告脚本

口号：冰露，没你不行！

画面一：挥汗如雨的田径赛场，终点线上欢呼和沮丧的人们。

画面二：空旷的田径赛场，一个人的比赛。

画外音：没有对手的比赛，谁还会是冠军？

画面三：近镜特写，失败者的沮丧，手持冰露纯净水喝一口，然后从头上淋下来，露出不服输的表情。

画外音：输并不可怕，可怕的是你不知道你的对手，永远不服输。人生的赛场，没你不行！

三、广告计划

1．广告工作计划

3 月份开展全面广告宣传，同时在超市开展促销活动。

5 月份结束本次广告宣传，开始新一轮的广告策划。

2．广告发布计划

3 月份展开电视广告宣传，同时在各大城市做公共汽车车身广告、站台广告，还有各大城市晚报广告。

3．其他活动计划

赞助各种大型体育活动。

4．经费预算

（略）。

四、效果预测

通过广告宣传，在×月内冰露纯净水的品牌认知度提高 90%，销售量增加 50%，进入中国瓶装水销量前三名。

思考与讨论：

1. 结合案例谈一谈广告策划的主要内容。

2. 你认为广告策划的核心是什么？

任务演练：广告公司调查

1. 演练目的

通过对广告公司的调查，让学生了解广告公司，尤其是广告公司策划部门的岗位设置及工作流程，为后续的项目完成奠定基础。

2. 演练要求

要合理安排时间和地点，在确保调查质量的同时，教师要密切关注学生的安全问题。

3. 演练步骤

步骤 1：确定调查对象。在教师的安排下，调查当地具有代表性的广告公司。调查对象要按规模分为大、中、小型广告公司，每个小组访问 1～2 个广告公司。

步骤 2：确定调查内容。调查内容应包括：广告公司的规模，包括人员、注册资金、营业场所；广告公司从事的业务；广告公司的工作流程；广告公司组织结构与岗位设置；广告策划部的工作职责与工作流程；广告公司目前的困境与需要解决的问题；所访广告工作人员的从业体会等。

步骤 3：确定调查方式。建议以小组为单位进行外出调查。

步骤 4：展开访问调查，教师监督并保证学生安全。

4. 演练成果

各小组对调查所获得的资料进行整理，写出有关所访问公司的概况、组织经营状况的调查报告，并提交佐证材料。佐证材料要求有公司基本资料、所访人员的名片、访问过程中的照片等。

任务 1.3 组建广告策划团队

知识储备

广告组织是从事有关广告工作的专门机构，它包括各类专业广告公司、企业广告部门、媒介单位广告部门以及广告团体组织。

1.3.1 专业广告公司

专业广告公司又可称为广告代理公司，是专门从事广告经营的企业，一般分为广告公司、广告代理商和广告制作机构，是一种从事广告经营和制作的商业性劳务服务行业。

1．专业广告公司的组织结构

专业广告公司的内部组织有以下两种不同的设置。

1）职能组织

职能组织是按广告活动的任务与范围，分设各职能部门，其特点是分工合作、各司其职，其组织结构如图1-3所示。

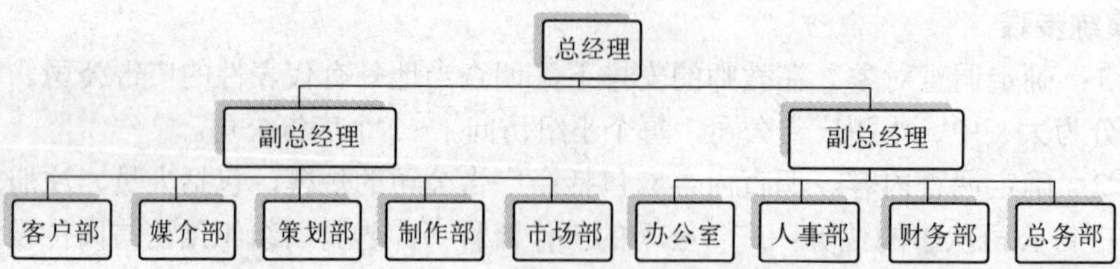

图1-3　广告公司职能组织

（1）客户部

客户部是直接与客户发生接触的专职部门，负责接洽客户，协调广告客户与广告公司的关系。在广告活动进行过程中，客户部门还负责与广告客户的联络和信息反馈，负责对广告的设计、创作和实施过程进行监督。因此，客户部工作人员扮演着双重角色，对外代表广告公司，对内则代表客户的利益。在广告公司内，客户部往往还承担着公司公关的任务。

（2）媒介部

媒介部负责制定广告的媒介策略，并承担与有关媒介部门接洽联络的任务。在广告实施过程中，媒介部应与有关媒介单位保持经常性的联系，对广告的实施进程进行监督，并在实施完毕后代理媒介部门收取广告费用。

（3）策划部

策划部负责全程的广告策划与创意。负责公司各项广告业务的前期调研分析、策略制定及文案撰写工作，提供目标明确、个性鲜明、结构合理、系统化的广告运动/品牌建设与规划等策划方案，同时负责组织公司的大项广告业务的策划会议。策划部是广告公司的灵魂，需要不断了解及掌握广告、品牌、营销管理新思想，创造性地开展工作。

（4）制作部

制作部负责制作完整的广告作品，具体可细分为文稿、画面和制作合成。制作人员必须熟悉各类媒体广告的制作过程，并对广告的制作（印刷、摄影、录像）过程和制作质量进行监督。

（5）市场部

市场部的工作任务是按照广告活动的要求，开展目标市场调查，为广告客户和广告公司制定广告计划，提供相关的市场环境和市场潜力的背景资料，并就有关市场问题提供咨询服务，为广告决策以及广告客户的市场决策提供客观依据。

2）群体组织

群体组织是按客户设置组织系统，分设客户主管（Account Executive，AE）牵头的小组，每个小组负责一个客户，提供全方位的服务。其组织结构如图 1-4 所示。群体组织的优点是专门化、系统性强，便于掌握客户情况，避免业务冲突，同时，各小组独立工作，有利于展开小组间的竞争，提高工作积极性。

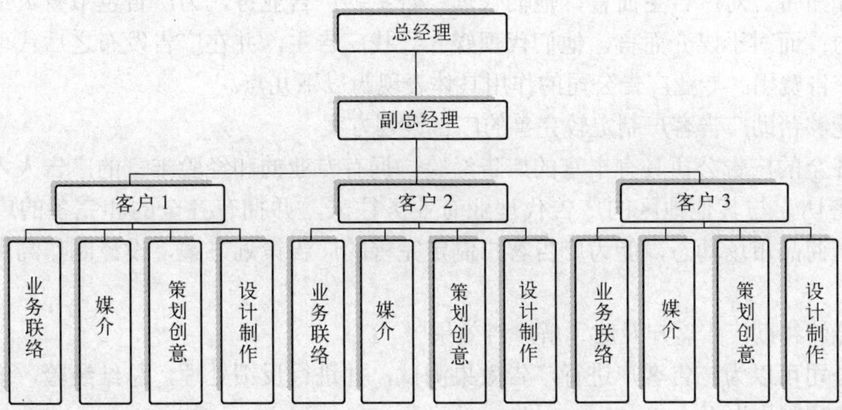

图 1-4 广告公司群体组织

2. 专业广告公司的分类

专业广告公司按其功能可分为四类：全面服务型广告公司、有限服务型广告公司、广告代理商和广告制作机构。

（1）全面服务型广告公司

即一般人所谈及的广告公司。这种广告公司为客户提供全面性的服务，包括市场调查、广告策略的拟定、广告计划的制定、广告设计与创作、广告效果预测、信息反馈处理、公关服务等全部工作。

（2）有限服务型广告公司

有限服务型广告公司只承担广告活动中的部分工作，例如，有的广告公司只负责承担广告的设计、制作和发布，不承担或只承担简单的广告策划与广告调查。这类公司只能帮助企业广告部门解决某些特别需要。

（3）广告代理商

广告代理商也是专业广告组织的组成部分之一，他们本身不承担广告的设计和制作任务，只承担广告主与广告媒介之间的联系工作，负责为广告主寻找广告媒介，或为广告媒介寻找广告主，并从中收取佣金。广告代理商就是通常所说的广告经纪人。

（4）广告制作机构

一般是指一些美术社、摄影社、装潢社等。广告制作机构只负责广告的设计、创作和制作，而不负责广告的策划和发布，只收取制作费用。

3．专业广告公司的地位和作用

在广告代理制度得以发展并日趋完善的今天，专业广告公司的功能越来越齐全，所发挥的作用也越来越大。他们为企业进行广告调查、广告策划和广告创作，并为广告的发布选择合适的媒介。专业广告公司承担着广告信息的加工、处理任务，是联系广告主和广告媒介之间的桥梁和纽带。对广告主而言，他们代理广告主的广告业务，为广告主节省大量的人力、物力和财力；而对于媒介而言，他们代理媒介寻找广告主，并在广告发布之后代理媒介向广告主收取广告费用。专业广告公司的作用具体表现为以下几点。

（1）能够帮助广告客户制定较完善的广告策划方案

功能齐全的广告公司具有丰富的广告经验，拥有专业的和经验丰富的广告人才，与广告媒介联系密切，与其他地区的广告代理业有业务往来，并拥有齐全的和完备的广告调查机构，掌握着商品市场动态，能为广告客户制定完善的广告策划方案，设计制作高水平的广告作品。

（2）能够帮助广告客户及时了解广告效果

广告公司可以为广告客户进行广告效果测试，并进行反馈处理，总结经验，修订计划，提高广告作品制作水平。

（3）能够帮助广告客户节省广告费用

在委托广告公司负责办理广告业务之后，多数工商企业都只需设立精简的广告机构来处理日常的广告事务即可，这样既节省了广告开支，又能收到较好的广告宣传效果。

1.3.2 企业广告组织

许多规模较大的工商企业都在其组织机构内设有广告部，或附设广告公司，办理广告业务。这些工作，过去是由业务部门或销售部门承担，现在因为专业化分工的发展，而出现单独设立广告部门的趋势，其负责人也多为企业的高层领导人物，增加了广告业务在全盘经营中的重要性，提高了广告工作的地位。

1．企业广告部的行政隶属关系

公司自设的广告部的地位及其隶属关系因企业的情况而异。一般而言，有直接隶属于总经理的，也有直接隶属于负责销售的副总经理的，还有隶属于销售部或业务部的。此外，在大型企业里，由于产品众多，每一类产品的生产和销售部门都有其自己的广告人员或组织。这些不同的隶属关系都是各企业根据实际需要而自己决定的，其原则是以获取最大效率为标准。其基本模式有以下几种。

（1）总经理直辖制

广告部与生产、销售部等并列，作为企业主要部门，直接归总经理领导。

（2）负责销售的副总经理直辖制

广告部作为企业一级下属机构，直接隶属于负责销售的副总经理，对其负责。

（3）市场营销辅助制

广告部作为企业的二级下属机构，隶属于销售部门，在工作上对销售部门负责。

（4）集权制

大型企业在总厂或总公司下，设立广告部，作为其一级下属机构，向上直接对总经理负责，对下则统管企业的下属分厂或分公司的全部广告工作。

（5）分权制

大型企业的各下属分厂或分公司都设立广告部，作为分厂或分公司的直属机构，负责本分厂或分公司的广告工作，只对分厂或分公司负责。

（6）附属广告公司制

这种类型的隶属关系，一般在大型或特大型工商企业中才有。广告公司作为一个独立法人单位，在组织机构和功能上具有与一般专业广告公司一样的特点，其行政关系和财政关系则不具有完全独立的性质，在业务上专门负责其总公司的广告业务。

2．企业广告部的工作职能

广告部的隶属关系是根据企业的实际需要而设定的。但是，不管隶属关系和组织机构如何设置，广告部都必须与其他有关部门，如业务部、生产部、管理部等密切配合，协调工作，才能充分发挥自己的职能。

广告部的工作主要是承担企业的广告宣传任务，此外，还有许多工作也是广告部必须承担的。在广告活动方面，如果企业委托了广告代理公司代理其广告业务，则广告部的任务主要是选择合适的广告代理公司，并密切配合其工作，经常监督指导，控制其费用支出，随时为广告活动提供新的观念和新的构想。如果没有委托广告公司，则很可能从广告调查、广告计划到广告制作、实施的全过程均由广告部执行。此外，广告部还应承担企业的对内、对外公关工作。

选择广告代理的原则，首先是看对方的成绩及信用。在组织方面，需要考察其历史、广告经验和成绩，以及人员配备和创意能力。在实际业务上，则要看其广告策略的运用是否灵活有效、有无创见、与传播媒介的联系、广告推广方式、有无调查研究的能力，以及有什么样的宣传技巧和广告制作水平等。选择的基本着眼点主要在预算所得效果和预期能达到的最理想效果。

在选择好广告代理公司之后，广告部还必须与之密切合作，为广告公司提供有关产品销售记录、产品测试结果、产品分析报告等方面的资料，并密切配合广告公司的工作，而不对其横加干涉。广告部应给予广告公司自由处置的权力，让其执行广告计划的实施，静观其效。

对于广告费用的控制，广告部应该预先编制好详细的预算，作为审查广告公司费用支出的依据，并应在广告预算中详细列出各项广告费用支出，标明工作进度。对费用的监督，最好以周或月为单位按期检查，并用图表显示，清楚明确地反映各期费用支出情况。

广告部对于广告代理和企业，最重要的工作在于提供新的观念和新的构想。广告公司因为其专业性质，可能不会了解企业的经营经验，这方面的材料必须由广告部提供。对企业而言，因为广告部的接触面广，常可发现好的构思和意见，供企业参考，为企业的经营和管理提供宝贵的咨询意见和建议。

1.3.3 媒体广告组织

广告媒体中发展最早的大众化传播媒体是报刊，媒体广告组织最早也在报刊部门出现。早期的报刊广告是由广告主起草，送由报刊发行单位的编辑审定，不设广告专职部门，也没有专职广告人员。随着商业的发展，报刊广告数量增多，并开始讲究排版，注重广告效果。为了加强管理，提高广告作品水平，报刊单位开始出现专职的广告组织。在广播、电视、报纸和杂志四大媒体发展起来后，这些媒体单位也相应地设立了媒体广告组织，并且日臻完善和复杂化，成为这些媒体组织的有机组成部分。

1．媒体广告组织的机构设置

媒体广告组织因其广告业务规模不同，有的比较精简，有的则发展得很完善，职能齐全，机构也很复杂。

1）报纸广告组织的机构设置

报纸广告组织的机构设置制度一般有两种类型：列举制和综合制。

（1）列举制

在报社总编辑下设编辑部、广告部、发行部、印刷业务部等各主要业务部门。编辑部负责报纸各版面的编辑出版，在广告业务上则负责为广告安排版面。发行部专门负责报纸的发行、收订以及发行事务的安排、发行渠道的组织、报纸的发放等。印刷业务部则负责报纸的印刷事务，包括与印刷厂的联系工作、印刷时间安排和印刷计划安排，并监督印刷工作，检查印刷质量。报纸的广告部是专门负责报纸广告业务的职能部门。它承担广告业务的接洽、签约、设计制作和实施发布等工作，并对外来的广告作品负责编辑、检查审核和安排发布时间与版面的事宜。大型的报纸单位一般还在广告部下设调研、艺术、分类广告、策划、普通广告、娱乐广告、广告编辑、校对、分发、印刷监制和出纳等专业小组，分别负责广告的调研、策划、设计制作、实施发布和财务管理等专业业务。

（2）综合制

为一般小报所采用，在总编辑下设编辑部，编辑部内设广告组，其下再设编辑、营业、分类广告等专业小组。

2）杂志广告组织的机构设置

杂志广告部也同报纸一样，根据机构大小、业务量多少而设置。小型杂志社，由于其业务量小，一般不单独另设广告机构，由编辑、美工和发行人员兼办广告业务。而大型杂志，一般有一套与大型报社相类似的机构设置。总编辑室下设编辑组、美工组、印刷业务组、发行组和广告业务组等专业小组。编辑负责文字编排，而美工则负责美工设计和杂志版式设计，他们都在一定程度上参与广告的编排制作工作。尤其是美工组，杂志广告的版式设计、图画创作一般由他们去完成。印刷业务组负责杂志的印刷事宜。发行组专责发行。广告组则负责广告业务的联系接洽、签约、策划和设计制作，以及广告实施发布等事宜，其工作量也相当可观。

3）广播与电视广告组织的机构设置

由于业务量相对较大，一般广播媒体单位的机构设置都很健全，有独立的广告部。在广告部下设业务、编辑、导演、录音、制作合成、财务等，并按工业、农业、商业、外贸设立专业小组，负责接洽业务、制作广告和实施发布等工作。

电视媒体单位的广告机构设置基本与广播单位相同，但多了摄影、摄像、美工人员等。

2．媒体广告组织的工作任务

媒体广告组织的工作任务主要是负责发布广告、设计制作广告和收集广告反馈。

1）发布广告

广告媒体是实施广告的工具和手段，是传播广告信息的载体。他们的主要任务就是发布广告。广告的来源主要有两方面：一是直接受理广告客户的广告，二是广告公司代理承揽的各项广告业务。媒体广告部门与本地或外地的广告公司签订合约出售一定的广告版面或广告时间，以便各广告公司有计划地安排版面或时间发布广告。

2）设计、制作广告

广告媒体单位在接受广告任务时，一部分广告已制作成广告作品，只是负责安排版面或时间。但有的广告客户只提供广告资料和广告要求，须由广告部负责策划、设计和制作。如报纸、杂志广告的文稿撰写、美工设计，电台、电视广告的脚本撰写、演员排演、录音录像、拍摄、剪辑等。

3）收集广告反应

广告媒体部门在发布广告之后，往往收到许多人来函来电，提出查询或投诉。媒体广告部应定期整理，向广告主反映，加强与广告主或广告代理公司之间的联系，及时掌握广告反应，稳定广告客户的信心。

1.3.4 广告团体——专业广告协会

广告团体是指民间性质的广告行业协会组织或学术组织，如广告协会、广告学会、广告业联谊会和广告业联合会等。随着国际广告事业的发展，近十几年还出现了地区性国际广告组织和全球性国际广告组织。此外，一些较为专业性的团体，如广播业、电视业、报纸业、杂志业等事业的广告协会、广告学会组织也相继出现。其他如美术、摄影、包装装潢、电影、戏剧等艺术性团体，也与广告团体有密切联系。

广告行业协会的任务一般是代理政府对广告行业进行管理，执行行业自律，开展对外联络，协调会员间的工作，统一对外口径，以求广告行业的共同发展。同时，开展行业内的业务合作和技术交流，帮助会员广告公司提高业务水平和经营管理水平。此外，还以协会名义开展对外活动，加强国内、国际广告业务交流，组织会员参加或主持召集国际会议等。

广告行业协会还会定期召集年度会议，研究和讨论广告协会的活动方针、计划，及时总结工作。

目前，我国的广告协会组织有中国广告协会和中国对外贸易广告协会。前者是属于工商系统的国内广告公司的行业协会组织，成立于 1983 年。后者为经贸系统的外贸广告公司的行业协会组织，成立于 1981 年。此外，在中国广告协会成立之后，各地的地区性广告协会也相继成立，并成立了媒体协会组织。各广告协会都有自己的章程，对协会的性质、宗旨、任务、会员资格和协会活动等做出了明确规定。

知识链接：广告代理制

广告代理制是指广告代理方（广告公司）在广告被代理方（广告客户）所授予的权限内，开展一系列广告活动的广告经营与运作机制。它是广告活动发展到一定阶段的必然产物，也是广告行业专业化、现代化的重要标志。

在广告代理制下，广告客户、广告公司、广告媒体三方各司其职、互相合作、优势互补、共同发展。其中，广告公司处于核心地位，它向广告客户与媒体提供双向代理服务，即，客户代理与媒体代理。一方面，它全权代理广告客户的各项广告业务，为广告客户提供策划、设计、制作服务，并代理广告客户购买媒体资源；另一方面，它代理媒体的广告时间与广告版面的销售，为媒体承揽广告业务。

广告公司在提供双重代理的过程中，其劳动收入主要来自为媒体出售广告版面和时间而获取的佣金，以及向客户收取的广告代理费用。按国际惯例，大众传播媒体的佣金是广告刊播费用的 15%，户外媒体的佣金是广告刊播费用的 17.65%。国际广告界在收取广告制作费用方面也有一定的标准，即广告客户除了如数提供广告公司各项广告制作支出外，还要给广告公司 17.65%的加成，这是对广告公司代理其广告制作活动的报酬，这也正好与媒体代理佣金的比例一致。

知识链接：广告公司业务工作流程

广告公司的业务工作流程大致可分为四个阶段：第一阶段，初步行成广告策略；第二阶段，正式提案；第三阶段，制作广告；第四阶段，广告发布与监控。具体工作流程如图 1-5 所示。

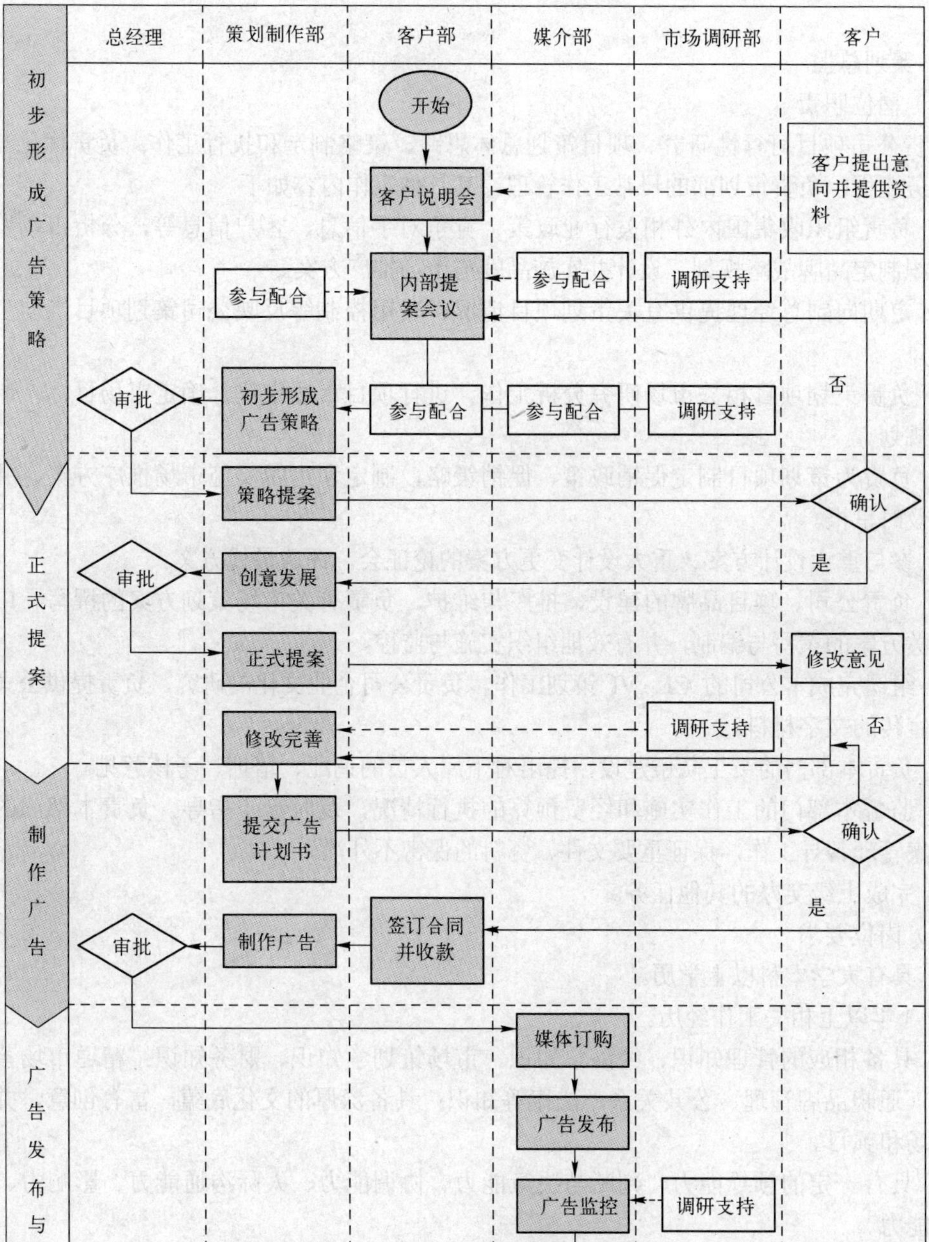

图 1-5　广告公司业务工作流程图

知识链接：某广告公司策划部岗位职责及要求

1．策划总监

（1）岗位职责

负责公司项目可行性研究、项目策划总体思路、策略制定和执行工作；负责优化与推进策划业务流程；负责策划部的日常工作管理。其具体工作内容如下。

① 负责组织收集国内外相关行业政策、竞争对手信息、客户信息等，分析市场发展趋势；组织制定品牌战略规划，设计并实施品牌与市场推广方案。

② 定期向副总经理提供有关策划项目情况、费用控制等反映公司策划项目当前工作现状的信息。

③ 负责策划项目相关市场研究分析工作，进行项目市场定位，确定市场目标，制定项目开发规划。

④ 负责为策划项目制定促销政策、促销策略，制定和组织实施市场推广方案，并加以监控与及时呈报。

⑤ 参与重大设计方案、重大设计变更方案的论证会，评选最优方案。

⑥ 负责公司、项目品牌的建设、推广与维护，负责有关市场策划方案的撰写、广告方案及公关方案的撰写与编制，并有效地组织实施与监控。

⑦ 组织完成本公司的 CI、VI 策划工作，负责公司企业文化的研究，负责提供公司相关市场与宣传的文字材料。

⑧ 负责本部门的员工队伍建设，提出对下属人员的调配、培训、考核意见。

⑨ 监督本部门的工作实施和经费预算的执行情况，及时给予指导，负责本部门的信息资料档案管理督导工作，保证重要文件、资料的保密不外泄。

⑩ 完成上级交办的其他任务。

（2）岗位要求

① 具有大学本科以上学历。

② 3 年以上相关工作经历。

③ 具备相应的管理知识、经济学知识、市场策划学知识、财务知识；精通市场营销管理知识，通晓品牌管理、公共关系、法律等知识；具备深厚的文化底蕴，富有创意，并直接针对市场和项目。

④ 具有一定的领导能力、判断与决策能力、协调能力、人际沟通能力、影响力、计划与执行能力。

2．策划经理

（1）岗位职责

① 根据公司策划项目目标制定相应的工作计划并落实到人。

② 根据公司的企业宗旨、管理模式、经营理念、思想系统、经营战略、行为规范做好深入人心的CI形象设计。

③ 为公司策划、公关项目的经营、服务做好有特色的、引人注目的整体方案。

④ 加强策划及公关费用的管理，提出费用预算并保证策划、公关活动项目的顺利执行。

⑤ 经常教育下属有良好的职业道德，严守公司商业机密。

⑥ 拟订下属的岗位职责。

⑦ 完成上级领导交办的其他任务。

（2）岗位要求

① 具有大专以上的文化程度。

② 有较强工作责任感和事业心、具备管理能力。

③ 有较强的语言及文字表达能力和组织能力。

④ 熟悉策划流程，富有创意。

3．策划文案

（1）岗位职责

① 依据广告策略，提出创意概念并完成整个文案创意。包括：电视广告文案完稿、平面广告文案及创意完稿（与平面组合作）、产品说明书、单张文案、公关策划方案等。

② 对所负责的品牌，根据指令承担文案的撰写工作。

③ 做好客户文案的资料归档，保管好客户部提供的客户原始资料。

④ 对公司的客户资料，以及公司对客户的创意文案、设计、策略等资料做好保密工作。

⑤ 完成上级领导交办的其他任务。

（2）岗位要求

① 具有大专以上的文化程度和深厚的文字功底。

② 有较强工作责任感和事业心。

③ 有较强的语言表达能力和组织能力。

④ 熟悉策划流程，富有创意。

4．策划专员

（1）岗位职责

① 在公司领导和策划经理的指导下，根据公司策划项目的环境条件和发展战略，提出项目经营思路和策略的基础信息及多个方案，供领导比较优选。

② 参与市场调研、情报收集、分析与预测等工作，主动提出项目发展的建议和设想。

③ 密切关注法律和体制环境的重大变化，以前瞻性的眼光提出相应对策。

④ 参与公司策划项目的论证、规划、方案策划、协调实施等工作。

⑤ 深入客户内部调研诊断，找出经营中存在的问题和弊病，提出改进方案，并追踪其效果。

⑥ 协助部门其他工作人员制定营销、广告、宣传、公关、企业文化、危机公关方面的策略。

⑦ 完成策划经理交办的其他任务。

（2）岗位要求

① 具有大专以上的文化程度，有较强的策划能力。

② 有较强的工作责任感和事业心、具备资源组织能力。

③ 有较强的语言表达能力和组织能力。

④ 熟悉策划流程，富有创意。

任务演练：组建广告策划团队

1．演练目的

通过组建广告策划团队，定岗定责，让学生进入工作情景，感受真实的工作环境，同时培养学生的团队合作意识与责任意识，提高学生的组织能力、协调能力与沟通能力。

2．演练要求

策划总监是团队的灵魂，因此要把工作重心放在策划总监的竞选上。策划总监要有责任心、凝聚力。策划团队分工要明确，责任要到位。

3．演练步骤

步骤 1：竞选策划总监。

步骤 2：由策划总监招聘其他员工，包括策划文案 1 名，策划专员 2 名。

步骤 3：设计团队名称、LOGO 及标语。

步骤 4：团队组建汇报。

4．演练成果

各广告策划团队提交团队概况介绍（Word 打印版和 PPT 电子版），最终评出最佳团队名称、最佳团队 LOGO 设计及最佳团队标语。

经典广告点评

小书签创造大价值

打开 2007 年 4 月亮相的王朔的新书《我的千岁寒》，读者就会看到这样的广告：尽阅千岁寒，眼眼要保健，××眼镜温馨提示：爱眼护眼小常识……读者千万不要认为，买的是本盗版书。干这个事情的是一个叫司新颖的人和他创办的一家名为“诺贝国际”的书媒公司。他们只是在这本新书里加上了这个带有广告的小书签。王朔新书还没正式发行，但司新颖靠着书中的三张小书签，就已经先赚了几十万元。之后，美国《新闻周刊》首席记者克·拉尔墨写的《姚明传》、韩寒的《光荣日》等，也都被司新颖开发利用，狠狠地赚了一笔。现在，诺贝国际掌握了中国 80%的畅销书资源，已经跟 10 家全国知名的大型出版机构签好了协议。

我们知道，作家与出版机构签完版权协议后，并不介入图书的运营过程，而出版机构也是维持着多年一成不变的盈利模式：出书、卖书，投入、产出，不是没有人想过利用图书载体作为增值形式，但是他们往往是，有资源的不专业，有专业的又没资源，而诺贝国际则为出版机构与广告客户搭起了一座桥梁，使书籍与广告客户对接，拓展了双方的盈利空间，也为自己创造了盈利平台。

可以说，书是分类最细最全的媒体，光小说就分爱情小说、文艺小说、商战小说、官场小说、战争小说……什么样的书有什么样的读者，这样就可以依靠书的分类找到相应的读者群，而这个读者群恰恰正是商品和厂家要找的用户群。司新颖为书籍寻找对应的广告客户，为客户提供对应的书籍。

诺贝书媒与客户的结合有着三个重要特征：一是精准的读者群对接精准的用户群；二是低成本的投入和高收效的回馈；三是“给图书延长一米”的盈利模式，将使广告客户的投入呈现规模化、纵深化的品牌增值。

由此可见，司新颖的成功之处在于，他看到了书籍的分类较细、读者针对性强、读者群相对稳定的特点，开发了书籍这一新型媒体，真正做到了书籍与广告客户的成功对接，小书签创造大价值。

资料来源：http//www.a.com.cn（中华广告网）

知识点小结

广告是广告主以付费的方式，运用媒体劝说公众的一种信息传播活动，其目的是为了影响公众的态度、观念和行为。任何一则广告都是由广告主、广告代理、广告媒体、广告费用、广告信息、广告受众和广告效果这七大要素构成。它们之间形成了相互依存、相互制约的关系。广告是现代市场营销活动不可缺少的组成部分，它是一种重要的营销工具和手段。对于企业来说，现代广告的作用主要表现为：传播信息、沟通产销；促进销售、扩大市场；引导消费，创造市场；传播文化，竞争市场。

广告策划是根据广告主的营销战略目标，在市场调查的基础上，对广告活动的战略、策略各个环节进行的整体运筹和规划。它由策划者、策划依据、策划方法、策划对象、策划效果这五大要素构成。广告策划是一项全面的系统工程，它由一系列环节组成，每一个环节都环环相扣，既不可忽略、也不可颠倒，形成了一个极有顺序的整体。广告策划的整个进程可分为调查分析、制订方案、执行方案、评估总结四个阶段，每个阶段又包括更详细的步骤。

广告组织是从事有关广告工作的专门机构，它包括各类专业广告公司、企业广告部门、媒体单位广告部门以及广告团体组织。专业广告公司的组织结构可分为职能组织与群体组织。职能组织是按广告活动的任务与范围，分设各职能部门，其主要的业务部门有客户部、媒介部、策划部、制作部与市场部；群体组织是按客户设置组织系统，分设客户主管牵头的小组，每个小组负责一个客户，提供全方位的服务。专业广告公司按其功能可分为，全面服务型广告公司、有限服务型广告公司、广告代理商和广告制作机构。许多规模较大的工商企业都在其组织机构内设有广告部，或附设广告公司，办理广告业务，其负责人也多为企业的高层领导人物，增加了广告业务在全盘经营中的重要性，提高了广告工作的地位。媒体广告组织的工作任务主要是负责发布广告、设计制作广告和收集广告反馈。广告团体是指民间性质的广告行业协会组织或学术组织。广告行业协会的任务一般是代理政府对广告行业进行管理，执行行业自律，开展对外联络，协调会员间的工作，统一对外口径，以求广告行业的共同发展。目前，我国的广告协会组织有中国广告协会和中国对外贸易广告协会。

能力培养与训练

1．名词解释

广告　　策划　　广告策划　　广告代理制

2．简答题

（1）广义广告与狭义广告有何区别？

（2）简述广告的构成要素及关系。

（3）举例说明广告在现代市场营销活动中的地位和作用。

（4）简答广告策划的程序。

（5）简答广告公司的组织结构及各部门的职责。

3．思维训练

训练 1

森林里住着一只麋鹿，有一天，来了一个推销员要把手里的防毒面具卖给麋鹿，麋鹿笑了笑，说：森林里的空气这么新鲜，我怎么需要防毒面具呢！推销员说：那把我的名片给你，有需要的时候就给我打电话，你很快就会发现，你其实是需要防毒面具的。推销员走后在森林里面开了一家工厂，每天都向森林排放废气。有一天麋鹿实在受不了了，找到推销员，说：你卖给我一个防毒面具吧。之后，麋鹿问：你的工厂是生产什么的啊？推销员说：就是防毒面具。

问题：

你从这个故事中得到了什么启示？

训练 2

在伦敦的一条街上，有三家服装店，裁制技艺不相上下。为了招揽生意，击败竞争对手，一家店主制作了一块醒目的广告牌挂在店门口，上面写着："本店有伦敦最好的裁缝。"另一家不甘落后，马上做出反应，挂出"本店有英国最好的裁缝"的广告牌。这一竞争引起人们的关注，人们普遍猜测，第三家可能会挂出"本店有世界上最好的裁缝"的广告牌。出乎人们意料，第三家的广告牌没有往大处吹，而是在“小吹”之中，技高一筹，给对方致命一击，赢得顾客的交口称赞。

问题：

如果你是第三家服装店的老板，你会挂出怎样的广告牌？

4．案例技能题

橘汁的味道很好，热量较低，是一种天然保健产品。美国公众喝橘汁的习惯是一天一次，在早饭时喝，且喝得很少，每次 4～6 盎司，因此，橘汁处在停滞的市场状态中，没有销售增长的前景。在这种情况下，必须扩大橘汁的使用范围才能进一步打开已稳定的市场。于是某生产橘汁的企业提出了这样的口号：“它不再只是吃早饭时饮用。”并通过一系列广告来宣传这一点。

第一个时期的电视广告，以从事体育活动的年轻人为主角。一个年轻女人在一场紧张的网球赛之后喝了一大杯橘汁提神；一个年轻男人在小跑之后也喝了一大杯橘汁。这两幅广告描写了橘汁是饮料的佳品。

第二个时期的广告，进一步扩大了这种饮料的使用范围。一个八、九岁的男孩焦躁地坐在教室里，急切地等着午餐铃响，一心想着橘汁。铃响后他急忙跑进自助餐厅，立即买了一大杯橘汁，他的满意心情是无法形容的；另一个商业广告描写了一个进入自助餐厅的年轻男人被一个小女孩吃饭时喝橘汁所吸引，终于在吃午饭时也要了一大杯橘汁。

第三个时期的广告，强调了橘汁是“天然的和有益于健康的”。老太太身体好，不只是因为喝牛奶、吃面包，而且她每天还喝橘汁；在另一个广告中，一名中年妇女做完了大蛋糕，在休息时喝了一大杯橘汁，神清气爽。

通过一系列广告宣传之后，橘子汁停滞的市场终于被打破了，当年，该企业橘汁的销售量比上一年增加了两倍。

问题：

（1）请总结三个时期的广告分别告诉了我们什么？

（2）通过该案例，请分析广告的功能。

项目二

广告调查

能力目标

■ 能够合理设计广告调查问卷

■ 能够灵活运用广告调查方法，开展广告调查实践

■ 能够独立完成广告调查报告

知识目标

■ 知道广告调查的内容

■ 了解广告调查的方法

■ 掌握广告调查问卷设计的方法与基本原则

■ 掌握广告调查报告的内容与写作方法

情境分析

作为中国智能手机创新与设计的领先者，魅族于 2014 年 9 月 2 日 14 时 30 分在北京召开了新品发布会，正式发布最新一代智能手机 MX4。早在 2 个月前魅族科技已与创行广告公司合作，由创行广告公司为新品上市做全面广告策划。该公司策划部旗下的各广告策划团队，组织相关人员进行了广告调查并提交了广告调查报告。

任务分解

任务 1：制定广告调查方案

任务 2：设计广告调查问卷

任务 3：实施广告调查

任务 4：撰写广告调查报告

案例导入

关于“速溶咖啡”与“一次性纸尿布”的广告调查

20 世纪 40 年代，速溶咖啡这个新产品首先在美国市场问世，与传统的豆制咖啡相比，它具有方便、省时、不会发生配料错误，而且价格低廉等优势。厂商踌躇满志，自信该产品一定会很快取代传统的豆制咖啡而获得成功，在广告上也刻意宣传其方便与价廉的优点。但出人意料的是，购买者寥寥无几。于是公司请来了心理学家和广告专家帮助调查其中的原因。通过反复深入的调查，得知消费者拒绝购买速溶咖啡的深层原因是当时美国消费者的社

会心态：只有懒汉、生活无计划的、邋遢的和可能没有贤妻照顾的人才会购买方便、省时的咖啡，而勤俭、讲究生活、有家庭观念和喜欢烹调的人则会购买豆制咖啡。有谁愿意被冠以懒汉的称号呢？有哪一个家庭主妇愿意被人看成是一个不称职、不能很好照顾丈夫和家庭的妻子呢？速溶咖啡在广告中强调方便、省时的特点，没有给人好的印象，反而被理解为助长了懒人惰性，结果事与愿违。后来，公司改变了广告诉求重点，不再强调速溶咖啡的方便、省时，而是着力宣传其具有豆制新鲜咖啡所具有的美味、芳香和质地醇厚等特点。同时在包装上使产品密封非常牢固，打开十分费劲，这也在一定程度上克服了速溶咖啡的消极印象。结果，速溶咖啡的销量因广告诉求重点的改变而猛增，成为西方咖啡中最受欢迎的饮品之一。

无独有偶，当年美国某企业向市场推出其新产品“方便纸尿布”时也遇到了同样的阻力。在产品推广的初期，广告诉求点放在了方便母亲使用上，结果销路不畅。后经调查了解，该纸尿布虽然被母亲们认同确实使用方便，省去洗尿布的麻烦，但广告关于省事省力的宣传却使她们产生了心理上的不安：如果仅仅是方便使用而无其他品质，那么购买、使用这种“一次性纸尿布”，会让别人误认为自己是一个懒惰、浪费的母亲。在深入细致的广告调查当中有这样一个真实的故事：一位年轻母亲正在给孩子换“一次性纸尿布”，这时门铃响了，原来是婆婆来家看望孩子。这下搞得母亲很紧张，情急之下，一脚将换下的纸尿布踢到床下，然后才去给婆婆开门。为什么要这样做呢？原来怕婆婆看到后有意见。在婆婆看来，给孩子洗尿布是母亲的天职，哪能嫌麻烦呢？给孩子用“一次性纸尿布”的母亲，必定是一个怕麻烦而又懒惰的，对孩子不负责任的母亲。基于此项调查研究的结果，新的广告创意针对这种心理进行了调整，广告诉求的重点发生了改变。新的广告着重突出该尿布比布质的更好、更柔软、吸水性更强、更保护皮肤，婴儿用了更卫生、更舒服等特点。把产品利益的重点放在孩子身上，淡化了对母亲方便省事的描述。广告语也变为：让未来总统的屁股干干爽爽！于是，“一次性纸尿布”就受到母亲们的普遍欢迎，因为它既满足了她们希望自己的孩子健康、卫生、舒适的愿望，又可以心安理得地避免懒惰与浪费的指责。从此，“一次性纸尿布”也同样在美国乃至全世界流行起来。

可见，深入细致的广告调查是广告战略策略决策的关键，也是广告创意的来源。通过用科学的方法展开广告调查是每一位广告人必备的技能之一。

资料来源：吴柏林.广告策划实务与案例.北京：机械工业出版社，2013. 18页.

任务 2.1 制定广告调查方案

知识储备

资深广告人——叶茂中在中央电视台《人物新周刊》栏目专访中，曾说过这样一句话：

"我对创意的总结，其实是 80%靠脚，20%才是用脑。"每一次创意，他都要跑到市场上去，与客户的代理商聊，与消费者聊，好创意往往是在聊的过程中诞生的。有一次，叶茂中在北京安贞医院与一位大夫聊时，大夫突然说起一个病例："有一个人 60 多岁了，可他的心脏和血管就跟 30 岁的人一样。"于是，一句广告语就这样出来了——三十岁的人，六十岁的心脏；六十岁的人，三十岁的心脏。

由此可见，广告调查是广告策划的基础。广告调查为广告创意和设计提供依据，为寻求广告最佳诉求点提供依据，为合理选择媒体和媒体组合提供依据。改革开放初期，在相当长的时间内，广告调查并未引起人们足够的重视。这主要表现为：一方面，很多广告主不愿花钱做广告调查，认为这是一种浪费；另一方面，广告公司缺乏广告调查的意识、经验和能力，难以提供令广告主满意的广告调查报告。这在很大程度上导致了我国广告活动的盲目性和低效性，造成了巨大的广告费用的浪费。时至今日，随着市场的发展，人们已意识到广告调查的重要性。广告策划不是单凭经验和艺术就能进行的，它必须从广告调查开始，通过调查，为广告活动提供真实可信的全面资料。只有这样，才能使广告达到预期的效果，使广告投资获得最大收益。

2.1.1 广告调查内容

广告调查的范围非常广泛，主要包括：环境调查、消费者调查、产品调查、竞争者调查、广告主企业调查等。

1．环境调查

环境，即与广告活动相关联的各种外部宏观因素的集合，它主要包括一个国家和地区的经济环境、政治法律环境、社会文化环境、科学技术环境和自然环境等。广告要在复杂多变的环境下驾驭市场，就必须认真地调查分析和研究营销环境。

（1）经济环境

经济环境是指广告所要投放市场的经济情况，即一个国家或地区的经济规模、经济发展水平、经济特征及涉及经济生活的各个方面。

一个市场的经济规模的大小常用国民生产总值（GNP）或国内生产总值（GDP）、人均收入等指标来衡量。如果一个国家的国民生产总值高，则反映该地区的市场容量大，同时人均可支配收入也高，反映了该地区人们的现金收入水平高。在这种情况下，一个大的市场容量和居民较高的货币支出，为广告作用的发挥创造了良好的外部条件。国家统计局发布，2013 年我国国内生产总值达 568 845 亿元，按可比价格计算，比上年增长 7.7%，市场潜力巨大。人均 GDP 排在第一位的是天津，其次是北京和上海。经济高速发展的天津、北京与上海成为世界各大跨国公司竞相争夺的宝地。

一个国家的经济特征也会影响广告活动的开展，如，基础设施的建设、城市化水平的高低、经济活动能力的高低等。比如一个市场的互联网建设水平比较低，上网用户较少，则会大大影响网络广告的投放效果，传统媒体将成为广告投放的主要媒体形式。

（2）政治法律环境

政治环境，即政治局势，一个国家的政治局势平和、政治稳定、政策稳定，才会拥有良好的经济环境。法律环境，即政府的相关政策、法令法规。各国政府通过立法规范企业的行为，影响市场需求规模和结构，从而间接或直接影响企业的广告活动。1994 年颁布的中华人民共和国《广告法》明确规定：广告内容应有利于人民的身心健康；广告不得违背社会良好风尚，不得含有淫秽、迷信、恐怖、暴力、丑恶的内容；广告不得损害未成年人的身心健康。《广告法》对广告的宣传内容与表现形式给予了明确的规定，一旦触犯必然受到法律的制裁。

（3）社会文化环境

社会文化环境一般泛指一个国家或地区的价值观念、宗教信仰、风俗习惯、审美观念等各种行为规范。广告既是经济行为，也是文化行为，它是文化的承载者，同时也必然受到文化的影响和制约。目标市场的文化环境调查，对选择正确的广告主题和广告表现形式，具有重要意义。无数个广告案例告诉人们，广告要想打动消费者群体，绝对不能与特定的文化相抵触，一旦与文化格格不入，再好的广告创意也不会有任何建树，严重的甚至会影响产品形象和企业的声誉。

（4）科学技术环境

科学技术是第一生产力，它对整个社会经济的发展起着推动作用。技术的每一次飞跃，为社会创造新的市场需求，为企业提供新的市场机会。手机的不断更新换代充分见证了这一点。从最初的模拟制式手机到 3G 手机（将无线通信与互联网等多媒体通信结合的新一代移动通信系统），从完成简单的语音通话，到提供网页浏览、电话会议、电子商务等多种信息服务，小小的手机大大改变了人们生活方式，创造了新的市场需求，同时也为国产手机企业提供了新的市场机会。

科学技术的发展也将影响消费者的消费方式、购买行为和购买习惯。例如，网络技术的发展，使消费者网上购物、信用卡网上消费逐步流行，提高了购物效率。但由于网络技术的不完善，也给网上消费带来了一定的风险。

（5）自然环境

自然环境，即广告投放地区的地理位置、气候条件、地形地貌、交通运输等情况。自然环境是人类赖以生存和发展的基础。近几年来，随着可持续发展战略的提出，以保护环境、节约资源、强调人与自然和谐发展的循环经济成为社会的主导。企业正在努力发展循环经济，实施绿色营销，通过生态广告、绿色广告，体现企业的社会责任，树立企业良好的社会形象。由于绿色广告倡导积极健康的生活方式，符合人们“以人为本”的人生观、价值观，是一个有利于人类可持续发展的广告传播活动。

2．消费者调查

消费者调查是广告调查中最主要的部分，其内容主要包括目标消费者的一般情况调查及需求、动机、行为的调查。

（1）目标消费者的一般情况调查

广告首先要明确目标受众是谁，再分析目标消费者的年龄、性别、职业、文化程度、经济收入、社会地位等基本状况。

不同性别、年龄、职业、教育背景和社会经济地位的目标受众，往往有不同的消费倾向。例如，男女性别不同，存在动机、行为的巨大差异。男性消费者理智性与自信性较强，比较看重事业的成功与个人的魅力。从对广告的接受来看，表现英雄主义、潇洒大度、豪爽畅快、扮演保护者的角色、逻辑思维较强的广告，比较容易被男性接受。如，一些剃须刀与打火机的广告，有棱有角，给人沉稳的感觉，深受男性喜爱。而女性消费者的心理则比较细腻，偏重于情感，形象思维较强，愿意扮演照料别人的角色。从对广告的接受来看，那些表现爱、亲缘关系以及温馨浪漫、美丽动人的广告更容易被女性接受，所以女性商品的广告较多的是愉悦可人、委婉美丽、着力在感情的诉求上。

再比如，不同年龄段的消费者在基本需求、购买能力、购买动机上存在很大的不同。从歌曲的选择来看，年轻人偏爱流行歌曲，而老年人会选择经典老歌。从购买能力上看，35～50 岁的消费者购买力最强，50～65 岁的消费者中也有许多购买能力强的，因此，很多产品广告要以这两个阶层为目标对象进行创作。另外，消费者的购买动机也体现了年龄的差别，比如，果冻的消费对象可以是儿童，也可以是年轻人，例如，喜之郎将它的“水晶之恋”果冻定位在年轻人。年轻人与其他年龄的人相比，最突出的特点是追求浪漫的爱情，所以喜之郎的“水晶之恋”果冻，便以男女爱情作为诉求点，充分符合了这一年龄段的消费者心理。

除此之外，不同的文化层次、收入水平、社会地位，也会使消费者的生活方式与消费特点存在很大的差别。例如，中等收入水平的消费者比较注重产品的实用性、有效性，而高收入水平的消费者则会对那些强调身份感的高档产品的广告，表现出极大的兴趣和热衷。

（2）目标消费者的需求、动机、购买行为的调查

消费者购买产品，最关心的是产品能否满足自己的需要，而只有真正能满足消费者需要的广告诉求，才能引起消费者的注意。1879 年宝洁公司推出了象牙香皂，广告以这种香皂的两大特点为主题进行诉求：一是它带有 V 形凹痕，可以很容易折成两半，符合了当时人们希望延长使用期的要求；二是它能飘浮，即使在浑浊的河水里洗衣服，也不必担心香皂会沉下去。象牙香皂的这两项设计，充分满足了当时市场的需要，得当的广告宣传使其迅速成为国际知名品牌。由此可见，研究消费者需求、满足消费者需求，是广告策划的基础。

需求是引发动机的内在原因，而动机则是行动的动力，消费者具体购买什么产品来满足自己的需要，取决于其购买动机。购买动机因人而异，存在很大的差异。例如，消费者的具体购买动机有：求实动机、求美动机、求名动机、求新动机、求便动机、求信动机、从众动机等。各类动机所追求的目标是不一样的，广告策划者应根据不同的购买动机，采取相应的广告策略，以提高广告的投入效果。另外，在研究消费者的购买动机时，一定要注意动机的系统性、主导性和内隐性。

购买行为的调查主要包括购买方式和购买决策的调查，如消费者一般在什么时间、什么地点购买，一次购买多少，多长时间购买一次，购买决策主要受哪些因素的影响等。一般消费者在购买过程中，容易受亲朋好友的建议、时尚风俗的变化、购买风险的增加等因素的影响。所以，广告要强调连续性，适当地进行信息的轰炸，使广告贯穿于消费者的整个购买过程中，有利于广告效果的提高。

3．产品调查

美国广告大师威廉·伯恩巴克曾说过："如果我要给任何一个广告人忠告的话，就是在你开始工作之前，先要彻底地了解你所要宣传的产品，你的聪明才智、你的煽动力、你的想像力和创造力，都是从对产品的了解中产生的。"这句话再一次印证了产品调查的重要性。产品调查主要包括产品特性的调查、产品生命周期的调查、产品品牌形象的调查。

（1）产品特性的调查

产品特性主要指产品的生产特点、外观特点、功能属性、附加价值、价格、市场供求状况等。

产品的生产历史、工艺过程、技术指标、原材料构成了产品的生产特点，要尽量找出其与同类产品相比的优点作为广告诉求的重点。例如，泸州老窖的"老窖酿酒，格外生香"的广告语，就充分体现了其辉煌的历史。泸州老窖的国宝窖池，始建于公元 1573 年，是我国酿酒史上唯一保留下来的建造时间最早、保存最完整、连续生产使用时间最长的珍贵遗产。由于 400 多年的日积月累，窖池已形成了 400 多种有益微生物，1996 年 11 月被国务院确定为全国重点文物保护单位，列为国宝，成为名副其实的"中国第一窖"。泸州老窖国宝酒电视广告，以老酒师传授酒经的场景为表现重点，配上"老窖酿酒，格外生香"广告词，深得消费者的喜爱。

产品的外观特点，主要指产品的外形、颜色、包装、款式、规格等。如果产品具有独特的外观特点，广告中应充分展示，以便在第一时间吸引消费者的关注。

产品的功能，尤其与市场上的同类产品相比，广告产品具有哪些突出的功效和优势，这是产品调查的主要内容，产品的差别优势往往成为广告诉求的重点。例如，草珊瑚牙膏广告，突出了其防止牙疼的功效；洁银牙膏广告，则突出了其防止牙周炎的功效；冷酸灵牙膏广告，则以"冷热酸甜，想吃就吃"，突出了其抗过敏的独特功效。再如，在牛仔服市场上大多厂家宣传自己的品牌"领导新潮流"、"最漂亮"、"高品位"时，Lee 牌则抓住贴身这一诉求点——"最贴身的感觉"，表现了 Lee 与众不同的功效。

产品除了本身的功效外，有的还能给消费者带来物质上或心理的附加价值。例如，名牌手表、服饰、名车、高档别墅，对消费者"地位"、"荣誉"、"富有"等心理上的附加价值的宣传在广告中也屡见不鲜。

（2）产品生命周期的调查

产品生命周期的调查，主要调查广告产品处在生命周期的哪一个阶段。处在不同生命周期的产品，其广告宣传的目标、重点、策略的运用都会有很大的不同，广告费用的投入也存在差异。有关产品生命周期的内容，在 1.3 节中作了详细的分析，在此不再赘述。

（3）产品品牌形象的调查

品牌是指用于识别一种产品或服务的生产者或销售者的名称、术语、标记、符号、设计或者上述这些的组合。品牌是产品的重要组成部分，不同品牌在市场上的影响力和价值各不相同，一个强势品牌往往具有较高的品牌资产，同时也具有较高品牌知名度和忠诚度。表2-1是2013年福布斯全球最具价值品牌排行榜前10位。

表2-1 2013年世界最有价值品牌前10位

排 名	品牌名称	品牌价值（亿美元）
1	苹果/Apple	1043
2	微软/Microsoft	567
3	可口可乐/Coca-Cola	549
4	IBM	507
5	谷歌/Google	473
6	麦当劳/McDonald's	394
7	通用电气/General Electric	342
8	英特尔/Intel	309
9	三星/Samsung	295
10	路易威登/Louis Vuitton	284

大卫·奥格威曾说："每一时期的广告都是对品牌的长程投资。"广告是宣传品牌、树立品牌的重要手段和工具，因此，对产品品牌形象的分析成为产品调查的一项重要内容。

对产品品牌形象的分析，主要包括对品牌名称、标识、吉祥物、形象代言人的分析，对品牌个性的分析，对品牌价值的分析，对品牌构建模式的分析等。品牌代表着特定的商品属性以及企业的价值、文化和个性，广告要深入挖掘品牌内涵，体现品牌所代表的价值、文化和个性。例如，"劳斯莱斯"的品牌内涵——世界一流的高级豪华车，性能优良、精雕细刻、坚固耐用；"奔驰"的品牌内涵——高绩效、安全和声望；"美的"的品牌内涵——"美的事业"，把创造完美作为企业精神、经营理念和行为准则；"海尔"的品牌内涵——"一流的产品，完善的服务"，表现其产品质量可靠，服务上乘。

4．竞争者调查

商场如战场，每一个企业及其产品，要想在激烈的市场竞争中占有一席之地，就必须要对市场的竞争态势进行分析，了解竞争对手，尤其是主要竞争对手的情况，这样才能"知己知彼，百战不殆"。

（1）正确识别竞争对手

竞争对手可分为直接竞争对手、间接竞争对手和潜在竞争对手。直接竞争对手是指生产经营同类产品的企业，例如，海尔的直接竞争对手是长虹、康佳、海信等同行业者，他们以相似的价格，针对相同的目标顾客，提供类似的产品或服务；间接竞争对手是指生产经营种类不同，但用途相同的产品的企业，例如，保龄球馆与游泳馆、羽毛球馆、篮球馆形成竞争，因为他们都提供健身服务，相互之间会争夺客源。潜在竞争对手是指与自己争夺同一顾客购买力的企业，例如，目标市场相同或相似的企业都可以看作自己的潜在竞争者，因为，消费者的购买力是有限的，购买了这家企业的产品，就有可能无法购买其他企业的产品。广告策划者首先要正确识别产品的竞争态势，调查了解目前是否存在竞争？市场上有多少竞争对手？直接竞争对手、间接竞争对手、潜在竞争对手分别是谁？在众多的竞争对手中，主要的竞争对手是谁等。

（2）调查主要竞争对手的基本情况和产品情况

了解主要竞争对手的生产经营历史、生产规模、设备技术、资金状况、组织管理能力、营销能力、创新能力、领导及员工的整体素质等基本情况是竞争者调查的主要内容。同时还要全面掌握主要竞争对手的产品情况，包括产品的品质、服务、价格、市场占有率、产品的优势与劣势、新产品开发情况、产品的生命周期、产品的销售策略、产品在消费者心目中的印象和位置等。通过对主要竞争对手的综合调查和分析，可以了解竞争者的长处和弱点，并与广告产品进行比较，认清广告产品在市场中的位置。要注意发现竞争者对市场或策略估计上的失误，如果发现主要竞争对手存在主要的错误观念，就可以利用这些弱点，制定相应的策略，并根据对手的错误，抢占市场份额。

（3）调查主要竞争对手的广告情况

对主要竞争对手的广告情况的调查，包括其以往及目前的广告目标、广告定位、广告诉求对象、广告诉求点、广告表现形式、媒体策略的运用、广告费用的投入、广告效果及广告与其他促销方式的配合等。通过对主要竞争对手广告情况的调查，分析总结竞争者在广告方面的优势和劣势，并与自身相比较，找出差距，对于自身好的方面，要在今后的广告宣传推广中继续保持；对于自身的劣势要及时改正。通过对竞争对手广告情况的调查，找出目标市场的薄弱环节和出击方向，为广告策划提供必要的依据。

5. 广告主企业调查

无论是产品广告，还是企业形象广告，对广告主企业的调查都非常必要。广告主企业调查主要包括基本情况的调查和企业形象的调查。

（1）广告主企业基本情况的调查

广告主企业基本情况的调查包括：企业历史、企业在同行业中的地位、企业规模、设备技术、资金、人员素质、经营理念、经营方向、经营范围、经营状况、管理水平、营销能力、营销战略目标等。对广告主企业基本情况的调查，是为制定有的放矢的广告战略目标和广告策略服务的，特别是对实施企业的观念诉求，这种调查尤为重要。企业形象广告，要体现企业的经营理念和文化，如澳柯玛的广告语“没有最好，只有更好”，表达了追求卓越的精神；海尔的广告语“真诚到永远”，表达了企业对消费者的根本态度和中华民族文化对“诚信”的肯定和推崇。如果一个企业有悠久的历史、较高的美誉度，广告诉求就可以突出其光辉的历史，如兰陵酒厂的广告语“兰陵美酒，中国老字号”；如果一个企业实力雄厚、拥有完善的服务，广告诉求点就可以突出其规模和服务，如香港恒生银行的广告语“充满人情味，服务态度最佳的银行”。

（2）广告主企业形象的调查

消费者在购物时，往往会凭借企业形象来选择商品，因此，广告策划者要了解广告主企业在社会公众中的形象如何，从而确定其广告目标和广告诉求重点。

首先，要寻找与企业有关的公众，调查他们对企业的广告接触度、认识度、评价度、印象度等，从中了解企业知名度和美誉度，得出企业目前的形象。然后，再与企业自身设定的形象相对比，找出差距，确定新的目标，广告目标要体现这一目标。如果企业形象属于低知名度高美誉度，则广告目标要放在提高企业知名度上，广告宣传要加强力度，扩大企业的影响力；如果企业形象属于低知名度低美誉度，则广告目标要放在提高企业美誉度上，通过提高企业美誉度，带动知名度的提高；如果企业形象属于高知名度低美誉度，则说明企业形象很糟糕，广告目标应放在努力扭转恶名，重新塑造企业形象上，通过危机策划，逐步改变公众对它的印象；如果企业形象属于高知名度高美誉度，则说明企业形象很完美，企业在社会上名声大，声誉好，广告要继续维护其良好形象，多做形象广告、公益广告，体现企业的社会责任，赢得更多公众的理解和支持。

2.1.2 广告调查方法

1．文献调查

文献调查是指利用现有的文献、档案等既存资料进行广告调查的方法，它是对二手资料的调查研究。这种方法的最大优点就是省时、省力、省费用，且资料广泛。随着计算机的普及及其在信息处理能力方面的进步，调查人员已经能够轻松获取大量相关信息。而且随着人们对信息的日益重视，大多数单位也都在建立和完善自己的资料库，这也为文献调查提供了更为有利的条件。

在运用文献调查法时，要格外注意资料的准确性和时效性。因为市场改变非常迅速，一旦使用过时或尚未确定的二手资料，很有可能会陷入某种错误，因此要做好甄别工作。同时，也要做好资料的筛选和整理工作，使之类别化、条理化和系统化。

2．实地调查

实地调查是指通过对调查对象进行实际调查，而直接获取一手资料的方法。这种方法的最大优点是真实，能够及时发现市场机会和威胁，但比较费时、费力，且费用高。常用的实地调查方法有访问法、观察法、实验法、问卷调查法等。

（1）访问法

访问法是指调查人员与被调查者，通过有目的的谈话，获取所需资料的一种调查方法。根据调查人员与被调查者的接触方式不同，访问法又可以分为面访、电话调查、邮寄调查和网上调查。

面访是调查人员与被调查者面对面交谈，而获取一手资料的过程，它有安排访问和拦截访问两种形式。这种方法的优点在于：可以在调查中直接听取被调查者的意见，观察他们的反应，保证一手资料的真实准确；访问的内容可以较为深入，拓宽调查的广度和深度；可以控制谈话的节奏和气氛，在谈话的同时，展示样品或其他文字材料，能够保证自己提出的问题得到对方的答复；可以增加感性认识，促进双方情感的交流。但这种方法的缺点在于：费用高、耗时多、样本少，只能选取少量有代表性的调查对象，如果选择不当，会影响调查结果的准确性。这种方法对调查人员的素质要求比较高，要求调查人员具有一定专业知识、沟通能力和观察能力，心理素质也要过硬。

电话调查是调查人员通过电话这一通信工具向被调查者询问，而获取一手资料的过程。这种方法的优点在于：成本低，简便快捷，只要有良好的通信设施，随时随地都可以进行调查。但这种方法的缺点在于：无法判断被调查者的真实性；只能简单地提问和回答问题，不能深入进行交谈；被调查者可以不必找任何理由挂断电话，不易取得调查对象的合作。

邮寄调查是将调查表邮寄给被调查者，请求调查对象按照规定的要求和时间填写，并寄回的一种调查方法。这种方法的优点在于：节省费用，调查区域广泛，被调查对象作答自由度大，可以避免调查人员的偏见。但这种方法的缺点在于：回收率低，漏答现象严重，难以得到全面而可靠的资料。

网上调查是将调查问卷发表在互联网上，由点击页面者自愿作答，而获取一手资料的过程。这种方法的优点在于：操作简单，费用低廉，调查范围广，信息反馈及时，而且网上调查也具有趣味性和保密性的特点。但这种方法的最大缺点是，样本对象的局限性，由于受计算机普及程度等客观条件的限制，网民还只是一个成分较少的特殊群体，这就可能造成因样本对象的局限性问题，而带来调查误差。另外，由于网络的真实性较差，对所获信息的准确性和真实性程度也难以判断。

（2）观察法

观察法是指调查人员在某一特定的营销环境下，通过对调查对象的行动、反应直接观察，获取所需资料的一种调查方法。如表 2-2 所示，在广告调查中，观察法常用于检测售点的客流量，某地段的人流量、车流量，某户外广告的注目率等，也可以通过观察消费者的行为，来测定某品牌的市场偏好和促销效果。随着科学技术的发展，人们设计了一些专门的仪器来观察消费者的行为，如摄像机、照相机、监视器等，但使用较多的还是人员的现场观察。

表 2-2 顾客购买行为观察表

××超市顾客购物情况观察表　　日期：2014-05-01

时间		顾客基本情况						顾客购物情况					
		男性			女性			食品		日杂		服装	
时	分	老	中	青	老	中	青						

在运用观察法时，由于被调查者是在不知不觉中接受调查的，因此，所获取的资料比较真实、客观，具有较高的准确性和可靠性。但这种方法只能观察外部现象，难以深入了解被调查者的深层心理状况，而且所需时间较长、费用高。使用观察法，必须具备三个条件：第一，所需信息必须是能观察到的，或者是能从消费者行为中推断出来的；第二，所要观察的行为必须是重复性的、频繁的；第三，所要观察的行为必须是相对短期的。

（3）实验法

实验法是指调查人员通过实验对比，获取所需资料的一种调查方法。它一般分为实验室测试和市场测试两种，通常用于在广告活动展开前探究消费者对产品口味、包装、价格的反应，或在广告推出前探究消费者对广告主题、广告文案的反应等。

其中，市场测试是广告调查中最常用的方法。例如，某连锁超市要检验店内两种售点广告的效果。该连锁超市根据店面大小、地理位置、交通流量和经营年限，选择了 12 家在统计上具有可比性的超市。从这些超市中随机地选出 4 家使用第一种售点广告，另有 4 家被随机地选出使用第二种售点广告，剩下的 4 家则不使用任何售点广告。调查人员分别收集各家超市在实验前 7 天、4 周实验过程中和实验后 7 天的销售数据。结果表明，使用第一种售点广告的超市销量至少翻了一番，而使用第二种售点广告的超市的销量只有少量增加，不使用售点广告的超市则没有任何变化。根据这一结果，该连锁超市的经理认为，第一种售点广告在促进销售上效果显著，于是决定使用了第一种售点广告。这就是典型的市场测试法的运用。

这种方法的优点在于科学性，通过实验所获得的数据和情况比较客观、可靠，可以为广告决策提供依据。但在实验中也会出现一些非实验因素的干扰，如消费者的偏好、竞争者的策略等，在一定程度上会影响对实验结果的比较。

（4）问卷调查法

问卷调查法是指调查人员将调查内容设计成问卷表，发给被调查对象，请对方按要求回答并回收，获取所需资料的一种调查方法。它的优点在于：成本低，调查范围广，被调查者有比较充裕的时间思考问题，收集到的资料比较真实。但问卷调查法的效果如何，关键取决于调查问卷的质量，能否设计科学、合理的调查问卷，将直接影响到问卷的回收高低及资料是否具有真实性与有效性。那么，如何设计一份高质量的调查问卷呢？这个问题将在后面的环节详细介绍。

2.1.3 广告调查方案

实施广告调查前，要拟订好广告调查方案，它是指导调查工作的依据。一份完善的广告调查方案一般包括以下七个方面的内容。

1. 广告调查目的

即，确定为什么要进行广告调查，通过调查所要解决的核心问题是什么，它决定了广告调查的总体方向和水平。调查人员首先要分析企业营销活动和广告活动中存在的问题、目前急需解决的问题是什么，然后，再根据现有的基础资料，进行合乎逻辑的推理和判断，确定广告调查目的。

2．广告调查对象

即，确定向谁展开广告调查。面向什么人或单位、确定多少人或单位进行调查，应根据调查课题的要求来具体确定。一般对消费者进行调查时，由于调查对象分布范围较广，应制定一个抽样方案，以保证抽取的样本能反映真实情况。通常样本越大越具有代表性，样本数量少会直接影响调查结果的精确度。经验表明，被调查者数量大体在 1%左右即具有代表性和可靠性。

3．广告调查内容

即，确定调查什么。同样也应根据广告调查目的确定具体的调查内容。调查内容一定要全面、具体、条理清晰，但要注意避免把与调查目的无关的内容列入其中。

4．广告调查方法

即，确定怎样调查。如果要收集二手资料，可采用文献调查的方法，如果要收集一手资料，则采用访问法、观察法和实验法等。每类方法适用各不同，要依据调查目的、性质以及调查经费的多少而定。

5．广告调查人员的配备与分工

广告调查是需要多人合作才能完成的工作，因此需要合理分工，各司其职，每项任务都要落实到具体人员，以保证调查工作按时按质完成。

6．广告调查日程表

广告调查方案中需要制定整个调查工作完成的期限，以及各阶段的进程，应采用简明的表格形式，列出各阶段的具体时间分配与人员安排。

7．经费预算

广告调查方案中要将可能需要的费用一一罗列，再汇总。要注意预算金额要有一个上下浮动幅度，以保证调查的顺利进行。通常广告调查费用包括：问卷费、资料费、劳务费、差旅费、办公费等。

案例讨论：广告的成与败

下面有两则失败与成功的广告。

广告 1：立邦漆“滑龙”广告

2004 年 9 月份的《国际广告》杂志，刊登了一则名叫“龙篇”的立邦漆广告作品，画面上有一个中国古典式的亭子，亭子的两根立柱各盘着一条龙，左立柱色彩黯淡，但龙紧紧攀附在柱子上；右立柱色彩光鲜，龙却跌落到地上。画面旁附有对作品的介绍，大致内容是：右立柱因为涂抹了立邦漆，把盘龙都滑了下来。评价称：“该广告创意非常棒，戏剧化地表现了产品的特点……”但广告播出后却遭到消费者的抵制，认为这则广告具有辱华倾向。对于该广告对立邦漆品牌及部分公众人士所产生的影响，李奥贝纳中国总公司表示，“始料不及，深表歉意”。

广告 2：丰田的绿色广告

上面 1/3 的空间是蓝天，下面连着 2/3 的绿草地。草地上有一架童车。蓝色天空的位置有小孩幼稚的白色字迹：“老爸的童年，怎么才能原样留给我？”下面四排小字的文案这样写道：“满足孩子的心愿，是我的动力。要把美丽世界原原本本地留给孩子，不仅需要我的努力，更要大家都行动起来，为善待自然、保护环境多做一份贡献。让全世界的人们都做出承诺，我是 1%，也是 100%。”

思考与讨论：

1. 立邦漆广告很有创意，为什么还会遭到失败？它说明了什么？
2. 丰田的绿色广告，为什么会大受欢迎？它又说明了什么？

案例讨论：七喜，非可乐

美国的七喜汽水挤进可口可乐、百事可乐垄断的美国饮料市场，成为第三大饮料，在很大程度上得益于其对竞争对手产品情况的调查。该公司通过调查发现，在美国有相当一部分人希望能减少或完全消除食品中对健康有害的咖啡因。于是他们对主要竞争对手可口可乐和百事可乐进行了咖啡因含量的调查，结果发现每 12 盎司的可口可乐中含有咖啡因 34 毫克，同量的百事可乐中含有咖啡因 37 毫克，而七喜汽水则不含咖啡因，也没有掺入人工香料、防腐剂和色素。在获得这些资料之后，七喜汽水找到了正确的广告出击方向。他们在七喜汽水的电视广告中，反复强调七喜汽水与可口可乐、百事可乐相比不含咖啡因这一独特性的宣传，正切中了人们对饮料中咖啡因含量的担忧，同时也击中了可口可乐和百事可乐的要害。因而七喜汽水在美国饮料市场的销售量在极短的时间内迅速上升到第三位，在非可乐饮料中独放异彩。

思考与讨论：

七喜汽水的成功，说明了什么？

任务演练：拟定所在城市手机市场广告调查方案

1. 演练目的

准确把握本次广告调查的目的、内容及方法，为后续广告调查任务的完成奠定基础。同时，培养学生的策划意识、全局意识以及团队合作意识。

2．演练要求

以前期组成的广告策划团队为单位，分别拟定各团队的广告调查方案。要求调查方案要具体，具有可操作性。

3．演练步骤

步骤 1：确定广告调查目的。

步骤 2：确定广告调查对象。

步骤 3：确定广告调查内容。

步骤 4：确定广告调查方法并做好人员分工。

步骤 5：制定广告调查日程表。

步骤 6：拟定完整的手机市场广告调查方案。

4．演练成果

各广告策划团队提交手机市场广告调查方案，并做 PPT 汇报。

任务 2.2　设计广告调查问卷

知识储备

调查问卷是广告调查中最常见的调查工具，每一位调查人员必须学会设计高质量的调查问卷，调查问卷的质量高低将关系到调查的成功与否。

2.2.1　广告调查问卷的构成

一份完整的广告调查问卷，一般由标题、问卷说明、问卷内容、附录构成。

1．标题

标题要简明扼要，一般由调查对象加上调查内容再加上“调查问卷”字样组成。例如，“长春市手机市场调查问卷”。

2．问卷说明

问卷说明一般介绍本次调查的目的、意义，说明填表所需要的时间、作答方式，同时向填写问卷者表示感谢。通常问卷说明部分包括以下内容。

① 称呼、问候，如“女士/先生：您好！”

② 调查员自我介绍，如“我是创行广告公司的调查员。”

③ 简述调查的内容或目的，如“为了提供令您满意的服务，我们正在进行有关手机市

场的调查。”

④ 说明作答的意义或重要性，如“您的回答十分重要，将有助于我们提升服务质量。”

⑤ 说明作答对被调查者无负面影响，如“答案无对错之分，只要出于自己的真实想法即可，结果绝对保密。”

⑥ 说明回答所需要的时间，如“做完所有题目大约花您2分钟。”

⑦ 说明作答方式，如要求被调查者多选或单选，打钩或画圈等。

⑧ 表示答谢，如说明什么时间、给他们什么礼品等。

⑨ 致谢等礼貌用语，如“谢谢您的合作。”

问卷说明部分语言要简单明了，语气要诚恳。

3．问卷内容

问卷内容是问卷的主体部分，依据调查的目的，设计若干问题，要求被调查者回答。怎样设计合理的命题，是取得有效资料的关键。

4．附录

附录部分主要用来记录被调查者的背景资料，如职业、年龄、收入、联系电话等情况，以便统计分析。也可以对某些问题附带说明，或再一次向被调查者表示感谢。

2.2.2 问题的设计

调查问卷有开放型和封闭型两种形式。开放型问卷，只设计问题，不设计答案，答案由被调查者自由回答；封闭型问卷，则针对每一个问题，都要设计可供选择的若干个答案，让被调查者选择回答。开放型问卷了解情况比较具体、深入，但统计分析困难；封闭型问卷操作简单、容易回答、便于统计，但也会出现漏洞。

下面介绍几种常见的调查问卷问题的设计形式。

1．自由式

问题不拟定答案，可自由发表意见。例如，您最喜欢的手机品牌是什么？

2．语句完成式

提供一个不完整的句子，要求被调查者填空，一般用于广告到达率的调查或品牌知晓度的调查。

例如：当您需要手机时，最先想到的手机品牌是（　　）。

3．文字联想式

列出一些词汇，每次一个，让被调查者写出他脑海中涌现的几个字或几句话，一般用于产品、企业命名的调查。

例如，当您看到“手机”这个词，您会想到什么？按顺序写下来：

手机：________、________、________、________

4．是否法

一个问题两个答案，两者只能择其一。这种形式只适用于不需要反映态度程度的问题。

例如：您是魅族手机的用户吗？　　是□　　不是□

5．单项选择法

一个问题多个答案，但只能选择其一。这种形式的优点是答案分类明确，但排斥了其他可能存在的情况。

例如，您的年龄是？

16岁及以下□　17～29岁 □　30～39岁□

40～49岁□　50～59岁□　60岁及以上□

6．多项选择法

一个问题多个答案，可任选一项或多项。这种形式的优点是能较多地了解被调查者的态度，但不易于统计。

例如：促使您购买手机的主要原因是什么？（最多选三项）

品牌□　价位□　功能□　外观□　售后服务□　广告□　商家信誉□　其他□

7．排序法

给出若干个答案，要求被调查者根据自己的态度排序。

例如：您最喜欢的手机品牌依次为（请依据您的喜好程度，分别标上序号）：

苹果□　三星□　LG□　诺基亚□　索尼爱立信□　华为□　联想□　魅族 □ HTC□　小米□　中兴□　酷派□　其他□

8．分等量表

要求被调查者对事物的属性从优到劣分等选择。这种形式主要用于测量被调查者的态度。

例如：您认为××品牌手机的售后服务如何？

很好□　好□　一般□　差 □　很差□

9．表格法

让被调查者在一张印有产品相关特性的表上注明自己的看法。

例如：请您指出以下不同品牌手机所具有的优势。

手机品质 产品特性	小　米	华　为	魅　族	联　想	中　兴
品牌					
价位					
功能					
品质					
售后服务					

2.2.3 问卷设计的原则

1．通俗性原则

即，提出的问题要使被调查者容易理解。在设计问题时，首先要做到问句要尽量短而明确，少用长而复杂的语句；其次，避免用双重否定的语句来表示肯定的意思；再有，用词应尽量浅显明白，避免用过于专业化的、生僻的或模棱两可的词语。例如，您喜欢安卓操作系统还是塞班操作系统？这个问题，非专业人士很难回答。

2．能力性原则

提出的问题应是被调查者能够回答且愿意回答的。有时候，被调查者可能对回答问题所需的信息一无所知，例如，问一位男士他的妻子使用什么牌子的化妆品，就属于这种类型，被调查者会很难回答，只能瞎猜，这样的答案没有任何价值。

再有，调查人员在设计关于过去行为或事件的问题时，应考虑被调查者的记忆力问题，不要对被调查者的记忆力要求过高。例如，“请问去年以来，您都使用过哪些品牌的牙膏？”，“这些品牌的牙膏分别是在哪儿买的？”这类问题被调查者一般记不住，很难准确、快速回答，反而会增加被调查者的负担。因此，时间期限应该保持相对短。应该这样问：“现在您用什么牌子的牙膏？”

另外，要避免提困窘性问题。例如，属于个人隐私的问题、有损声誉的问题、不为一般社会道德所接受的行为和态度等应避免出现。

3．单纯性原则

首先，要避免双重性问题，即每个问题只能包含一项内容，不要一个问句中包含两件事或两个方面的问题。例如，“您是否喜欢看电视电影？”对这个问题那些单纯只喜欢看电影或只喜欢看电视的被调查者无法回答。

其次，问题中对时间、地点、人物、事件、频率等界限都应该有一个特定的范围，而不应只概括地表示，避免使用模糊语言和容易引起误解的词句。例如，“您最近经常看电影吗？”其中，“最近”可能是指近几天，也可能是指一个月或半年，“经常”可能是每周几次，也可能是每月几次或每年几次，这样，被调查者回答的标准就会有区别。因此，应改为“过去的3个月您看过几次电影？”

最后，问题要尽量获得具体或事实的答案，避开笼统的意见。例如，“您认为李宁牌鞋好吗？”这主要用来调查消费者对该品牌鞋的感觉如何，但是好与不好如何区分，是一个很笼统的概念。因此，应尽量将这类问题询问得具体些，比如，可分别询问鞋的样式、颜色和舒适程度等，被调查者就容易判断。

总之，所谓单纯性原则，就是问题的设置一定要让被调查者容易理解，便于回答。

4．非诱导性原则

问题要中性化，避免提带有倾向性或诱导性问题。例如，“您是否和大多数人一样认为海尔电冰箱最好？”、“别人都说海尔电冰箱好，您是否也是这样的看法？”，其中的“大多数人”和“别人都说”就带有明显诱导性，应避免出现这类词语。

5．穷尽原则

即，设计封闭型问卷时，所列出的答案要穷尽，不能有遗漏。对有些不具穷尽性的问题，可以在答案的最后加上“其他”或“其他（请注明）”，以供被调查者选择。但需要注意的是，若调查结果选择“其他”的比例较高，说明答案设计得不科学，有些带有普遍性的答案没有列出来，应重新设计。

6．互斥原则

即，答案之间必须互相排斥，不能相互重叠、包含或交叉，尤其对性别、年龄、职业、住址等问题，答案设计一定要互斥。也就是说，对同一个问题，只能有一个选项适合被调查者。

7．梯度性原则

对调查问卷中涉及渐进性的问题，应根据被调查者的行为习惯，设计若干具有梯度的选项，而且梯度间距应该合理。

例如：您上周阅读了几本专业书？

A．0 本　B．1～10 本　C．11～20 本　D．21 本以上

显而易见，在一周内阅读 10 多本甚至 20 多本专业书，一般人是达不到的。由于选项之间梯度太大，绝大多数被调查者会选择前两项，而对于选择 B 项者，也无太大实际统计意义。因此，应将答案选项改为：

A．未读或不足 1 本　B．1～2 本　C．3～4 本　D．5 本及以上

8．对称性原则

在提供带有对比性的选项时，不同态度与观点的答案数目要对称，防止产生误导。

例如，贵公司去年的广告费用约为 2000 万元，请问今年的广告预算应（　　）。

A．适度增加　B．维持不变　C．稍作压缩　D．大幅减少　E．取消年度预算转入明年

上述选项中，C～E 皆含有“减少”的意思，而含有“增加”意思的选项只有一项，容易给被调查者以选择有关“减少”选项的暗示。

知识链接：调查问卷范本 1

长春市巧克力市场调查问卷

尊敬的女士/先生：

您好！我们受××公司委托，正在进行一项有关长春市巧克力市场的调查，非常希望得到您的支持。问卷很简单，用不了您多长时间。卷中所提问题无所谓对错，请您根据实际情况填写，对选中的答案，请在该答案的编号前划“√”，谢谢您的合作。为了感谢您的支持，

我们准备了一份小礼物，敬请笑纳。

1．请问您上一次购买巧克力食品是在：

A．一年前　B．半年前　C．一个月前　D．几天前　E．不记得　E．从没买过

2．请从来没有买过巧克力食品者谈谈您不买的原因是：

A．没有吃巧克力的习惯　B．讨厌巧克力的味道　C．巧克力太贵　D．从来都是别人送巧克力吃　E．其他原因（请注明）

3．您选购巧克力时最注重：

A．包装漂亮　B．口味适宜　C．价格便宜　D．有名气　E．购买方便　F．其他（请注明）

4．请问您购买巧克力一般是用来：

A．自己当零食　B．小孩作零食　C．充饥　D．送礼　E．家庭待客　F．其他（请注明）

5．请问您购买糖果类食品一般是在：

A．百货公司　B．超级市场　C．有名的食品店　D．一般的食品店　E．在家附近的零售店　F．其他（请注明）

6．请列举您购买最多的巧克力品牌或您印象最深的巧克力品牌。

____

7．请问您是通过什么渠道知道这些品牌的？

A．朋友介绍　B．广告　C．新闻　D．店内陈设　E．售货员推荐　F．自己购买　G．其他（请注明）

8．请问您最喜欢的巧克力种类是：

A．牛奶巧克力　B．果仁巧克力　C．酒心巧克力　D．苦巧克力　E．威化巧克力　F．其他（请注明）

9．请问您最喜欢的巧克力口味是：

A．香　B．滑　C．甜　D．细　E．苦

10．请问一块中等大小（约 100 克）的巧克力，您可以接受的价格是：

A．2 元以下　B．4 元以下　C．6 元以下　D．10 元以下　E．10 元以上

11．请您选择以下几个巧克力广告语中您最熟悉的一个。

A．只溶在口，不溶在手　B．瑞士最佳风味，只给最爱的人　C．金子般纯真　D．牛奶香浓，丝滑感受　E．一粒进口，四季甜蜜　F．都不熟悉

12．请您根据所了解的情况连线：

巧克力品牌	生　产
申丰	进口
上儿	合资
金帝	国产
M&M'S	不清楚

13．提起巧克力，您最先联想到的词有哪些？（最多选三项）

A．高贵 B．礼物 C．童话 D．肥胖 E．恋人 F．烦躁 G．刺激 H．幸福

下面请介绍一下您的个人情况：

1．您的性别：A．男 B．女

2．您的年龄：A．15 岁以下 B．15～19 岁 C．20～29 岁 D．30～39 岁 E．40 岁以上

3．您的职业是：A．学生 B．企业管理人员 C．工商服务人员 D．公务员 E．外资或合资企业职员 F．工人 G．教师 H．私营职业者 I．其他（请注明）

4．您的文化程度：A．大专或以上 B．中专或高中 C．初中或以下

5．您的月收入：A．1000 元以下 B．1000～3000 元 C．3000～6000 元 D．6000～10000 元 E．10000 元以上 F．无收入

谢谢您的支持！

调查地点：

调查日期：

调查员：

知识链接：调查问卷范本 2

上海市热水器拥有量及购买意向的市场调查问卷

尊敬的女士/先生：

您好！本公司以科学方法挑选，您是选中的代表之一。您的宝贵意见，将有助于我们提升产品品质，提供令您更满意的服务。耽误您几分钟的时间，谢谢您的合作。填表请注意：对选中的答案，在该答案后的方框“□”中填写“√”符号。在有“____”的地方，必要时请填写相应的情况或意见。

对您的合作，再一次表示感谢！

1．您家里有热水器吗？

有 □ 没有 □

2．若“有”，请回答：

① 使用了多长时间？

5 年以上□ 3～5 年□ 1～2 年□ 刚刚使用□

② 是什么类型的？

电热水器□ 燃气热水器□

③ 是什么牌子？____________

④ 使用过程中，最大缺点是什么？

比较耗电（气）□　不太安全□　易出故障□　操作不方便□

出水量太小□　其他________

3．若“没有”，请回答：

① 未购买的原因是什么？

收入低□　住房条件不好□　怕不安全□　其他____________

② 如您要购买，您喜欢哪种类型的？

电热水器□　燃气热水器□

③ 若要购买，您打算什么时候购买？

今年年底前□　明年□　两年以后□

④ 如以下条件不能同时满足您，您最优先考虑选择哪一种？

省电（气）的□　出水量大的□　操作方便的□　不易出故障的□　其他______

4．被调查人信息资料：

姓名：____________　住址：____________

家庭收入：__________　居住面积：__________平方米

邮政编码：__________　电话：__________

调查员姓名：________

调查时间：__________

任务演练：设计所在城市手机市场广告调查问卷

1．演练目的

通过本次演练，锻炼学生的问卷设计能力，为后续广告调查的实施做好准备。

2．演练要求

以广告策划团队为单位，分别设计所在城市手机市场广告调查问卷。要求问卷设计一定要围绕本次调查的目的，主题明确，问题设计科学、合理，便于回答、统计。

3．演练步骤

步骤 1：撰写问卷说明部分。

步骤 2：设计问卷的问题。

步骤 3：设计问卷的答案。

步骤 4：初步形成完整的广告调查问卷并进行小规模的事先测试。

步骤 5：修改并正式定稿。

4．演练成果

各广告策划团队提交手机市场广告调查问卷，并做 PPT 汇报。

任务 2.3 实施广告调查

知识储备

广告调查是有目的、有计划进行的研究活动，为了保证其目的的顺利达成，广告调查要按照一定的程序和步骤进行。但要明确一点的是，广告调查是一种研究而不是流程，广告调查之所以有价值，在于它能提供探索性、预测性、解释性的研究分析，为广告战略、策略的提出提供科学依据。因此，要灵活运用广告调查的程序，而不仅仅是按部就班地走完一个过程。

2.3.1 广告调查程序

为了科学、合理、准确地收集并利用相关资料，广告调查研究积累了一套常规的应用程序，具体做法如下。

① 明确广告调查目标。

② 明确广告调查的项目和范围，并进行可行性研究。

根据调查目标，确定本次调查的项目和范围，并从经济效益和社会效益角度，对广告调查的范围、规模、调研力量、时间和费用进行可行性研究。如果本次广告调查的范围和规模过大，无法在限定的时间内完成任务，就应重新设定调查目标，调整相应的调查项目，以免造成人力、物力、财力的浪费。

③ 拟定广告调查方案。

④ 建立广告调查小组，并对调查人员进行培训。

为了保证广告调查结果的可靠性，需要组织调查人员学习或者培训。其学习的主要内容有：了解调查方案、掌握调查技术、学习与广告调查相关的业务知识及有关方针、政策、法令、法规等。应通过模拟训练，提高调查人员处理问题的能力。

⑤ 实施广告调查。

组织调查人员，按调查方案的要求，系统地收集文献资料和原始资料。在实施调查阶段，要注意对整个调查过程的有效督导和监控，以确保调查工作的顺利进行和调查资料的真实性。

⑥ 对调查资料的整理和分析。

⑦ 编写和提交广告调查报告。

2.3.2 广告调查样本的选取

在市场调查中，由于调查总体对象多、范围广，再加上受时间与经费的制约，很难进行全方位调查，只能采用科学的方法从被调查总体中选取一部分对象进行调查，以此推断总体的特征。尤其对消费者的调查，样本的选取显得尤为重要。选择样本的方法有概率抽样和非概率抽样。前者是客观地选取样本，而后者是主观地选取样本。

1．概率抽样

概率抽样又称为随机抽样，是从总体中按随机原则抽取一定数目的样本。它主要有简单随机抽样、等距随机抽样、分层抽样和整群抽样。

（1）简单随机抽样

它是最基本的、最能体现随机原则的、也是适用范围最广的抽样方法。常用的抽取方式有抽签和随机号码表抽取。

（2）等距随机抽样

它是将总体中的各个对象按一定顺序排列，再确定抽选的间隔，等距离抽取样本，起点一般是随机确定的。

（3）分层抽样

它是将总体分成若干层，同层的个体特性相似，不同层的个体特性差异大，然后再逐层随机抽取样本。它是分层与简单随机抽样的结合，一般适用于调查对象差异大，且分布不均匀的情况。

（4）整群抽样

它是将总体分为几个互不重叠的群，然后在所有的群中随机抽取若干群作为样本，对群内的所有对象一一进行调查。

2．非概率抽样

非概率抽样是按照调查人员主观的判断或标准选取样本，通常被用于探索性问题的调查。它主要有便利抽样、判断抽样、配额抽样和滚雪球抽样。

（1）便利抽样

它主要考虑调查人员的方便性来选取样本。例如，访问路过的行人，就近找一些居民进行访问等。

（2）判断抽样

它是依据调查人员的主观判断、知识和经验，从总体中选取若干具有代表性的样本。

（3）配额抽样

它是依据某些特性，先将总体划分为若干类型，再按照各类型在总体中所占的比例，分配给一定数量，从中选取样本。

(4) 滚雪球抽样

它是先抽取少量样本，再通过初始样本的推荐发展更多的调查单位，似“滚雪球”一样，越来越多。

2.3.3 广告调查资料的整理与分析

调查工作结束之后，会搜集到大量的资料，这些资料如果不整理和分析，是不能用以说明任何问题的。因此，要将调查收集到的所有资料进行检验、核实、归类、统计、分析。

首先，整理与审核调查资料，把零碎、杂乱的资料加以筛选，去粗取精、去伪存真。由于调查工作中经常会发生一些错误性的判断，例如，错误地选取了没有代表性的样本；调查人员经验不足、导致访问结果不真实；间接资料来源不可靠、不具有权威性，等等。因此，广告调查所搜集到的资料必然有真有伪，需要剔除错误的、无关紧要的、没有价值的资料，选取有关的、重要的资料，以备后续分析。

其次，对调查资料汇总和分类。汇总，是把选取的大量资料从形态上进行编组，分别建立专用的资料卷宗，将这些不同形态和性质的资料分专题入卷归档。然后，对汇总后的资料进一步按小专题分类，通常是按数量和价值进行分类，有时还可以按地区、年份、产品特点等进行分类。分类的操作过程是先分大类，再分小类。

然后，将分类的资料进行统计，制成各种计算表、统计表、统计图，以便简洁、形象地反映调查对象的基本情况和调查结果，如表 2-3 和图 2-1 所示。

表 2-3 品牌购买率对比表

品牌	小米	华为	魅族	联想	中兴	其他
人数（人）	97	91	77	66	86	83
比例（%）	19.4	18.2	15.4	13.2	17.2	16.6

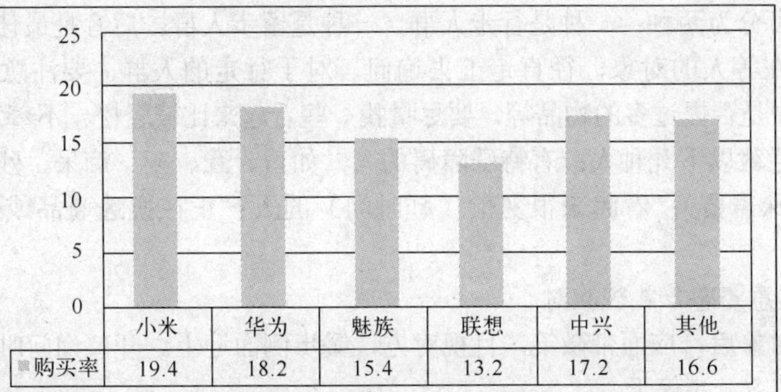

图 2-1 品牌购买率对比图

最后，对各项资料中的数据和事实进行比较分析，得出一些可以说明问题的统计数据，去验证有关各种因素的相互关系和变化趋势，直至得出可靠结论。

知识链接：文献资料的来源

在实际的广告调查中，调查人员首先会考虑文献调查，在满足不了调查需要的情况下，再考虑实地调查。可见，文献调查占有举足轻重的作用。进行文献调查，关键在于熟知文献来源。文献来源主要分为企业内部和企业外部。

企业内部资料是指企业自身的资料库、档案库所存留的营销记录与相关资料，如企业的相关活动介绍、产品目录、价格清单、历年销售记录、财务报表、市场报告、客户名单及客户函电等资料，这些资料可以帮助调查人员深入了解企业和产品，避免出现虚假广告。

企业外部资料是指通过函索或走访的方式，向有关机构索取的文献资料，如从政府有关部门获取当地社会经济发展、人口等方面的资料，从图书馆获取市场贸易统计等方面的资料，从行业协会和商会获取行业内部的会员名单及其经营状况的资料等。除此之外，还可以从消费者组织、学会、研究所、信息咨询中心、媒介调查与研究公司等机构收集资料。

知识链接：拦截访问的技巧

拦截访问是面访的一种，一般在商店大堂或商业街上拦截人们要求交谈，在实际的调查工作中，常被使用。如何提高拦截访问的成功率？调查人员可以掌握以下几点技巧。

技巧1：预先考察调查地点，做好充分准备

事先实地考察一下调查地点的周围环境，分析哪里最适合进行拦截访问。通常人流较多的购物休息之处是实施拦截访问的最佳地。一般不要选择商店的通道或阻碍人群通过的购物中心进行访问。

技巧2：观察街头人群，瞄准调查对象

街头人群可分为两种：一种是行走人群，一种是留步人群。后者是最佳选择，可以找一些休息或似乎在等人的对象，径直走上去询问。对于行走的人群，要注意观察其步履的缓急、神色、手中是否提过多的物品等，要尽量找一些看起来比较轻松、不着急的行人询问。

一般不要拦截以下几种人：有特殊障碍的人，如盲、聋、哑、痴呆、残疾人；带婴儿的人（除非有特殊需要）；看起来很匆忙（赶时间）的人；正在挑选商品或忙于做一些事情的人。

技巧3：注意姿态，礼貌应对

找准调查对象后，应面带微笑，目视对方，缓步侧面迎上。开口询问时，应在被访问者的右前方或左前方一步停下。

开口说的第一句话很关键，一定要态度诚恳、语气合缓、准确称呼、礼貌询问。例如，你可以说："对不起女士，能打扰您几分钟时间吗？"对于你的询问，如果被访问者不予理睬或极度拒绝，应礼貌退出，并表示歉意；如果被访问者找借口礼貌拒绝，可以针对对方的借口进行回应，尽量消除其疑虑，促成访问；如果被访问者发出了感兴趣的信号，比如询问是什么样的调查时，则应抓住机会，及时展开调查。

对于行走人群，如果对方能自动停下脚步，说明对方比较感兴趣，要抓住机会；如果对方不愿意停下脚步，可以跟随对方走几步，力争用你的话语引发对方的兴趣，但不要粗暴地要求对方停下脚步，一般跟随对方走出十米左右仍无法让对方停步时，应主动放弃。

技巧4：尊重隐私，注意保密

对于被访问者的个人信息资料，如姓名、年龄、住址、电话等，不要强求对方留下，要尊重他们的隐私保密权利。如果确实需要了解，也要说明理由，承诺保密，消除担忧，同时也要切实做好保密工作。

技巧5：表示感谢，适当赠送礼品

调查完毕后要向被访问者表示感谢，在财力允许的条件下，适当赠送礼品，与其告别，且目送对方离开。

知识链接：电话调查的技巧

技巧1：善用开场白

好的开场白可以让对方愿意和调查员多聊一聊，例如，赞美的语言、激发兴趣的话题、诚恳的语气，都容易让对方接受。

技巧2：让自己处于微笑状态

微笑地说话，声音也会传递出很愉悦的感觉，可以增加亲和力。

技巧3：音量与速度要协调

人与人见面时，都会有所谓"磁场"，在电话之中，当然也有电话磁场，调查员与对方的磁场吻合，谈起话来就顺畅。为了了解对方的电话磁场，建议在谈话之初，采取适中的音量与速度，等辨出对方的特质后，再调整自己的音量与速度，让对方觉得你和他是协调的。

技巧4：表明不会占用太多时间，简单说明"占用"您两分钟好吗？

一般人听到两分钟时，通常都会出现"反正才两分钟，就听听看好了"的想法。

任务演练：实施所在城市手机市场广告调查

1. 演练目的

通过本次演练，提高学生的广告调研能力，同时培养学生的沟通能力、语言表达能力及组织能力。

2. 演练要求

各广告策划团队，依据广告调查方案，具体实施广告调查。要求团队内每一位成员要分工明确，各司其职，同时也要密切配合，提高广告调查的质量。

3. 演练步骤

步骤 1：选取广告调查对象，并准备好调查工具。

步骤 2：实施文献调查。

步骤 3：实施问卷调查。

步骤 4：实施拦截访问调查。

步骤 5：整理与分析广告调查资料。

4. 演练成果

各广告策划团队汇报广告调查实施情况，从中评选最优广告调查团队和最佳广告调查员。

任务 2.4 撰写广告调查报告

知识储备

广告调查报告是将调查中收集到的各种材料加以整理、分析后，以书面形式向组织和领导汇报调查情况的一种文书。广告调查报告的内容主要包括：介绍调查的目的，交待所要解决的问题；介绍调查的内容，得出调研数据并进行分析；对市场发展趋势做出预测，并给予论证；提出建议、方案和步骤，预测可能遇到的风险并提出相应对策等。

2.4.1 广告调查报告的格式及内容

广告调查报告的格式一般由标题、前言、目录、正文、附录等五个部分组成。

1. 标题

标题是广告调查报告的题目。它有两种写作形式：一是公文式标题，即由调查对象和内容、文种名称组成，例如《2014 年××市手机市场销售情况调查报告》；二是文章式标题，即用概括的语言形式直接交待调查的内容或主题，例如《全省城镇居民潜在购买力动向》，一般这种类型调查报告的标题，多采用双题（正副题）的结构形式，例如，《竞争在今天，希望在明天——全国洗衣机用户问卷调查分析报告》。

2. 前言

前言又称引言或导语，是调查报告正文的前置部分。前言要交待调查的目的、时间、地点、对象与范围、方法等与调查者自身相关的情况，也可以概括调查报告的基本观点或结论，以便读者对全文内容、意义等获得初步了解。前言要写得简明扼要，精炼概括。

3．目录

如果调查报告的内容、页数较多，为了方便阅读，应当使用目录或索引形式列出报告所分的主要章节和附录，并注明标题、有关章节号码及页码。一般来说，目录的篇幅不宜超过一页。

4．正文

正文是广告调查报告的主体。它要完整、准确、具体地说明调查的基本情况，进行科学合理的分析预测，在此基础上提出有针对性的对策和建议。材料一定要真实准确，分析一定要有根据，运用科学的分析方法得出正确的结论。正文可以从以下三方面来写。

（1）调查说明

说明在调查过程中使用了什么样的方法以及使用该种方法的理由，调查对象是谁，具体调查的时间、地点及人员安排等。如果使用了文献调查，应说明文献的来源。通常这部分无需写太多，但也要适当交待，以便使用者了解数据是怎么获得的，结论是怎么得出的。

（2）调查结果

即，对调查所获得的基本情况进行介绍。在具体写法上，既可按问题的性质将其归结为几类，采用设立小标题的形式，也可以以时间为序，或者列示数字、图表或图像等加以说明。情况介绍一定都要力求做到准确、具体，富有条理性。

（3）结论与建议

结论是以调查结果为基础得出的结果或决策。调查人员应对调查所获得的资料进行科学的研究和推断，形成符合事物发展变化规律的结论性意见。结论要做到有理有据、言简意赅，切忌脱离调查所获资料随意发挥。

建议是以结论为基础，提出的关于怎样推进工作的提议，以供决策者参考。建议是撰写广告调查报告的主要目的，要注意建议的针对性和可行性，要能够切实解决问题。

在正文的最后，也可以总结与分析本次广告调查的得与失，以便使用者能够充分了解此报告的价值，合理利用研究成果。

5．附录

附录是调查报告正文包含不了或没有提及，但与正文有关，必须附加说明的部分。它是对正文报告的补充或更详尽的说明，包括数据汇总表、原始资料背景材料、必要的工作技术报告等。

2.4.2　撰写广告调查报告应注意的事项

广告调查报告是广告调查结果的最终体现。撰写广告调查报告应注意以下事项。

① 简明扼要，突出重点。不要拖泥带水，不要将无关资料写入报告。

② 使用普通词汇。避免使用晦涩的词语、专业术语和陈词滥调。

③ 客观、准确。仔细核对全部数据和统计资料，做到准确无误，不要把无事实依据的

主观想法强加进去，或歪曲研究结果以迎合管理层的期望。

④ 用具体数字分析、说明问题。利用各种绝对数和相对数来进行比较对照，阐述结果，提出建议，提高论点的可靠性。

⑤ 充分利用图表。利用各种统计图、统计表说明和显示资料，帮助使用者理解，还可以提高页面的美观性。

⑥ 注意细节，消灭差错。对打印好的调查报告要反复检查，不允许有一个差错出现，特别是企业名称、专业术语、专门的英文词汇等更要仔细检查，以防止因出错而带来的消极印象。

知识链接：SWOT 分析

SWOT 分析是通过对企业内外部环境的分析，为制定企业营销战略，提供科学依据的一种分析工具。其中，S 是指企业内部的竞争优势（Strength），W 是指企业内部的竞争劣势（Weakness），O 是指外部环境的机会（Opportunity），T 是指外部环境的威胁（Threats），如表 2-4 所示。通过 SWOT 分析，企业可以清晰地了解自身的优劣势以及所处环境的机会与威胁，从而扬长避短，寻找最佳的营销决策。

表 2-4　SWOT 分析矩阵图

	优势（Strength）	劣势（Weakness）
优势与劣势	设计良好的战略 强大的产品线 独特的生产技术 广阔的市场覆盖面 优秀的营销技巧 品牌知名度高 研发能力强 领导水平高 雄厚的资金 ……	不良战略 过时的产品线 不完善的营销计划 缺乏品牌知名度与信誉 研发能力落后 领导管理水平不高 市场反应能力滞后 ……
	机会（Opportunity）	威胁（Threats）
机会与威胁	核心业务拓展潜力大 市场需求旺盛 发现快速增长的新市场 市场竞争平稳 技术发展进入新领域 经济飞速发展与居民生活水平的提高 打破市场壁垒 ……	核心业务日益衰退 市场需求减少 国内外竞争压力加大 被强大竞争对手兼并的可能性加大 新产品或替代品的出现 经济形势与居民收入的下滑 新市场进入壁垒高 ……

SWOT 分析的步骤如下：

① 罗列企业的优势和劣势，机会和威胁；

② 将优势、劣势与机会、威胁相组合，分别形成 SO、ST、WO、WT 战略；

③ 对 SO、ST、WO、WT 战略进行甄别与选择，确定企业应采取的具体战略与策略，如表 2-5 所示。

表 2-5 SWOT 分析

S/W O/T	优势（Strength） 1. 2. 3. 优势描述	劣势（Weakness） 1. 2. 3. 劣势描述
机会（Opportunity） 1. 2. 3. 机会描述	增长型战略（SO 战略） 1. 2. 3. 发挥优势，利用机会	扭转型战略（WO 战略） 1. 2. 3. 利用机会，克服弱点
威胁（Threats） 1. 2. 3. 威胁描述	多样化战略（ST 战略） 1. 2. 3. 利用优势，回避威胁	防御型战略（WT 战略） 1. 2. 3. 减少劣势，回避威胁

知识链接：广告调查报告范本

芝麻油市场消费行为调查报告

一、调查设计

本次调查开展于 2010 年，利用学生暑期及国庆节长假期间，采用随机抽样、定额抽样选取了调查对象，开展了访问调查和问卷调查。此次调查由××学校在校学生协助完成。共发放问卷 2400 份，收回问卷 2200 份，其中有效问卷 1659 份，问卷有效率为 75.4%，这是由于问卷题量偏大，部分受访者不能有效完成问卷，这给问卷结果分析带来了一定的影响。调查范围涉及城乡、农村；河南省内各地市，以及安徽、山西、陕西、河北、山东、云南等省部分地区；以郑州为主（占到 45.5%），向周边地区辐射，整个河南省占到总调查对象的 92%，调查范围较广，具有一定的代表性。

二、芝麻油的购买和消费行为特征

1．芝麻油购买者群体分类

一般而言，目前烹饪油的购买群体按家庭类型主要有以下几类：单身家庭，只有本人去购买；新婚家庭，男性和女性购买几率基本相当；有子女家庭，女性购买较多，男性有时也参与购买；子女已成家的两代家庭或子女已分离出去的家庭，女性为主要购买者，男性很少参与。调查显示，30～60 岁的女性是芝麻油的主要购买群体，同时也是芝麻油的决策者。

2．芝麻油的使用量

经过对调查数据的分析，由消费者通常购买芝麻油的平均间隔时间，得出消费者的平均购买周期为 4.8 个月，而由每次购买量的平均，可以得出平均购买量为 1.4 斤，进而可以计算出消费者家庭每月对芝麻油的消费量为 0.29 斤左右。有关数据显示，中国人均年食用油消费量将近 20 斤，按每个家庭三口人计算，每个家庭食用油每月的消费量为 5 斤左右，由此得出芝麻油与食用油消费比率是 5∶0.29，等于 17.24。

3．芝麻油的使用方法特征

消费者对芝麻油常用的使用方式是凉拌菜品和制作汤类，所占比例分别为 90.8%和 58.2%。其他两种主要使用方式为拌馅料和制作调味品，所占比例分别达到了 51.2%和 30%。用芝麻油来炒菜的受访者所占比例也不小，达到了 20.1%，而且多以农村受访者为主，他们多为自给自足型，如图 2-2 所示。据调查，目前知道芝麻油可以用来炒菜的人还很少。

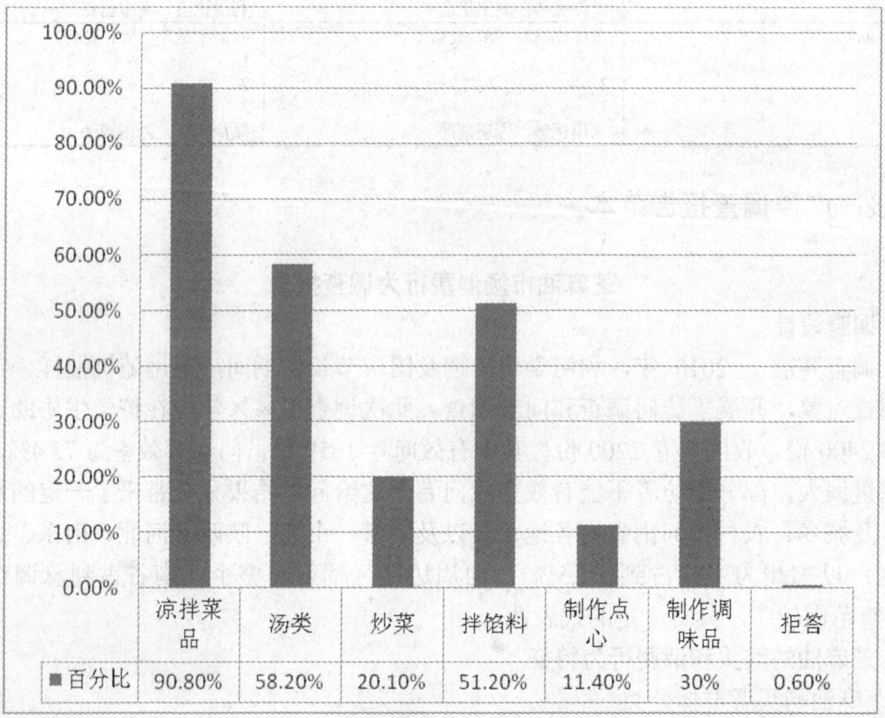

图 2-2 芝麻油的主要使用方法

4．芝麻油的购买率

图 2-3 为被调查者 6 个月来芝麻油购买情况统计结果。有 79%的受访者在最近 6 个月购买过芝麻油，有 18%的受访者未购买过。在对不购买者的追问中，回答有以下几种：自制、从老家带、单位发和别人送。这与河南省是油料作物加工和生产大省有直接关系，同时也有芝麻油平均消费量低的原因，有的消费者两次购买之间的时间间隔很长，甚至达到一年。

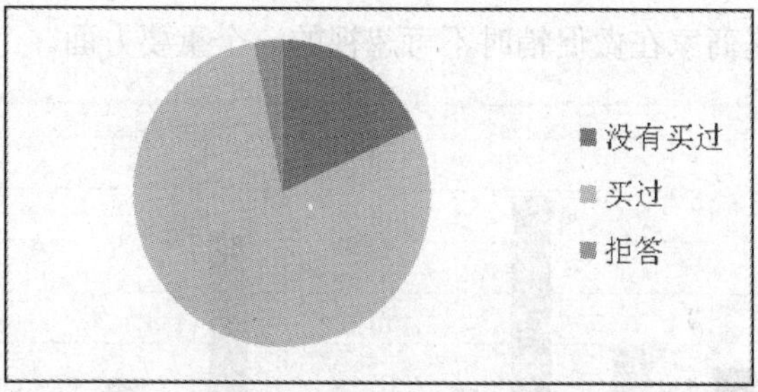

图 2-3 芝麻油的购买情况

5．芝麻油的购买地点特征

如图 2-4 所示，在芝麻油的销售终端中，超市仍然是消费者的首选，选择率达到 51.5%，其次是粮油店，选择率达 30%，排名第三的是便利店，达 24.1%，与食用油购买地点的分布呈现出不同的局面。这与当前无品牌自制散装芝麻油仍占据相当大的市场份额有关系。

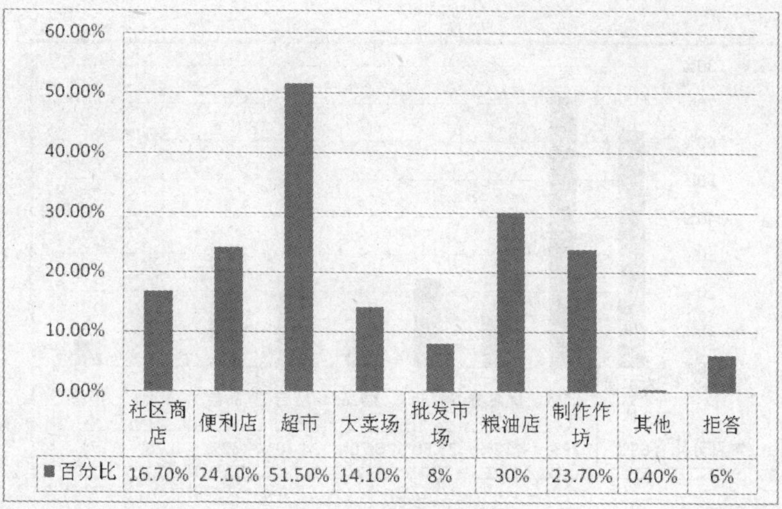

图 2-4 芝麻油的购买地点

6．影响芝麻油的购买因素

在芝麻油的购买因素方面，仍然将产品和营销两个方面作为调查重点。如图 2-5 所示，从总体上看，消费者比较注重芝麻油产品“品质纯正”、“香味”和“油料种类”这 3 个方面的因素，而男性则更注重品牌，这与男性与女性之间的购买习惯差别有一定关系，男性在产品质量分辨上的能力要弱于女性，所以一般从品牌的好坏来判断产品质量的高低。

在芝麻油的营销方面，消费者注重“价格”、“购买便利”、“品尝”三个因素，而广告所占的比重也较大，达到了 24.7%，如图 2-6 所示。在前三因素具备的条件下，做好广告宣传，扩大产品知名度，是商家在做促销时不可忽视的一个重要方面。

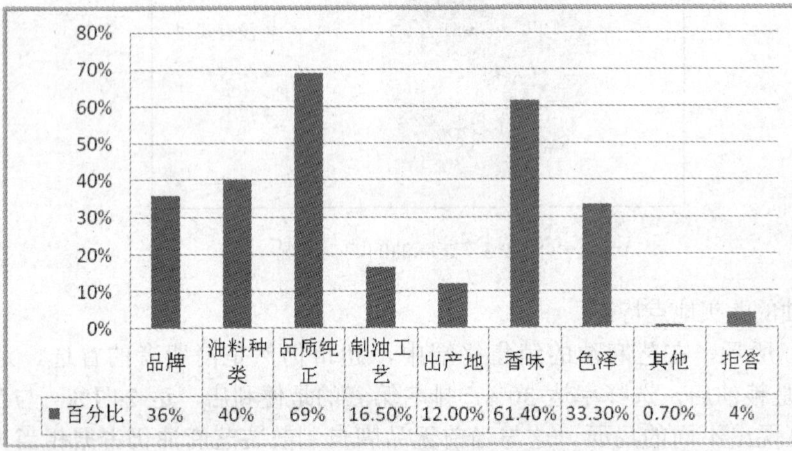

图 2-5　影响芝麻油购买的产品因素

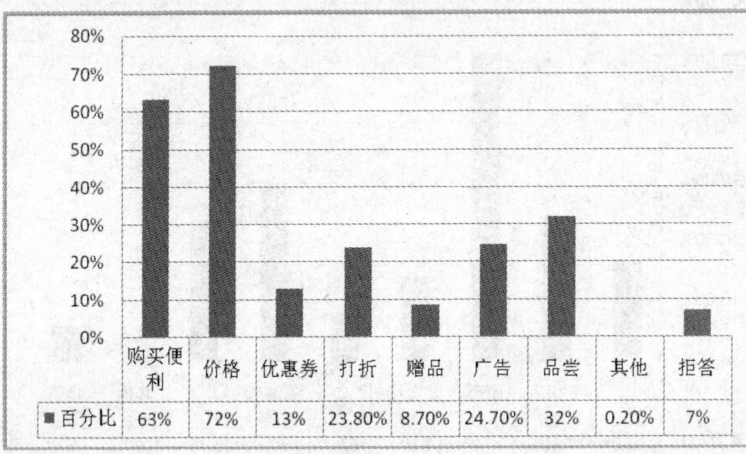

图 2-6　影响芝麻油购买的营销因素

7．芝麻油市场的产品品牌现状

在问卷中对各个品牌知名度也进行了调查，一共列出了消费者通常能接触到的 17 个品牌，调查消费者的品牌接触情况。如图 2-7 所示，在给出的选项中，排名依次为福临门、金龙鱼、鲁花、一滴香、散装无品牌油、滴滴香，接下来是太太乐、爱厨、春芝和口福。在芝麻油市场出现一种与食用油市场相似的情况，三大食用油品牌的知名度依然很高，但也看到，随后的一滴香、滴滴香、春芝等品牌均为郑州的地方性品牌，另外还有散装无品牌香油，所占的比重也较大。

但是在购买率上，排名则出现了变化，依次为无品牌散装油、一滴香、滴滴香和金龙鱼并列第三，接下是李锦记、爱厨、福临门和鲁花。在芝麻油市场出现一种与食用油市场皆然不同的情况，鲁花、福临门和金龙鱼三大食用油厂商的影响力并不强，反而是一些无品牌产品和地方性小品牌在占据市场，但是包括无品牌在内，芝麻油市场上仍然缺少主导性品牌产品。我们调查中问到“选购芝麻油时，面对品牌和价格，你更注重哪一个？”时，除了 70%的拒答者，有 17.5%的人选择了价格。可见，面对品牌，价格更有说服力。

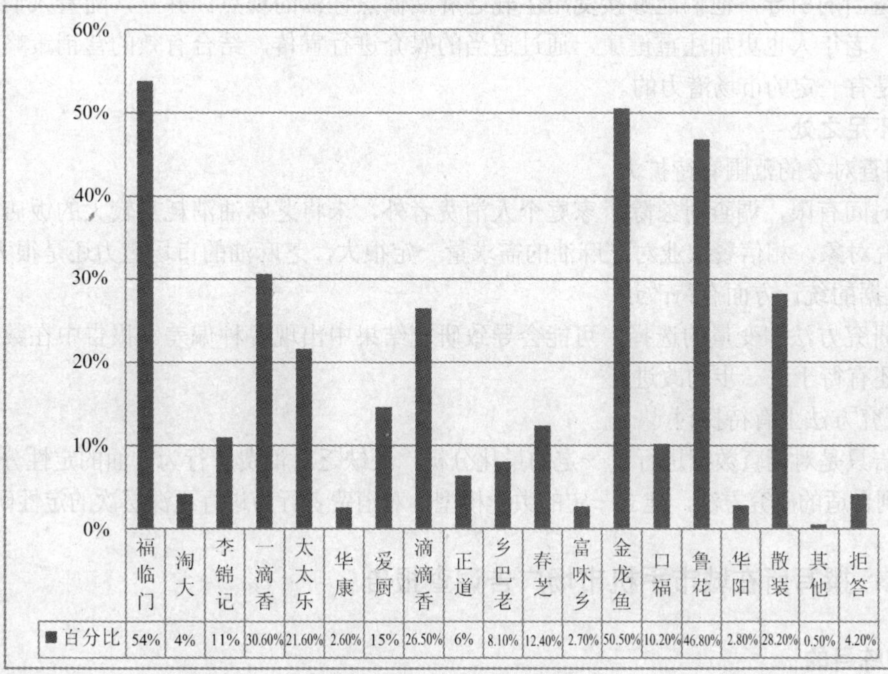

图 2-7 芝麻油市场品牌知名度

8．有关生轧芝麻油的调查

在此次调查中，我们曾让受访者谈谈对“生轧芝麻油”的看法。通过调查，发现仅有极少数的受访者听说过这种油，部分受访者认为：“人们购买芝麻油就是因为它有独特的香味，在烹饪菜肴时用来提香的，没有香味的芝麻油生产成本高，又不实用，如果没有香味，用来炒菜，还不如用其他食用油，人们感到更安全可靠，由于缺乏了解，不愿尝试。”也有人认为：“生轧芝麻油由于采用低温炒制，可以保留其中的一些营养物质，更有益健康，只要价格合理，品质好，愿意尝试使用。”还有一些受访者谈道：“一般不买陌生品牌的食用油。”“我们没有看到电视上关于这种油的宣传，在超市也没有见过，如果看到则可能会尝试。”

三、结论与对策

1．芝麻油的市场提升空间较大

虽然市场上存在大量芝麻油品牌，但是食用油整体消费量逐年呈递增趋势，多数消费者认为当前市场上对芝麻油产品的品牌认同度不高，各厂商促销活动开展得也较少，相当一部分消费者对现有品牌产品的质量也表示担心，芝麻油企业的市场提升空间仍然很大。企业应加强产品的品牌建设，选择合适的定位，采取有针对性的营销策略，以占领市场。

2. 生轧芝麻油有一定的市场潜力

广大消费者对生轧芝麻油缺乏了解，不太接受这种产品，但部分年轻消费者求新意识较强，通过适当的引导，他们能够接受用生轧芝麻油做烹饪油的观点。并且，随着人们生活水平的提高，老年人也更加注重健康，通过适当的媒介进行宣传，结合有效的营销策略，生轧芝麻油还是有一定的市场潜力的。

四、不足之处

1. 调查对象的范围有待扩大

由于时间有限，调查对象除了家庭个人消费者外，未将芝麻油消耗量较大的饭店、餐馆等作为研究对象，相信餐饮业对芝麻油的需求量一定很大，芝麻油的市场潜力还是很大的。

2. 数据的统计方面有待改进

由于研究方法和变量的选择，可能会导致研究结果中出现各种偏差。报告中在数据的统计分析上还有待于进一步的改进。

3. 研究方法上有待探讨

本报告只是对调查数据进行了一定的量化分析，还缺乏对消费者行为方面的定性分析，希望能够找到合适的研究方法，建立一定的数学模型，对消费者行为进行更深层次的定性研究。

任务演练：撰写所在城市手机市场广告调查报告

1. 演练目的

通过撰写广告调查报告，培养学生分析问题、解决问题的能力，同时提高学生的广告调查报告撰写能力。

2. 演练要求

各广告策划团队依据广告调查结果，分别撰写所在城市手机市场广告调查报告。报告要求客观、准确，突出重点，用数据说话，能够发现问题并提出解决问题的对策。

3. 演练步骤

步骤 1：整理、分析调查资料，做好撰写前的准备。

步骤 2：汇总调查结果。

步骤 3：以调查结果为依据得出结论，提出建议。

步骤 4：撰写完整的手机市场广告调查报告。

4. 演练成果

各广告策划团队提交手机市场广告调查报告，并做 PPT 汇报。

经典广告点评

重振雄风的奶球牌糖果

奶球牌糖果是史维哲·克拉克公司的产品，它是一种装在一个小小的黄棕色盒中的糖果，是青少年们在看电影时最爱吃的一种零食。但是，克拉克公司不满足于现有的市场，他们想让年龄较小的儿童成为消费对象。这就涉及品牌的重新定位问题。

克拉克公司首先分析潜在消费者的心理。调查表明，奶球最佳的潜在消费者是已经略为懂事的儿童，他们平均年龄在10岁以下，喜欢吃糖果，而且对糖果广告特别敏感。

那么，当有关糖果的想法出现时，这些儿童的心中想到的是什么呢？当他们想到糖果时，会联想起糖棒的概念，例如赫西（Hershey's）、杏仁乐（Almond joys）、银河（Mile Ways）、雀巢（Nestle's）等品牌的糖棒。这些品牌都享有很高的知名度，且花得起大价钱做广告宣传。相比之下，奶球牌糖果并无优势。如果把奶球品牌继续定位为糖棒形象，这意味着克拉克公司必须花费数百万美元的广告费，才能与那些已享有很高知名度的竞争者们分享市场。

如何以最少的花费让奶球牌糖果进入潜在消费者的心里并深深扎下根呢？这的确是一个困难的问题。经过再三的调查分析，公司的管理层发现了竞争者的一个弱点：即市场中的糖棒都很小，不耐吃，比如一个小孩一般二、三分钟就可以吃掉一根价值五块钱的赫西牌糖棒。这使得这些小消费者们感到不高兴，因为他们的零用钱是有限的，而糖棒这么容易变小。听一听他们的抱怨吧：

"一买糖棒，我的零用钱就用不了太久。"

"不是我吃得太快，而是糖棒变得越来越小。"

"告诉你，吮吸糖棒不能太快，否则的话，一会儿就没了。"

这些小孩的想法启发了奶球公司，他们决定利用竞争者的弱点，将竞争者所花费的数百万美元的广告费为己所用。于是，一种新型奶球糖出现了，它们装在盒子里，每盒有15颗。小孩可以把它们分开一颗颗地吃。显然，一盒奶球糖果比一根糖棒要吃得久一些。糖棒的另一耐吃选择品，这就是奶球牌糖果的重新定位。后来的广告是这样的：

"从前有个小孩，他有张大嘴……（一个小孩站在一张巨大嘴巴的旁边）。

……心爱的糖棒（这个小孩正在将一根接一根的糖棒塞入那大嘴中）。

……但是它们并不耐吃（这个小孩把糖棒吃光了，那个大嘴变得很恼火）。

然后，他发现了巧克力盒子里的奶球糖（这个小孩将奶球捧起，那大嘴开始舔它的下颚）。

大嘴巴爱上了奶球，因为它们耐吃（小孩把一颗颗奶球滚到大嘴巴的舌头上去）。

然后，小孩和大嘴巴合唱了一首歌（实际上是广告歌谣）："当糖棒只是一段回忆时，你仍然会吃你的奶球，为你的嘴巴弄些奶球吧（小孩和大嘴巴都展开了笑容）。"

这则广告不但止住了奶球牌糖果销售下滑的趋势，而且在以后的几个月中，大大增加了克拉克公司的销售额和品牌知名度。由此可见，充分的市场调查是品牌建设的基础，同时也是广告设计与策划的依据。

资料来源：http://www.icxo.com/（世界经理人）

知识点小结

广告调查是广告策划的基础。广告调查主要包括环境调查、消费者调查、产品调查、竞争者调查、广告主企业调查。其中，消费者调查、产品调查、竞争者调查是核心，它们为广告战略、策略的提出提供科学依据。广告调查的方法多种多样，按资料来源，主要分为文献调查和实地调查。文献调查是利用现有的文献、档案等既存资料进行广告调查的方法，它是对二手资料的调查研究。实地调查则是通过对调查对象进行实际调查，而直接获取一手资料的调查方法，它主要包括访问法、观察法、实验法、问卷调查法等。每一种调查方法，各有优点和不足，在广告调查实践中应灵活运用。

实施广告调查前，要拟订好广告调查方案，它是指导调查工作的依据。一份完善的广告调查方案要包括广告调查目的、广告调查对象、广告调查内容、广告调查方法、广告调查人员的配备与分工、广告调查日程表以及经费预算。

调查问卷是广告调查中最常见的调查工具，每一位调查人员必须学会设计调查问卷，调查问卷质量的高低将关系到问卷调查的成功与否。一份完整的广告调查问卷，一般由标题、问卷说明、问卷内容、附录构成。设计问卷时要遵循通俗性原则、能力性原则、单纯性原则、非诱导性原则、穷尽原则、互斥原则、梯度性原则和对称性原则。

广告调查是有目的、有计划进行的研究活动，为了保证其目的的顺利达成，广告调查要按照一定的程序和步骤进行。其具体做法如下：①明确广告调查目标；②明确广告调查的项目和范围，并进行可行性研究；③拟定广告调查方案；④建立广告调查小组，并对调查人员进行培训；⑤实施广告调查；⑥对调查资料的整理和分析；⑦编写和提交广告调查报告。

广告调查报告是将调查中收集到的各种材料加以整理、分析后，以书面形式向组织和领导汇报调查情况的一种文书。广告调查报告的内容主要包括：介绍调查实施情况，对调查的结果进行分析，预测市场发展趋势，提出建议与对策。它主要由标题、前言、目录、正文、附录等五个部分组成。

能力培养与训练

1．名词解释

广告调查　文献调查　实地调查　观察法　访问法　实验法　问卷调查

2．简答题

（1）为什么说“广告是三分想出来的，七分走出来”？

（2）简述广告调查的内容。

（3）举例说明消费者调查的内容及意义。

（4）举例说明竞争者调查的内容及意义。

（5）如何开展文献调查？

（6）实地调查都包括哪些具体的调查方法，如何运用？

（7）简述广告调查的程序。

3．技能题

（1）请运用恰当的广告调查方法，调查你所在地区的广告营销环境。

（2）选择一家超市，观察记录该超市的客流量、顾客类型、客流高峰、不同产品的销量等，并提出合理化建议。

（3）在校园内进行一次问卷调查，主题由专业教师定。要求：将全班学生分成若干个小组，每个小组自行设计调查问卷，展开调查，最后撰写调查报告。

4．思维训练

训练 1

《韩非子·说林上》中有这样一则故事：鲁国京城有一对夫妇，男人擅长编草鞋，女人擅长织麻布。他们听说越国是鱼米之乡，富裕安宁，就准备迁居到越国经商。邻居告诉他们，越人从小就光脚走路，不习惯穿鞋；人人披头散发，也不习惯戴帽子。因此，他们的草鞋和麻布是不会有销路的。这对夫妇打消了迁居越国的念头。邻居的话使他们避免了一次错误的人生选择。

问题：

这个故事蕴含着什么样的哲理？它给我们什么启示？

训练 2

在美国曾经流传过这样一个故事：一个出版商为销售一本滞销书，苦思冥想想出一个点子。他先设法向总统赠送了一本书，然后三番五次地征求意见。百忙之中的总统不胜其烦，只好客气地敷衍一下："这本书不错。"这个出版商如获至宝，马上以"现有总统喜爱的书出售"的广告词大登特登广告，这本滞销书很快被抢购一空。

不久，这个出版商又有书卖不出去，于是他又如法炮制，向总统征求意见。总统不想再被利用，便不客气地说："这本书糟透了。"这个出版商听说后很沮丧，但他灵机一动，又开始利用总统大做广告："现有总统讨厌的书出售。"人们出于猎奇心理纷纷购买，书很快又销售一空。

后来，这个出版商又碰到滞销书，他打算故伎重演。总统接受了前两次的教训，对出版商送来的书不做任何评价。这个出版商却照旧大登特登广告："现有令总统难以下结论的书出售。"书很快又被抢购一空。总统哭笑不得，出版商却心花怒放。

问题：

这个出版商运用的是什么策略？你从这个故事中得到了什么启示？

项目三

广告战略策略决策

能力目标

■ 能够科学制定广告目标

■ 能够准确进行广告定位

■ 能够合理进行各类广告策略的决策，包括广告表现策略、广告媒体策略

知识目标

■ 理解广告目标的意义

■ 了解广告预算的意义与方法

■ 掌握市场细分的方法

■ 掌握广告定位的方法

■ 掌握广告表现策略、媒体策略的运用

情境分析

作为中国智能手机创新与设计的领先者，魅族于 2014 年 9 月 2 日 14 时 30 分在北京召开了新品发布会，正式发布最新一代智能手机——MX4 成功上市。早在 2 个月前魅族科技已与创行广告公司合作，由创行广告公司为新品上市做全面广告策划。该公司策划部旗下的各广告策划团队，在前期广告调查的基础上，进行广告战略策略决策。具体任务包括：以该产品的成功上市为总体目标，制定近期广告促销目标与广告传播目标；编制广告预算表；确定广告目标市场，进行合理的广告定位；确定广告表现策略与媒体发布策略。

任务分解

任务 1：广告目标决策

任务 2：广告预算决策

任务 3：广告定位决策

任务 4：广告表现策略决策

任务 5：广告媒体策略决策

案例导入

蒙牛冠益乳：给肠道做 SPA

2010 年 8 月，蒙牛集团优秀成员“冠益乳”代表中国乳业参加在南非开普敦召开的第十五届世界食品物质科技大会，会议评比中，蒙牛冠益乳加冕酸奶“世界冠军”，荣获“国际食品工业大奖”。同时，蒙牛冠益乳也成为唯一一个在国际食品与饮料展览会和 IU-FOST 两大全球食品至高标准的盛会上，两次斩获“世界冠军”的中国乳品。蒙牛冠益乳获此殊荣与它的创新技术和精湛严格的制作工艺有关，同时也与其准确的市场定位，全新的健康理念的推出是密不可分的。

蒙牛冠益乳是蒙牛队伍里第一个获批“国食健字号”的酸奶品牌，它是具有“调节肠道菌群，增强肠道免疫力”的双功能保健食品，这样的酸奶产品在提高人们肠道健康方面的作用不言而喻。但是，大多数人们却并不重视肠道健康，他们缺乏肠道保健方面的知识。于是，蒙牛冠益乳的销售业绩的好坏就建立在了对肠道健康观念是否宣传到位的基础上。

蒙牛冠益乳推出初期，其策划团队仔细分析了当时酸奶市场存在的问题：酸奶品质良莠不齐，消费者对各种品牌、各种类型酸奶的差异认知也没有明确的概念，而冠益乳作为价格较高的酸奶制品，想在市场上大展拳脚，就必须有准确的市场定位和清晰的概念。综合考虑冠益乳多方面因素，他们将冠益乳的目标人群锁定在都市年轻的白领女性。

都市年轻的白领女性这个群体非常特别，她们享受着色彩斑斓的都市生活，会追随时尚，会跟风；内心又崇尚自由、轻松、舒适、和谐，喜欢保持自我，喜欢随性。巨大的工作压力往往将她们搞得身心疲惫，她们在内心深处需要一种解脱，需要获得身体的健康和心灵的愉悦。想到这里，蒙牛策划人员茅塞顿开：可以把冠益乳的品牌定位在“给肠道做SPA”。

SPA 在日常生活中，常指与水有关的美容美体和养生，通过做 SPA 可以舒缓压力，达到健康身体、愉悦心灵的双重效果。SPA 是都市年轻白领女性十分热衷的休闲方式。将 SPA 的概念植入冠益乳品牌，冠益乳通过调节肠道菌群和提高免疫力来保障消费者的肠道健康，再通过美好的口味，独特的包装以及由 SPA 产生的情感联想来满足消费者追求舒适的心理。这样新的概念一定能得到都市白领女性的认同，从而刺激她们的购买欲。

“给肠道做 SPA”的概念提出后，蒙牛随即轰轰烈烈地展开了以此为主题的一系列宣传活动。例如，“肠道关爱行动”大型卖场科普宣传，“千里之外，速递关爱”蒙牛冠益乳免费派送活动。派送活动包括了北京、天津、青岛、大连、广州、深圳等全国多个主要城市，持续时间 2 个月之久，共送出了 50 万瓶、价值 200 多万元的冠益乳。此外，蒙牛策划团队还认为，强势的电视广告铺天盖地，但都无法走进都市年轻女性白领的心，于是他们独具一格地运用了网络媒体，在网络中给这些在都市拼搏的白领女性一块心灵的净土。蒙牛请博思智奇公关公司策划，联合观池娱乐为冠益乳量身打造了都市情侣短剧《心情 Spa》，并由台湾新晋女星陈意涵演绎，从而在网络掀起一阵点击高潮，成功地让这系列清新短片走进了都市年轻女性白领的内心深处。

我们可以清楚地看到：无论是蒙牛冠益乳广告宣传片中，在办公室里边走边跳的瑜伽MM，还是《心情 Spa》中的“小灵仙儿”自然简单的生活特写，均是对“肠道 SPA”这个新概念的具体演绎和情感展示。

关注健康，关爱生命是永恒的话题，蒙牛策划团队针对冠益乳的目标消费人群，提出“给肠道做 SPA”这一全新概念，并围绕这个主题推出一系列清新、愉悦的广告宣传，让人们在品味酸奶的美味之余，有了轻松、舒适的心灵感应。因此，“给肠道做 SPA”这个概念和蒙牛冠益乳在市场上同时备受推崇。

资料来源：许广崇. 攻心为上，88 个经典广告策划.长沙：湖南科学技术出版社，73 页.

任务 3.1 广告目标决策

知识储备

从科学管理的角度看，没有目标就没有管理，广告目标规定了广告应取得的效果，决定了为什么要做广告和怎样做广告的问题。但是时至今日，盲目做广告的现象仍很严重，好像做了广告就万事大吉了，销售自然会上去，这在经济不发达的时候，在广告竞争还不激烈的条件下也许会实现，但今天如果还这样做，必将使企业逐步被市场淘汰。没有广告目标，就没有广告任务及责任，没有了考核依据，同时也没有了压力与前进的动力；没有广告目标，广告费用支出必然带有盲目性，不讲投入产出，就没有经济效益。因此，根据企业的经营战略，认真确定广告目标，是目前我国企业在广告活动中需要解决的问题。

3.1.1 广告目标与营销目标

广告目标是广告活动所要实现的预期目的，它决定了广告活动的具体内容和行动方向，广告策划的各项工作均围绕广告目标展开。

营销目标是企业在一定时期内其市场活动所要达到的总体目标，包括市场开拓目标、销售增长目标、市场占有目标、利润目标、投资收益目标等，它一般体现在企业的营销计划中。好的营销目标不仅是可量化的，而且会描绘出目标市场并界定实现目标的具体期限。例如，一个手机生产企业的营销目标是：一年中，在东北地区内，销售额实现 10%的增长。

当前，许多企业将广告目标与营销目标等同对待，但以销售额、利润的增长速度来衡量的营销目标并不适合成为广告目标。因为，这些营销目标的实现依赖于计划、生产、定价、渠道等一系列整体营销活动的合作、协调与实施，并不能仅仅依靠广告来实现。另外，营销目标一般以一定时期为衡量标准（一般是一年），而广告在绝大部分情况下有延迟效果，今年投入，可能明年或更晚一些才见效果。还有，营销目标通常是有形的，会用明确的数字来表现，但广告在很多情况下产生的是间接的、无形的影响，虽然也力求定量化，但在实施之后所达成的结果常常很难量化。例如，广告是否在正确的时间传达给正确的对象，能否产生应有的记忆和理解，形成预期的感觉和联想，激发应有的心理变化和行为，这些很难用具体的定量指标描述。可见，广告目标建立在对企业营销计划及营销目标的透彻分析的基础之上，广告策划源于企业的营销计划，广告目标根植于企业的营销目标，但二者并非完全相同。

3.1.2 广告目标的类型

1. 从时间上划分

（1）长远目标

长远目标是树立企业良好的社会形象，建立经得起时间考验的品牌信誉和巩固品牌忠诚度。

（2）中程目标

中程目标是在一定时期内扩大和保持市场占有率，提供更为有效的服务，将市场区域逐步扩展，以使品牌形象在更大的市场范围内得以树立。

（3）短期目标

短期目标是尽快建立商品知名度，培养一种新的消费需求，在一定时间内进入某一市场并取得一定比例的占有率。

2. 从广告效果上划分

（1）销售导向的广告目标

销售导向的广告目标是确定通过广告对产品销售带来什么样的影响，一般以一定时间内促进销售额增长的程度来衡量。最简单的方法就是确定广告后销售额在一定时期内的增长率。由于企业做广告的目的无非是为了销售产品或服务，因此很多管理者倾向于制定销售导向的广告目标。但这种广告目标至少存在以下几个问题。首先，广告后销售额的增长，涉及很多营销因素，如果一种产品对消费者已没有利益可言，广告也不能起死回生。营销中有这样一句箴言：“没有什么能比优秀的广告更快地毁掉一个低劣产品了”。其次，并不是所有的产品都可以由此来测定广告目标，如知名度很高，销售稳定的产品。最后，单一的广告促销目标容易产生广告的短期行为，如欺骗性广告。

（2）传播导向的广告目标

传播导向的广告目标是确定通过广告信息的传递，给消费者带来什么样的综合影响。例如，广告目标是为了获取品牌认知度、美誉度和唤起购买欲等。

1961 年，美国广告学家 R.H.科利（Russell H.Colley）认为广告的成败与否，应视它是否能有效地把想要传达的信息与态度在正确的时候、花费正确的成本、传达给正确的人。为此，他在著名的《为衡量广告效果而确定广告目标》的研究报告中，提出“为度量结果而确定广告目标”（Defining Advertising Goals for Measured Advertising Results）的方法，这一方法被称之为达格玛（DAGMAR）模式。

DAGMAR 模式的主要观点认为传播效果是衡量广告成败的逻辑基础，因此，广告目标应根据其要达到的预期传播效果来设定。科利认为，消费者在接受广告信息传播时，其行为变化可以分为四个阶段，由此，广告的传播任务也应该分为以下四个阶段。

第一阶段：知名（Awareness），使潜在顾客知晓某品牌或企业的存在。

第二阶段：理解（Comprehension），使潜在顾客了解这个品牌或企业，了解这个产品能为他做什么。

第三阶段：信服（Conviction），使潜在顾客对品牌或产品产生心理上的亲切感和购买欲。

第四阶段：行动（Action），使潜在顾客在了解、信服的基础上，经过最后的激励产生购买行为。

广告传播对消费者心理的影响类似于搭建一座金字塔，如图 3-1 所示，其最底层实现的是低层次的目标，如消费者的认知度、理解度；接下来的任务是将已经产生认知或者了解的消费者继续向上一层次推移，直到达到尝试购买、重复购买的目的。低层次的目标比较容易实现，然而层次越高，潜在消费者的比例就越小。

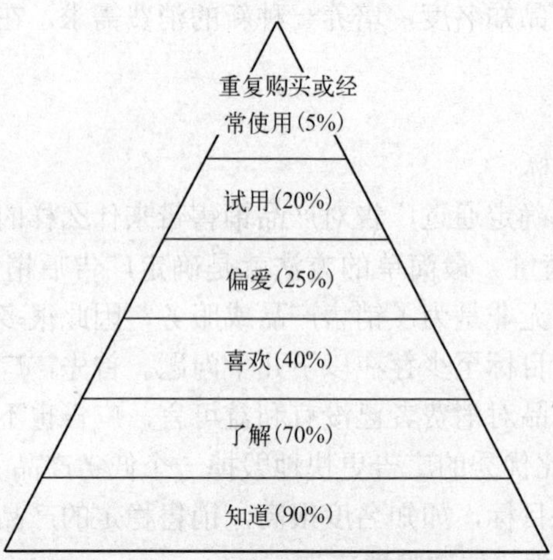

图 3-1　金字塔式的传播模型

企业在制定传播导向的广告目标时，也会出现一些问题。例如，管理者常常无法确定消费者的了解、认知、喜欢、偏爱或信赖应该达到什么水平。对此似乎没有常规的模式，只能依靠自身经验或参照本品牌及类似品牌历史数据确定。

3．从营销策略上划分

任何一种产品都有市场生命周期，一般产品从进入市场到退出市场大致要经历引入期、成长期、成熟期和衰退期四个阶段。产品处于不同的生命发展阶段，市场表现有很大不同，企业的营销策略也相应需要调整。随着营销策略的调整，广告目标也随之发生很大变化，相应的目标受众与广告策略也有所不同，如图 3-2 所示。

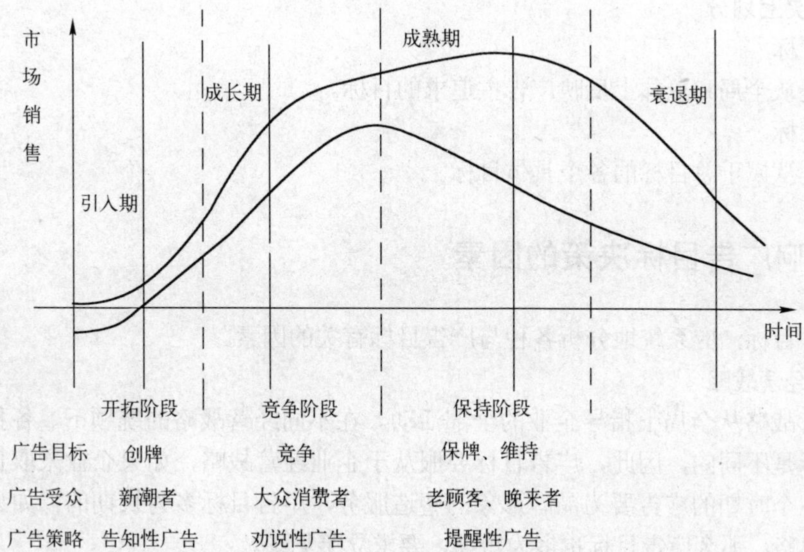

图 3-2　产品生命周期图

（1）创牌广告目标

这类广告的目的在于开发新产品和开拓新市场。主要是通过对产品的性能、特点、用途的宣传介绍，提高消费者对产品的认识程度，尤其是提高消费者对新产品的知名度、理解度和厂牌商标的记忆程度。

（2）竞争广告目标

这类广告的目的在于加强产品的宣传竞争，提高市场竞争力。其广告诉求的重点是突出表现广告产品的差别优势，使消费者对本企业和本产品产生强烈的依赖感和忠诚度，从而既保留了老顾客，又争取了新顾客。

（3）保牌广告目标

这类广告的目的在于巩固已有的市场阵地，并在此基础上深入开发潜在市场和刺激购买需求。它主要通过连续广告的形式，加深对已有商品的认识，使现有消费者养成对某商品的消费习惯，同时促使潜在消费者对商品产生兴趣和购买欲望。其广告诉求的重点是着重保持消费者对广告产品的好感、偏爱和信心。

4．从重要程度上划分

（1）主要目标

主要目标是指众多广告战略目标中涉及全局的处于主导地位的目标。

（2）次要目标

除了主要目标之外，广告活动还具有多元或多重目标，这些主要目标之外的多重目标就是次要目标。

5．从层次上划分

（1）总目标

总目标是从全局和总体上反映广告主追求的目标。

（2）分目标

分目标是从属于总目标的各个具体目标。

3.1.3 影响广告目标决策的因素

制定广告目标，应系统地分析各种与广告目标有关的因素。

1．企业经营战略

企业经营战略从全局上指导企业的全部活动。在不同经营战略的统领下，各种经营环节的策略和目标是不同的，因此，广告目标要服从于企业经营战略，如果企业采取长期的品牌战略，那么各个时期的广告要为品牌形象的塑造服务，广告目标多为长期的；如果企业采取短期的集中战略，那么广告目标也多为短期，要求立竿见影。

2．产品的供求现状

产品的供求现状不同，相应的广告目标也不同。产品的供求状况无非有三类，即供不应求，供过于求和供求平衡。

供不应求时，一般不应把广告目标定在此种产品的促销上。此时，消费者对产品是信任及有好感的，广告应以巩固企业与品牌形象为目标，同时也是带动系列产品销售的好时机。

供过于求时，应认真分析供过于求的原因，再确定相应的广告目标。造成供过于求的原因多种多样，有来自宏观环境的，也有来自企业自身或产品方面的，还有来自渠道的，因此，应该综合分析产品滞销的原因，再据此来确定广告目标，不能光依赖于广告。

供求平衡时，广告一般以考虑其他影响因素为主，如销售促进。

3．产品生命周期

在产品生命周期的不同阶段，广告目标是不同的。投入期，关键是定位准确，提高产品知名度；成熟期，关键是巩固和拓展市场份额，提高竞争力；衰退期，关键是寻找补救的方法，延长产品的衰退时间。

4．目标受众

目标受众是确定广告目标的重要依据。科利的广告传播四阶段理论认为，广告传播一般可分为知名阶段、了解阶段、信服阶段和行动阶段。广告要根据目标消费者的态度变化，确定不同时期的任务。例如，如果消费者对产品功能和属性的了解和认知水平较低，那么广告应以加强认知水平为目标；如果这些障碍已经被克服，但消费者喜欢和偏爱的水平还很低，则有必要适当改变品牌形象，推动更多的消费者信任和喜欢产品，进而产生购买产品的行动。

3.1.4　广告目标的设定

如何设定广告目标，目前有数种不同看法，下面仅介绍几种具体的广告目标，供参考借鉴。

① 介绍新产品的质量、性能、用途和好处，促使新产品进入目标市场。

② 介绍老产品或改进后的产品所具有的新用途或改进后的好处，以扩大产品销售量。

③ 提高目标市场中对产品、品牌有偏好的消费者的数量。

④ 稳定老客户，保持原销售数量。

⑤ 鼓励本产品的现有消费者更频繁地购买，吸引从未使用过本产品的消费者尝试使用。

⑥ 支持人员推销。

⑦ 树立品牌形象和企业形象，提高产品知名度和美誉度。

⑧ 扩大销售区域，开辟新市场或吸引新客户。

⑨ 增进与经销商的关系。

⑩ 提高与同类产品竞争的抗衡能力，或压倒同类产品，抢占同类产品在市场上的销售制高点。

⑪ 提供某些优质服务，延长产品购买时期的时间或使用季节。

⑫ 消除令人不满的印象，解答消费者提出的问题，排除消费者的疑虑和消费前的种种障碍。

⑬ 建立友谊，沟通感情，提高社会对企业的信任度。

⑭ 调动员工的积极性，增强员工对企业的自豪感和责任心。

⑮ 宣传企业形象，维护企业的长期利益。

广告目标需要通过具体的广告指标来体现，在确定广告目标的指标时，应注意以下几个问题：第一，指标的确定要有客观性，不能过高或过低；第二，指标的确定要有挑战性，应略微偏高；第三，指标之间既要有联系，又要有相对独立性；第四，指标要适量，不宜过多，也不宜过少。

知识链接：广告目标设定范例 1

某品牌洗发水利用传播模型设定的具体广告目标

时间：6 个月。

目标市场：追求生活品质与情调的中产女性消费者。

市场定位：天然植物，草本精华。

目标 1：使 90%的目标受众知道本产品。在报刊、电视、广播等媒体上做广告，反复宣传一些简单信息。

目标 2：使 70%的目标受众对本产品感兴趣。在广告中宣传产品的特点和优点——纯天然，并用更多的广告来传递这一信息。

目标 3：使 40%的目标受众喜欢，25%的目标受众偏爱本产品。通过样品试用、促销活动等方式使受众深入了解产品并产生认同感；引导消费者通过网站了解诸如美容小知识等更多信息。

目标 4：使 20%的目标受众试用本产品。采用样品试用、优惠券等促销手段；通过网络发放优惠券。

目标 5：拓展并保持 5%的目标受众成为本产品的忠实消费者。采用具有震撼力的重复性广告，辅之以优惠券等促销方式；增进与专业人士的沟通。

知识链接：广告目标设定范例 2

“衍年骨晶”保健品广告目标

目标市场：所有中老年消费者。

营销状况：在大多数人的心目中，“衍年骨晶”还不是令他们喜爱的保健品。

营销目标：一年间，使“衍年骨晶”的消费量增加 5%。

广告目标：在 5 年间，使消费者对“衍年骨晶”的喜爱率由目前的 20%提高到 50%。

任务演练：魅族 MX4 手机广告目标决策

1. 演练目的

通过本次演练，提高学生的广告目标决策能力，同时培养学生分析问题、解决问题的能力。

2．演练要求

依据企业的营销战略与产品特点及手机市场情况，确定近 3 个月的广告促销目标与广告传播目标，并确定主要目标与次要目标。要求目标设定具体、适中。

3．演练步骤

步骤 1：了解魅族企业营销战略。

步骤 2：分析魅族 MX4 手机的产品及市场情况。

步骤 3：确定近 3 个月的广告促销目标与广告传播目标。

步骤 4：确定主要目标与次要目标。

4．演练成果

各广告策划团队提交魅族 MX4 手机广告目标决策文字材料，并做 PPT 汇报。

任务 3.2　广告预算决策

知识储备

广告预算是指企业投入广告活动的费用计划，它规定了一定时期内投入广告活动所需要的经费总额、使用范围及分配方法。广告目标与广告预算有着密切联系。广告目标说明广告策划者想做什么，而广告预算则限制广告策划者能做什么。一方面，广告目标决定着广告预算；另一方面，广告预算也决定着广告目标的制定和实现。

3.2.1　广告预算的作用

1．控制广告规模

即有多少钱办多少事，广告预算费用的总额，决定了企业广告活动的规模。

2．评价广告效果

企业可以进行投入产出比较，通过广告宣传活动结束后的效果与广告费用的比较来评价广告活动的效果。

3．规划经费使用

通过对广告主投入广告活动所需经费总额及其使用范围、分配方法的计划，可规划和监测广告费用的开支使用。

4. 提高广告效益

通过规划和监督广告费用的开支、控制广告活动的规模，精打细算把钱花在刀刃上，最终达到提高广告效益的目的。

另外，值得注意的是，在策划广告投入时，必须纠正一些错误的观念：第一种观念，认为广告投入会增加成本，减弱竞争力，不利于销售；第二种观念，认为有了广告投入，就一定会有收益，而且广告投入越多越好。显然这两种观念都有其片面性。广告的促销作用不容置疑，但广告投入真的就越多越好吗？不一定。在一定的产品销售范围内，如果广告活动有准确的调查，周密的策划，广告目标定得适度，广告对象、广告市场选择准确，广告策划与创意新颖有效。无疑，广告投入越多，收获会越多；反之，则很难说会取得预期的效果。

美国广告学家肯尼思·朗曼指出，任何一种商品一旦达到最高销售程度后，如果再继续增加广告投入，不但不会提高销售额，反而会增加生产成本和推销成本，造成巨大的浪费，如图 3-3 所示。因此，正确的做法应该是本着“在发展中求节约”的宗旨来确定广告活动的规模和广告费用的多少。

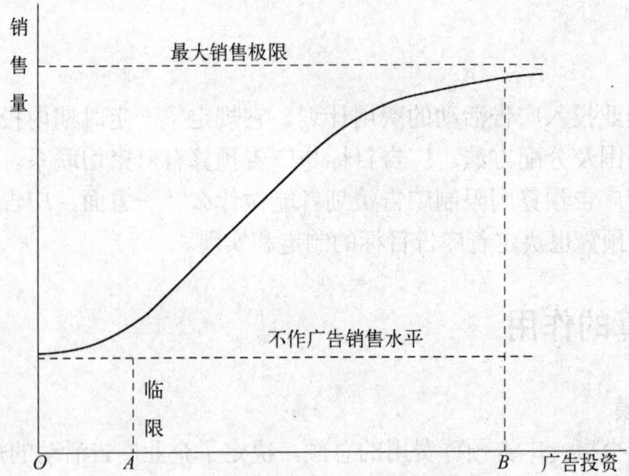

图 3-3 朗曼的广告投资模式

图 3-3 中，广告投入在 A 点以前几乎不能产生什么影响，这是因为广告的力度太小的原因。当广告投入到达 B 点以后，销售量也不会再增加。因此，朗曼建议广告投资要在 A 和 B 两点之间，广告才会产生正比例的效果。

3.2.2 广告预算的内容

一般可以列入广告经费的项目有以下几种。

1．广告调查费用

具体包括市场调研费、咨询费、购买所需情报和资料的费用、广告效果检测费用等。这部分费用约占广告预算总额的5%左右。

2．广告设计制作费用

具体包括广告设计制作所需的材料费用和工艺费用。例如，照相、翻印、制版、录音、录像、文字编辑、美术设计等。这部分费用约占广告预算总额的5%～15%。

3．广告媒体费用

它是购买广告媒体的版面和时间的费用。这部分费用是广告预算的主体部分，约占广告预算总额的80%～85%左右。

4．广告部门行政管理费用

具体包括工作人员的工资、办公费、业务费、公关费、与其他营销活动的协调费用等。这部分费用约占广告预算总额的5%左右。

目前，国际上广泛公认的广告费用开支表是由美国最权威的广告刊物之一《Print's InK》（印刷者）杂志于1960年刊出的。该广告费用开支表对广告费用的划分较为精确，它将广告费用分为白、灰、黑三色单子，列入白色单子的各项费用是必须算作广告费用的，列入灰色单子的各项费用是可以考虑算作广告费用的，列入黑色单子的各项费用是不能列入广告支出的费用。

列入白色单子的费用有：①所有已知媒体上的时空媒介费用及其他广告费用，包括报纸、杂志、广播、电视、电影院、户外广告、售点广告宣传品、幻灯片、目录、包装（以广告为目的的包装）、店头或邮寄广告、出口广告、经销商广告，还有以广告为目的的印刷品或美术品；②制作费用，包括美术设计、文字编辑、印刷制版、照相、电台与电视节目设计、录音录像、包装设计等，与广告有关的制作费用；③管理费用，包括广告部门所付的薪水、广告部门的事务费、顾问费、推销员费用、办公室设备及固定费用，以及广告部门人员的出差费用；④杂费，包括广告材料运费、橱窗展示安装服务费以及其他各项杂费。

列入灰色单子的费用有：样品费、示范费、客户访问费、推销表演费、商品展览费、商品目录费用、研究及调查费用、加入广告协会和各广告团体的会费、广告部门存货减价处理费、广告部门其他各项费用。

列入黑色单子的费用有：免费赠品，社会慈善费、旅游费、包装费、标签费、新闻宣传员的酬金、行业工会费、接待费、陈列室租金、销售会议费用、从业人员生活福利费、企业红利、娱乐费、潜在顾客招待费等。

以上广告费用的划分虽然比较准确，但在实际应用中，作为广告媒介费、管理费、制作费和杂费等可以支出的广告费用项目的多少，是根据企业经常性的广告活动范围大小来决定的。而考虑是否支出的广告费用中，究竟哪些应列入广告费用，哪些不应列入广告费用，则要根据企业如何处理广告、销售促进、公关宣传的关系来确定，如果将销售促进与公关宣传列入广告活动之中，那么就可以列入广告费用统一开支，否则就不应列入。

3.2.3 影响广告预算的因素

1. 产品因素

产品因素是影响广告预算及分配的首要因素。策划者应充分考虑广告产品是新产品还是老产品，是内销还是外销，是日用品还是特殊品，是处于市场生命周期的投入期还是成长期或成熟期，这些因素直接影响广告预算及分配。例如，新产品的广告投入较多，老产品的广告投入则较少；日常生活用品的广告投入较多，专业用品或技术用品的广告投入则较少。

2. 销售因素

销售因素主要考虑销售目标、销售范围、销售对象、销售时间等。一般情况下，销售量大的商品，广告投入较高，反之则少；国外投入的商品，广告投入较多，本地销售的商品，广告投入较少；销售期长的商品，广告投入较多，销售期短的商品，则广告投入较少。

3. 竞争因素

市场竞争越激烈，竞争对手越多，则广告投入就会越多。例如，近年来洗发水市场硝烟弥漫，各大品牌的广告投入也随之水涨船高。

4. 媒体因素

广告媒体费用是广告投资的主体，它占广告费用的 80%以上。因此，策划者在编制广告预算时，对媒体费用应格外关注。不同的媒体，因其覆盖率、视听率、接收效果不同以及广告制作过程不同，发布广告的价格也不同。

5. 企业财力因素

企业实力雄厚，利润可观，广告投入自然多；企业资金匮乏，入不敷出，广告投入自然会减少。企业应遵循“量入为出”的原则。

影响广告预算的因素还有很多，如社会环境、经济状况、消费者因素等。为了使广告预算减少盲目性和主观性，具有较大的灵活性和适应性，要充分考虑各种影响因素，确保广告活动畅通无阻。

3.2.4 确定广告预算总额的方法

目前为广告界采用的制定广告预算总额的方法多达数十种，常见的有以下几种。

1．根据营销情况而定的预算方法

（1）销售额百分比法

销售额百分比法是以一定期间内销售额的一定比率，计算出广告费用总额的方法。这种方法由于计算标准不同，又具体分为以下几种。

计划销售百分比法：根据对下年度预计的销售额，按一定的比率，计算出应投入的广告费用总额。

上年度销售额百分比法：根据上年度的销售额，按一定的比率，计算出次年的广告费用总额。

平均折中销售额百分比法：根据若干年（近 3 年）销售额的平均数，或上年度销售额与本年度预计销售额的平均数为基数，按一定的比率，计算出应投入的广告费用总额。

计划增加销售额百分比法：以销售额的增长率为基础，确定广告费用的增加比率，进而计算出本年度广告费用的总额。

例如，去年销售额为 100 万元，广告费用的比率为 10%，今年销售额计划增加到 150 万元，增长率为 50%。那么，本年度的广告费用的比率也应由原来的 10%增加到 15%，即 150 万×15%＝22.5 万元。

销售额百分比法的优点是计算简单方便，被不少企业所采用。不足是比较呆板，难以根据市场变化做出相应的变化。

（2）利润额百分比法

利润额百分比法的计算和销售额百分比法的计算相同，只是用利润额代替销售额。利润额根据计算口径不同，可分为毛利润额和净利润额，因此，这种方法又分为毛利润额百分比法和净利润额百分比法两种。

例如，如果某公司一年毛利为 100 万元，而以 5%投资于广告，那么广告费用约等于 5 万元。

（3）销售单位法

销售单位法是以商品的一件、一箱或同类商品的一定数量为单位，规定每个单位销售支出多少广告费用，再乘以预计的销售数量，得出广告费用总额。其计算公式如下：

广告预算 =（上年广告费/上年产品销售件数）×本年度产品预计销售件数

例如，经过计算，每销售一辆车，投资 25 美元就够了，预计明年将销售 5 万辆，则广告预算将是 125 万美元。

这种方法的特点是，以每单位产品分摊的广告费来计算，方法简便，多卖多拨广告费，特别适合薄利多销的产品。通过这种方法也可以随时掌握企业广告活动的效果。缺点是如果产品滞销，广告费就难以确定。

（4）预期购买者数量法

预期购买者数量法是预定对每位购买者支出一定数量的广告费，以此为单价，乘以预期的购买者数量，确定次年度支出的广告费用。预期购买者数量，须经过市场调查，或按历年购买者增长率的统计数字来计算，每人支出的广告费单价，一般引用上年数字。

2．目标达成法

此法是根据企业的总目标和销售目标，确定广告目标，再根据广告目标的要求，确定具体的广告活动计划，再逐项估算出所需要的费用，最后累加起来，就是广告费用总额，如图 3-4 所示。这种方法比较科学，能适应市场营销变化而灵活地决定广告预算。

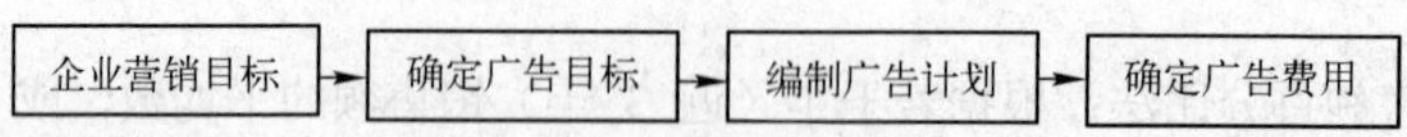

图 3-4　目标达成法的操作过程

由于目标达成法是以广告计划来决定广告预算总额的，广告目标明确，因而便于检验广告效果。但此种广告的执行较为复杂，策划人员要对制定预算的所有步骤负责，并视具体目标的变化随时对预算加以修改。

3．竞争对抗法

竞争对抗法是根据竞争对手的广告活动来制定广告预算的方法。采用这种方法的多数是实力雄厚的大企业，通过针锋相对的广告战来增强竞争实力。

（1）市场占有率法

即，先计算竞争对手的市场占有率和广告费用，求得单位市场占有率的广告费用，并以此为基数，乘以本企业预计市场占有率，便得出本企业的广告预算。其计算公式如下：

广告预算 =（对手广告费总额/对手市场占有率）×本企业预计市场占有率

（2）增减百分比法

即，以竞争对手今年广告费用的增减百分比数作为本企业广告费用增减百分比参数。其计算公式如下：

广告预算=（1±竞争者广告费增减率）×上年度的广告费

竞争对抗法适用于竞争激烈的商品或企业，由于费用较大，有一定的风险，采用时一定要谨慎。

4．根据企业实力而定的预算方法

（1）支出可能法

支出可能法又叫全力投入法，是根据企业财力的承受能力，以“量入为出”的原则，确定广告预算的方法。这种方法能保证广告费用的落实，当然有时为了抢夺市场机会，企业可以在一定程度上，超越企业财力所限，而投入大量的广告费用。

（2）平均投入法

平均投入法是根据企业财力、资金，分阶段等量投入广告费用的方法。此法可保证各阶段都有广告费用支持。

（3）任意增减法

任意增减法是依据上年或前期广告费用，将其任意的增加或减少，以此决定本期广告预算的方法。一般企业在决定广告预算之初，是任意决定的。但以后可根据市场需要和企业财力的可能，逐渐加以修改，以达到一定的广告目标。这种方法虽不科学，但计算简便，很适用于小型企业和临时广告开支，特别是经验丰富的决策者。

3.2.5 广告预算的分配

广告预算总额确定下来之后，企业要将广告费用科学、合理地分配到各个具体的广告活动项目中去，以保证广告活动的顺利进行。广告预算的分配标准包括以下几种。

按广告产品类别进行分配，即，按同一企业的不同产品类别分配广告费用，一般把较多的广告费用分配给骨干产品。

按传播媒体进行分配，即，广告费用在不同媒体之间以及相同媒体不同版面或不同时间段之间进行分配。

按广告区域进行分配，即，根据产品的不同销售区域分配广告费用。一般来说，重点地区投入的广告费用较多。

按广告对象进行分配，即，根据广告的诉求对象分配广告费用。比如，将广告诉求对象分为企业用户、团体用户、消费者用户等，分别分配广告费用。

按广告时间进行分配。具体可分为两种：一种是按广告活动期限长短分配广告费用；另一种是按广告的信息传播时机分配广告费用，一般销售旺季增加广告费用，淡季减少广告费用。

按广告项目进行分配，即，根据广告调查、策划、设计与制作、媒体、管理等大项分配广告费用。

3.2.6 广告预算表的编制

广告预算表是以文字、表格、数据的形式对广告活动所需经费和支出情况的说明。它主要由三个部分构成，分别是表头、表体和表脚，具体格式见表 3-1。

表 3-1 广告预算表的一般格式

预算委托单位：　　　　负责人：
预算单位：　　　　负责人：
预算项目：　　　　期限：
预算总额：　　　　预算员：
预算时间：　　　　编号：

项　　目	开支内容	费　　用	执行时间
市场调研费 1. 文献检索 2. 实地调查 3. 研究分析			
广告设计费 1. 报纸 2. 杂志 3. 电视 4. 电台 5. 其他			
广告制作费 1. 印刷费 2. 摄制费 3. 工程费 4. 其他			
广告媒体租金 1. 报纸 2. 杂志 3. 电视 4. 电台 5. 户外 6. 其他			
公关促销费 1. 公关费 2. 促销费 （1）市场 1 （2）市场 2 （3）市场 3			
服务费			
管理费			
杂费			
机动费用			
总计			

说明：1.______________________

2.______________________

3.______________________

表头部分，通常包括预算委托单位名称及负责人、预算单位及负责人、广告项目、期限、广告预算总额及具体的编制人员、编制日期等。

表体部分，是广告预算的核心。主要包括预算项目、开支内容、费用分配及执行时间。

表脚部分，通常包括对预算表内容和文字的解释和说明。

广告预算表在通过之前是针对广告客户的高层决策者的，通过之后，是具体执行者制定广告投放计划，开展广告活动的重要依据，也是检验广告效果的重要依据。因此，对于广告策划者来说，编制广告预算表是进行广告策划的基本功之一。

知识链接：目标达成法的执行

美国学者马克斯韦尔・尤尔曾通过举例说明一家企业对其所生产的新型过滤嘴香烟编制广告预算的过程，介绍了目标达成法的执行过程。其广告预算的设定过程如下。

第一步，确定市场占有率。假设企业想要获得 8%的市场占有率，而全国吸烟的人数共有 5 000 万人，则企业必须吸引 400 万人经常吸本企业所生产的香烟。

第二步，确定本企业广告所要接触到的市场的百分比。假设企业希望其广告能接触 80%的市场，即 4 000 万吸烟者。

第三步，决定在知道该品牌的吸烟者中可能被说服试用本企业品牌香烟者应占的百分比。假设企业希望在知道该品牌的顾客中有 25%试用本企业香烟。这是因为，企业估计所有试用者的 40%（即 400 万人）可能成为忠诚的使用者，而这正是企业的目标市场。

第四步，决定每 1%试用率所需要的广告次数。该企业估计大约对每 1%的人口作 40 次广告展露，就会带来 25%的试用率。

第五步，决定必须购买的总评分数。1 分是对每 1%目标人口的一次广告展露。既然该企业期望对目标市场人口的 80%进行 40 次展露，那么该企业就必须购买 3 200 总评分。

第六步，根据购买每一总评分的平均成本，决定所需要的广告预算。假设 1 总评分的平均成本为 3 277 元，在产品上市的第一年总共需要 3 200 总评分，则共需要花费 10 486 400 元（3277×3200）。

在运用上述方法，确定广告预算总额时，企业高层管理者必须能够明确说明有关广告费用支出、广告展露水平、试用率和经常使用者之间关系的假设。

资料来源：郭国庆. 市场营销管理：理论与模型. 北京：中国人民大学出版社，1995.

案例讨论：克利斯多冰冻炸薯条的“一揽子计划”

克利斯多食品公司是一家食品行业的行销公司，它推出了一种新产品：冰冻炸薯条，打算进军全国冰冻产品市场。

冰冻炸薯条是全美 46%的家庭主妇经常采购的物品，这一市场主要由一家大品牌控制，该品牌上一年销售额占全部市场销售额的 55%，其余的市场由 6 家小品牌和各地配销商及店铺品牌占有。

公司决定进入这一市场，并进行大量的广告宣传。公司为广告活动制定了如下目标：①在炸薯条购买者中，达成80%的品牌知名度；②在那些知名者中，达成70%的品牌理解度，让70%的人了解克利斯多产品的高品质；③在那些了解的人中，达成60%的品牌偏好度；④在那些偏好者中，达成40%的人购买克利斯多产品。

根据上述目标，公司为产品制定了年预算与投资计划。在制定预算时，还考虑了以下几点：①上一年市场主导公司在广告上估计花费2000万美元，并预计每年会继续投入相同的金额做广告；②克利斯多公司的代表建议，在第一年中每箱炸薯条要给零售商3美元津贴，以确保其能够给予新产品冰冻空间；③本年度将大量提供产品折价券，以期达到促销目的；④公司领导虽热衷于产品销售的成功，但并不热衷花大量金钱在广告上。

基于此，以克利斯多公司传统的广告与销售比率25%计算，其第一年的广告费预算确定为320万美元。

思考与讨论：

1. 本案例中克利斯多公司采用的是哪种广告预算方法？
2. 结合案例谈一谈影响或决定广告预算的因素有哪些？

任务演练：编制魅族MX4手机广告预算表

1. 演练目的

通过编制广告预算表，让学生明白哪些项目可列入广告预算，以及如何进行广告预算，以提高学生的广告预算决策能力，同时让学生明白追求经济效益的重要性。

2. 演练要求

各广告策划团队依据企业的实际情况以及前期的广告目标决策，充分考虑影响广告预算的各类因素，确定广告预算总额，并编制广告预算表。

3. 演练步骤

步骤1：了解魅族手机以往的销售额，广告费用投入的金额以及广告费用是如何分配的。

步骤2：了解该企业以往运用了哪种预算方法，并分析企业在确定广告预算时考虑了哪些影响因素。

步骤3：根据企业的实际情况及前期的广告目标决策，充分考虑各类影响因素，确定广告预算总额与广告预算分配。

步骤4：编制魅族MX4手机广告预算表。

4. 演练成果

各广告策划团队提交魅族MX4手机广告预算表，并做PPT汇报。

任务 3.3　广告定位决策

知识储备

任何一个产品都不可能满足所有消费者的需要，因为消费者的需求是千差万别的，即使是对同一个产品，每个人需要的角度也是不一样的。因此，在为产品做广告时，首先要找出真正需要广告产品的消费者群，也就是产品的目标市场，然后为产品合理定位，这样才能使广告有的放矢，这就需要进行市场细分与广告定位。

3.3.1 市场细分

市场细分就是指根据消费者对产品的需求与购买行为的差异，把某一产品的整体市场划分为若干个消费者群的市场分类过程。市场细分的结果，会形成若干个具有类似需求倾向的不同消费者群体，每一个群体就是一个细分市场，也称为子市场。不同的子市场，消费者对同一产品的需求存在明显差异，而属同一子市场的消费者，他们的需求则极为相似。

应当注意的是，市场细分不是对产品进行分类，而是对需求各异的消费者进行分类，是识别具有不同需求的购买者的过程。另外，市场细分也并非越细越好，要考虑成本及资源的限制，它是求大同、存小异的市场分类过程。

1．市场细分的标准

消费者需求的差异是市场细分的依据，因此，凡是构成消费者差异的因素都可以作为市场细分的标准。就消费者市场而言，市场细分的标准主要有地理标准、人口标准、心理标准和行为标准，如表 3-2 所示。

表 3-2　消费者市场细分标准

细 分 标 准	具 体 变 量
地理标准	地理位置、城市规模、自然气候、人口密度、交通运输条件等
人口标准	性别、年龄、职业、收入、受教育程度、家庭生命周期、民族、宗教、社会阶层、世代、国籍等
心理标准	价值观、个性、兴趣、爱好、生活方式等
行为标准	使用场合、购买动机、追求利益、使用频率、品牌忠诚度等

生产者市场的细分是以最终用户为基础的，它除了使用消费者市场的细分标准外，还要补充用户行业、用户规模和购买力、用户地点等作为市场细分的依据，如表 3-3 所示。

表 3-3 生产者市场细分标准

细 分 标 准	具 体 变 量
用户行业	不同行业对产品的规格、型号、品质、功能、价格的不同要求
用户规模和购买力	大、中、小用户，购买次数，资金等
用户地点	地量位置、自然环境、资源条件、生产力布局、交通运输条件等

2. 市场细分的方法

市场细分的方法多种多样，下面介绍三种常见的方法。

（1）单一因素细分法

即，只选择一个标准进行市场细分。

资生堂公司是日本最大的化妆品公司，在 20 世纪 80 年代以前，采取的是一种不对顾客进行细分的大众化营销。80 年代后期，资生堂决定转向细分市场营销，提出了“体贴不同岁月的脸”的广告语。他们以年龄为标准进行市场细分，分别为不同年龄段的女性提供不同系列的产品。为十几岁少女提供的是 Reciente 系列，为 20 岁左右的年轻女性提供的是 Ettusais 系列，为 30～50 岁的中年妇女提供的是 Elixi r 系列，为 50 岁以上的妇女提供的是可以防止肌肤老化的 Rivital 系列。

（2）综合因素细分法

即，选择两个或两个以上的细分标准进行市场细分，所涉及的各项标准无先后顺序和重要与否的区别，是并列多因素分析。这种方法可以借助二维或三维矩阵图，直观地显示细分市场的状况。例如，以年龄和收入来细分某一市场，则可以得到如图 3-5 所示的 9 个子市场，每一个方格可代表一个子市场。

		年龄		
		青年	中年	老年
收入	高收入	高收入青年市场	高收入中年市场	高收入老年市场
	中收入	中收入青年市场	中收入中年市场	中收入老年市场
	低收入	低收入青年市场	低收入中年市场	低收入老年市场

图 3-5 年龄－收入矩阵图

（3）系列因素细分法

即，选择多个细分标准，由粗到细，由浅入深，由简至繁，逐步进行市场细分。例如，对服装市场选取性别、年龄、收入、追求利益四个因素进行如下细分，如图 3-6 所示。

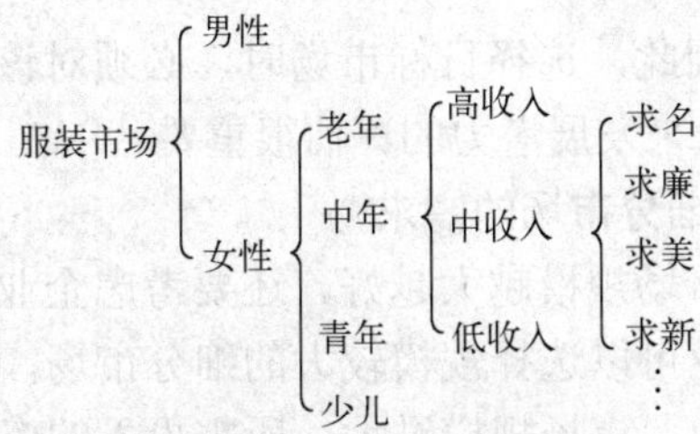

图 3-6　服装市场的系列因素细分

3．市场细分的原则

市场细分的标准和方法多种多样，但并不是根据细分标准划分出来的每一个细分市场都有意义。如何寻找合适的细分标准，对市场进行有效细分，在营销实践中并非易事。一般而言，有效的市场细分应遵循以下基本原则。

（1）可衡量性原则

即，细分的子市场是可以识别和衡量的。它不仅范围明确，而且对其规模大小和购买力也能大致做出判断。有些细分变量，如具有“依赖心理”的青年人，在实际中是很难测量的，以此为依据细分市场就没有意义。

（2）可进入性原则

即，细分出来的子市场应是企业营销活动能够抵达的。一方面，有关产品的信息能够通过一定媒体顺利传递给该市场的大多数消费者；另一方面，企业在一定时期内有可能将产品通过一定的分销渠道运送到该市场。否则，该细分市场的价值就不大。

（3）有效性原则

即，细分出来的市场，其容量或规模要大到足以使企业获利。如果细分市场的规模过小，市场容量太小，细分工作烦琐，成本耗费大，获利小，就不值得去细分。

（4）差异性原则

即，各细分市场的消费者对同一市场营销组合方案会有差异性反应，每一个细分市场的需求和行为均有明显的分界。如果不同细分市场顾客对产品需求差异不大，行为上的同质性远大于其异质性，此时，企业就不必费力对市场进行细分。

3.3.2　选择目标市场

市场细分的主要任务是对消费者的构成进行分析，识别不同需求的差异，以便找到产品的真正购买者。因此，在市场细分的基础上，要对每一个细分市场进行分析、评估，找到最适合自己的、有价值的目标市场。一个理想的目标市场应具备以下 3 个条件。

1．有足够的市场需求和发展潜力

理想的目标市场应是有利可图的市场，要有尚未满足的现实需求和潜在需求，能够给企业带来足够的销售额和利润。因此，选择目标市场时，必须对该市场的人口、购买力、购买欲望等进行分析，尤其对市场未来发展潜力的评估很重要。

2．企业必须有能力满足该细分市场的需求

对于企业来讲，并非目标市场规模越大越好，还要考虑企业的生产能力、营销能力是否能满足该市场的要求。大型企业可以选择规模较大的细分市场，以发挥其生产能力；而小型企业也这样做就得不偿失。因为，市场规模过大，所需投入的资源就会超出小企业的能力，并且也难以和大企业在同一个市场中展开竞争，所以小企业选择规模较小、被大企业忽略的细分市场，才是正确的选择。

3．企业在该细分市场上具有竞争优势

一个细分市场是否具有吸引力，还要看企业在该市场中的竞争力。竞争力主要表现为：有无竞争对手的威胁；竞争地位如何；有无竞争实力，能否打败竞争对手；有无新的竞争者加入等。只有当企业在该细分市场上具有竞争优势时，才可以进入这个细分市场。

3.3.3 广告定位

市场细分的目的是为了选择目标市场，而产品的目标市场正是广告诉求对象。确定广告诉求对象后，下一步要针对广告诉求对象，进行广告定位。

早在 20 世纪 60 年代末，美国两位年轻的营销专家艾尔· 里斯和杰克· 屈劳特提出了“定位”理论，由此开创了营销理论全面创新的时代。他们认为广告活动的结果，不在于怎样规划广告，而在于把广告产品放在什么样的位置上。也就是说，通过广告要为产品在消费者的心目中寻找一个恰当的位置，然后根据这个“心理位置”，定准广告诉求点，再通过广告宣传将这一诉求点变成消费者的购买理由，从而促使消费者产生倾向性的购买行为。

1．广告定位的意义

（1）正确的广告定位是制作成功广告的基础和前提

没有定位的广告，就如一条没有方向的航船，它驶得越快，可能离目的地越远。

（2）正确的广告定位是说服购买的关键

消费者并不会因为广告做得动听、漂亮就买产品。消费者并不愚蠢，不会因为商家自吹自擂就买产品。定位要分析的是消费者出于什么理由才可能买产品，他们想知道什么，在什么时间，在什么地方想听到或想看到广告。正确的广告定位为广告表现提供了最基本的题材。正如很多消费者评价的：“广告的可看性强了，可不知所云的广告更多了”，这正是没有定位或定位不清晰的表现。有无准确的定位是评价一个广告作品好坏的重要标志，也是说服购买的关键。

（3）正确的广告定位有利于产品识别、促进销售

尤其在我国整体消费水平还较低的情况下，消费购买需要更多信息，产品之间的差异有时显得很重要，在这种情况下，强调产品区别的广告也会显得很有效。

2．广告定位策略

广告定位策略主要包括实体定位策略和观念定位策略两大类。

1）实体定位策略

实体定位策略就是在广告宣传中突出产品的新价值，强调广告产品与同类产品的不同之处和所带来的更大利益的一种定位方法。在具体应用上可分为市场定位、功能定位、品质定位、价格定位等。

（1）市场定位

市场定位是市场细分策略在广告中的具体应用，是将广告产品定位在最有利的市场位置上。例如，德国啤酒必特堡将 28～45 岁的收入高、事业有成、文化素养好、讲求生活品位的男士作为目标对象，确定了“成熟男人深爱必特堡”这一广告定位，吸引成熟男人喝必特堡啤酒。

（2）功能定位

功能定位是在广告中突出广告产品的特殊功效，使该产品与同类产品有明显的区别，以增强其竞争力。它是以同类产品的定位为基准，选择有别于同类产品的优越性能为诉求重点的定位。例如，成美行销广告公司早期为红色王老吉（现更名为加多宝）的定位——“怕上火喝王老吉”，将红色王老吉定位为预防上火的功能性饮料，以区别于其他品牌的饮料。

（3）品质定位

品质定位是通过广告强调广告产品的良好品质。例如，“力士”香皂的广告定位为“一种国际知名的美人香皂，保护您的皮肤”，突出强调了“力士”香皂与众不同的优良品质。

（4）价格定位

价格定位是当广告产品的品质、性能等属性与同类产品相似，没有特殊的地方可吸引消费者时常用的定位方法，它力求以价格作为宣传重点，击败竞争对手。如空调广告的“何止买得起，更能养得起”，就突出了其价格低廉、经济实惠的优势。

价格定位可分为高价定位和低价定位两种。高价定位，突出强调其广告产品的高价格、高品位，塑造产品高档形象；低价定位，则强调广告产品的价格低廉，以低价优势吸引更多的消费者。高价定位多运用于名车、名表、香水、豪华别墅等高档产品，低价定位则多运用于市场竞争激烈的日常生活用品或选购品。

2）观念定位

观念定位是在广告中突出产品的新意义、新价值，改变消费者的习惯心理，树立新的消费观念的一种定位方法。在具体应用上可分为逆向定位、是非定位、流行观念定位等。

（1）逆向定位

逆向定位是借助于有名气的竞争对手的声誉来引起消费者对自己的关注、同情和支持，以便在市场竞争中占有一席之地的广告定位方法。主要表现为反其道而行之，利用社会上同情弱者和信任诚实的心理，使广告产品获得成功。

20 世纪中叶，在美国出租车行业中高居榜首的是哈兹公司，占第二位的是艾维斯公司。长期以来，为了争夺第一的宝座，两大公司展开了激烈的厮杀。但由于实力悬殊，艾维斯公司屡战屡败，自创业之后的 15 年中，年年亏损，到了濒临破产的边缘。

1962 年，艾维斯公司更换了总裁，新总裁陶先德调整了经营策略，同时选择伯恩巴克的 DDB 公司作为自己公司的广告代理商。DDB 广告公司的创始人伯恩巴克在认真详细的调查研究之后，大胆地提出了全新的广告策略——放弃争当老大的目标，甘居老二，保存实力，以退为进。为什么？在当时，哈兹公司的财力是艾维斯的 5 倍，年营业额是后者的 3.5 倍，要与这样强大的对手硬拼，其结果只能是一败涂地。相反，认清了自己的地位，利用对手的力量为己所用，倒有可能开辟出新的天地。艾维斯领导人非常开明，接受了这一新的广告策略。1963 年，艾维斯公司正式推出宣称自己是第二位的全新广告。它的广告标题是“艾维斯公司在出租车行业只是第二位，那为何与我们同行？”广告正文是：“我们会更努力，我们不会提供油箱不满、雨刷刷不好或没有清洗过的车子，我们要力求最好……与我们同行，我们不会让你久等。”这是美国历史上第一个将自己置于领先者之下的广告。当时，这一大胆创意遭到许多人的反对，因为谁也不愿意公开承认自己不如人。但是，艾维斯公司的总裁对此却十分赞赏，果断采纳了这一广告作品。

事实证明了伯恩巴克的正确。它通过巧妙的形式，唤起了人们的同情心理，争取了大量的顾客。这则广告刊出的当年，长期赔本的艾维斯公司就出现了 120 万美元的盈余，第二年，这一数字上升到 260 万，第三年又增长了近一倍，达到 500 万美元。多年争当老大，亏损累累，如今甘居老二，财源茂盛。这就是成功的广告定位所带来的巨大效益。

（2）是非定位

是非定位是从观念上人为地把产品市场加以区分，让不同产品代表不同的消费观念，广告通过新旧观念的对比，让消费者明白是非，接受新的消费观念，继而接受代表新的消费观念的广告产品的一种定位方法。

例如，星巴克（Starbucks）的“第三空间”定位。星巴克咖啡公司是零售、焙制特色咖啡的世界一流公司，星巴克也是世界著名的咖啡品牌。7000 多个星巴克咖啡店分布在北美洲、拉丁美洲、欧洲、中东和环太平洋地区。它的成功之处在于实施星巴克多元化的市场战略，最重要的是星巴克提出的第三空间理论：“人有两个空间，第一个是办公室，第二个是家，如果你厌倦了你的办公室，烦透了你的家，快请到星巴克第三空间，去享受你的生活。”把星巴克定位为那种能够提供快捷、使人轻松（通过装饰、摆设、灯光、背景音乐等表现出来）、自由（提供自助式服务选择、随便阅读的报刊和网络浏览）、方便（提供各种甜点）的第三空间，这种定位深深吸引了广大消费者。“如果我不在办公室，就在星巴克；如果我不在星巴克，就在去星巴克的路上。”不知从何时起，这句话俨然成了都市白领的流行语。

再如，中粮五谷道场的是非定位——“非油炸，更健康”。五谷道场在更新消费观念上大做文章，创造了一种全新的消费概念——非油炸方便面。它人为地将方便面市场划分为油炸型和非油炸型，而五谷道场作为非油炸方便面的第一品牌，代表了更健康、更营养，完全迎合了现代都市人对高品味生活方式的追求。

（3）流行观念定位

流行观念定位是以社会流行的观念赋予广告产品新的附加功能，以迎合目标受众消费心态的一种广告定位方法。例如，李宁广告语“一切皆有可能”，表达了锐意进取，永不服输的观念；XO 高档白兰地广告语“长颈 XO，高人一等”，表达了追求成功、渴望拥有高贵身份的观念。

美国箭牌口香糖，推出 4 种口味各异的系列口香糖。厂家除了在包装的颜色上加以区分外，又分别利用社会上流行的色彩观念，赋予各种口味口香糖以不同的附加功能。其中，绿箭是“清新的箭”，代表了清新；红箭是“热情的箭”，代表了热情；黄箭是“友谊的箭”，代表了友谊；白箭是“运动的箭”，“每天嚼白箭口香糖，运动你的脸”，代表了运动与健康。正是这种新颖独特，又符合社会流行观念的广告定位，使箭牌口香糖在美国市场上一直畅销不衰。

随着社会的发展与进步，消费者的观念在不断变化，因此，观念定位没有固定的模式。只要广告定位能抓住消费者的心，有利于实现广告目标，就是一个成功的定位。

3．广告定位的方法

1）从产品分析入手，进行广告定位

广告定位首先要从认真分析广告产品入手，定位不是空穴来风，产品优点是定位的基础。产品分析包括：

① 原材料分析，如原料的产地、原料的历史与起源、原材料的品质等；

② 产品制造过程分析，如制造方法及特点、使用的机器设备、工人与技术人员的水平、产品加工是否使用了专利、制造环境、制造过程中的品质保证等；

③ 产品使用价值分析，如产品效用、各种用途及用法、使用成绩、用户的社会构成、用户对于产品的看法、使用中的方便和乐趣、保险及维修等；

④ 产品价格和档次的分析。

2）从企业形象分析入手，进行广告定位

企业形象说到底是消费者对企业的一种评价。自觉树立有利于企业长期稳定发展的良好形象，是现代企业的一项非常重要的工作。广告起着树立和宣传企业形象的作用，因此，认真分析是必要的。构成企业形象的主要因素有企业的历史、企业的规模、企业所生产或经营的产品、企业的服务、企业的文化等。企业形象分析，应注意把握以下几点。

① 如果一个企业已有良好形象，一般是没有必要以形象作为广告定位的，只是在一些特殊的情况下，以形象作广告定位才有意义。例如，欲借企业形象推动新产品销售时，当企业形象受到严重威胁时，企业要向国外进行广告宣传时，才以形象作广告定位。

② 以形象为主题的广告，其目的是为了树立和扩大企业形象，起到形象促销的作用。这类广告属企业广告或观念广告，它是战略性广告的一种，不是单靠几次广告就能完成的。

③ 奥格威所提出的“品牌形象”概念，是介于产品与企业形象之间的一种情况。品牌形象，首先要建立在对产品及企业形象分析的基础上；其次，品牌形象本身包含着许诺，这是产品分析与企业形象分析的结果；最后，品牌形象的延伸及推广不能与企业形象相悖。

3）从消费者分析入手，进行广告定位

广告定位，是为产品在消费者心中寻找到一个合理的位置。因此，研究潜在消费者的心理是广告定位的重要一步。人们只看他们所期望看到的事物。如果把酒的标牌全部去掉，大众很少有人能真正分辨出酒的优劣，但贴上标牌情况就不大一样了，人们的感觉似乎立刻灵敏了很多，这时他很容易品出他所期望的口味。广告的主要目的之一就是增强多种期望，也就是创造产品或服务的特色，使它达到消费者所期望的奇迹和幻觉。

（1）领导者定位

一般来讲，根据第一法则，最先进入人脑的品牌最具有竞争优势，平均而言，第一位的品牌比第二位的品牌在市场占有率方面要多一倍，而第二位的品牌与第三位的品牌相比较又会多一倍。消费者会买他们最先认识的产品，并在下一次继续买同一产品。因此，企业应首先向领导者品牌进军。获得领导者地位的关键在于通过定位让产品率先进入消费者的心理，同时要保持住这一位置，而保持这一位置的有效办法是不断加强最初的定位。

20 世纪 90 年代中期，宝洁公司的洗发水一统中国洗发水市场，飘柔、海飞丝、潘婷占据中国内地市场高端洗发水 65%以上的市场份额。而就在此时，重庆推出了洗发水品牌“奥妮”，它以“植物洗发，益处多多”和“黑头发，中国货”、“更黑、更亮、更健康”作为传播口号，以“植物一派，重庆奥妮”为传播主题，用“皂角洗发浸膏”和“首乌洗发露”作为副品牌，迅速占领了大江南北。奥妮洗发水成功是因为它在消费者的心中树立了“植物洗发水”第一品牌的位置，当消费者要买植物型洗发水，或认为化学洗发水多少会伤害头发的时候，“奥妮”便会自然跳到购买阶梯的第一位置。但是，1998 年后的奥妮广告传播中，没有将奥妮品牌形成的“植物”和“黑发“的定位优势继续传播下去。“长城永不倒，国货当自强”等传播口号和对“植物一派”的抛弃，使消费者对奥妮品牌的认知开始模糊，再加上其他跟进品牌用了“植物”的信息干扰，今天的奥妮在消费者的头脑里已经失去了“植物”洗发水的第一位置。可见，在定位的过程中，仅有一个好的概念远远不够，不仅要有足够的财力把概念植入消费者的心中，更为重要的是，要始终如一地维持下去，使新进入的模仿者无法抢夺这一概念的第一位置。任何传播概念的改变，都是对品牌定位的巨大伤害。

（2）跟进者定位

跟进者的产品一般被认为是模仿，即使这种产品也许更好。所以，跟进者如果想在市场上站住脚，一般应重新寻找位置。根据“占白法则”，跟进者要寻找在消费者心目中没有被竞争对手占据的空白，形成先入为主的差异化优势，并做大做强，也能在较小的市场空间内占有较大的市场份额。

例如，海尔推出的“影音王”健康系列彩电上市不久就在全国各地走红，被消费者誉为“绿色彩电”。原来，普通彩电的画面质量不能长时间保持在最佳状态，随着信号源、环境条件的变化，画面质量也会下降。调好之后的几个小时，色彩、清晰度、明暗都不如原来的好了，这种现象被专业人员称为“电视朦胧症”，要想看到最好的效果，只好经常调。海尔“影音王”彩电采用了神指微调技术，能随着观看时间、电压波动等外界环境的变化，进行自动跟踪、自动调整，使彩电画面、声音永远保持在最佳工作状态。

知识链接：USP 理论

20 世纪 50 年代，西方广告业处于产品广告时代。这一时期，市场竞争主要表现在产品的竞争，只要产品好，并配合一定的经营手段，就一定能被销售出去。因而广告客户的注意力都集中在产品的特点和顾客的利益方面，并针对产品特点和顾客利益展开广告宣传。当时，罗瑟·瑞夫斯提出了著名的理论——USP（Unique Selling Proposition，独特销售主张）理论。

USP 理论的核心内容是：第一，每一则广告必须向消费者“说一个主张”，这个“主张”必须让消费者明白购买广告中的产品能获得什么样的具体利益；第二，所强调的主张必须是竞争对手做不到或无法提出的，在品牌和诉求方面都是独一无二的；第三，所强调的主张必须是聚集在一个点上，集中强力打动和吸引消费者来购买相应的产品。

罗瑟·瑞夫斯为 M&M 巧克力糖果提出的 USP“只溶在口，不溶在手”，就是当时的经典之作。这一广告，准确地体现了该产品的独特优点——用糖纸包裹，不脏手。20 世纪 90 年代，白加黑感冒药提出的“白天服白片，不瞌睡；晚上服黑片，睡得香。治疗感冒，黑白分明”及舒肤佳提出的“看得见的污渍洗掉了，看不见的细菌你洗掉了吗？有效除菌，保护全家”，都是 USP 理论的具体运用。

知识链接：品牌形象理论

20 世纪 50 年代末，西方发达国家的生产获得迅速发展，新产品不断涌现，同类产品市场竞争越来越激烈。许多企业发现，在产品销售过程中，企业形象与品牌印象发挥着很重要的作用，因此，企业开始注重形象的塑造，努力创造名牌，由此在 60 年代进入品牌印象广告时代。这一时期，很多成功的企业，通过各种广告宣传和促销手段，不断提高企业声誉，开创名牌产品，使消费者根据企业名声与品牌印象来选购商品。当时，著名的广告大师大卫·奥格威提出了品牌形象理论。

品牌形象理论的主要主张是：在做广告时，企业与产品的声誉、形象比产品本身及其特点更为重要。奥格威的理论主张源于他的一句名言：“每一则广告都应当是对品牌印象的长期投资。”这句话包含了两层意思：第一，广告不应仅仅是通过大众传媒附加于产品的可有可无之物，而应当是与产品融为一体的不可分割的重要组成部分，即让人们看到产品，就会想起其广告，看到广告，也会想起该产品，品牌形象由此而确立；第二，广告应当是对品牌形象的长期投资，每一则广告都应对塑造其品牌形象有所贡献，其效应是久远的。当时，大卫·奥格威为一个在市场上沉寂了 116 年的哈撒韦衬衫设计了一个“戴眼罩的穿哈撒韦衬衫的男人”的形象，如图 3-7 所示，使其在短短的一年内成为一个具有全国影响的知名品牌。这一成功广告，进一步证明了其理论构想的可行性与有效性。

图 3-7 戴眼罩的穿哈撒韦衬衫的男人

知识链接：定位理论

20 世纪 70 年代，随着科学技术的不断发展和产品的日益丰富，市场发生了很大的变化。一方面市场竞争更为激烈，导致广告竞争也更加激烈，在此情况下，广告设计仅强调产品的性能、特点、顾客的利益或企业的印象等，已不足以吸引消费者，消费者更多的是根据自己的喜好来选购；另一方面，由于广告信息铺天盖地，消费者为了抵挡大量产品信息的袭击，在心理上筛选和摒弃了许多信息，消费者一般只接受那些与他们以前得到的消费或经验可以有所比较的信息，或那些与他们切身利益有关的信息，在这种情况下，一个企业必须真正站在消费者的角度考虑问题。如何使广告真正击中消费者，从心理上征服他们，便成为企业界和广告界着重研究的一个课题。随着艾尔· 里斯和杰克· 屈劳特的“定位”理论的提出，广告便进入了定位广告时代。

定位的核心内容是：广告要通过特定的宣传，给产品在消费者心目中留下一个恰当的心理位置。里斯和屈劳特强调，定位不是你对产品要做的事，而是你对预期客户要做的事。换句话说，就是在预期客户的头脑里如何独树一帜。此观点把广告定位问题完全建立在对消费者心理的研究上，他们从人们的心理定势的角度，剖析了“独具”的涵义以及达到“独具”的途径。“独具”就是第一，而第一就是“道人之所未道，为人之所未为”，也就是占据别人从未占据过的位置，达到别人从未达到的位置（并非指高度）。第一，不论如何简捷，都是最容易进入人们心智的途径。

广告定位时代的经典之作是美国金龟车的广告定位：“想想还是小的好”（Think Small），如图 3-8 所示。当所有汽车制造厂都在追求把小汽车设计得更长、更低、更好看的时候，金龟车显得又小又丑陋。若用传统方法销售，就应尽量缩小其缺点，夸大优点，例如，把照片拍得更漂亮一些，宣传金龟车特有的质量优点等，但金龟车却反其道而行之，故意强调自己的缺点，以退为进，正话反说，引出了金龟车的优点——不占空间，随意停放。这一广告诉求产生了两方面的作用：一是对所谓“要想更好则应更大”的看法表示不以为然；二是说明了金龟车在消费者心目中的位置——小车，但小有小的好处。在金龟车之前已有很多小型车，但金龟车却跃居领导者的地位。

图 3-8　想想还是小的好

案例讨论：红色王老吉的品牌定位

2003 年，中国饮料市场硝烟弥漫，各大厂家纷纷推出各自的功能性饮料，市场竞争异常激烈，来自广东的红色罐装王老吉异军突起，依靠其独特的品牌定位和广告推广迅速红遍大江南北。仅仅一年多的时间，王老吉凉茶已经从一个广东地方传统品牌，发展为全国性品牌，这在竞争激烈的中国饮料市场不能不说是一个巨大的成功！

一、王老吉的凉茶历史

凉茶是广东、广西地区的一种由中草药熬制、具有清热去湿等功效的“药茶”。王老吉凉茶发明于清道光年间，至今已有175年，被公认为凉茶始祖，有“药茶王”之称。

二、红色王老吉的现实难题

在2002年以前，王老吉凭借其悠久的历史和显著的“去火”功效成为广东地区的知名品牌，其销售状况一直不温不火。而随着企业的不断发展，王老吉在由地域化转变为全国性品牌的过程中遇到了越来越多的困难。

1. 消费者认知混乱

一直以来，广东的传统凉茶都具有显著的去火功效，被消费者当作一种去火的“药”来使用。而在广东，王老吉已经成为了凉茶的代名词，说起凉茶人们就想到王老吉，而说到王老吉人们就会想到凉茶。因此，在消费者观念中，王老吉这个具有上百年历史的品牌就是凉茶的代称，是一种有药效的饮品。由于凉茶去火功效显著，药性太凉，不宜经常饮用，消费量也不可能很大。而且不同的消费者对罐装王老吉的认知也大相径庭，像温州的消费者，就将罐装王老吉与菊花茶之类的饮料相提并论。

2. 企业传播概念模糊

在广告推广上，红色王老吉也是模棱两可。很多人都见过这样一支广告：一个非常可爱的小男孩为了打开冰箱拿一罐王老吉，用屁股不断蹭冰箱门。广告语是“健康家庭，永远相伴”。这种广告概念并不能够体现罐装王老吉的独特性。如果放眼到整个饮料行业，以可口可乐、百事可乐为代表的碳酸饮料，以康师傅、统一为代表的茶饮料等，更是处在难以撼动的市场领先地位。如果罐装王老吉的传播概念不能使其与竞争对手区分开来，它就永远走不出饮料行业列强的阴影。

3. 地域的局限

凉茶概念深入人心的地区是广东，但广东人喝凉茶一般都会到凉茶铺，甚至自家煎煮。所以罐装王老吉在其大本营广东反而销量不振。在两广以外，人们并没有凉茶的概念，甚至调查中消费者说“凉茶就是凉白开吧？”“我们不喝凉的茶水，泡热茶”。并且内地的消费者在上火后采取的措施大多是直接吃牛黄解毒片之类的药物，而不是喝凉茶。这就使罐装王老吉面临一个极为尴尬的境地：既不能固守广东，也无法在全国范围推广。

三、成功的品牌定位

2002年年底，加多宝公司委托成美行销广告公司为其拍一支以“体育、健康”为口号的赞助奥运的广告片。在经过初步调查后，成美发现，现有的红色王老吉存在着品牌定位不清、认知混乱的现实问题。企业和消费者对王老吉的品牌定位都存在着认知困难。如果没有一个准确清晰的品牌定位，产品广告不论创意如何新颖也难以起到终端拉动的作用。

基于此，成美对红色王老吉的品牌进行了重新定位。第一，将红色王老吉定位为功能性饮料，而不是药品。红色王老吉的竞争对手是其他品牌的饮料，而不是其他具有“降火”功效的药品。第二，将红色王老吉定位为“预防上火的饮料”，以区别于其他品牌的饮料。由于“上火”是一个全国普遍性的中医概念，中国几千年的中药概念“清热解毒”在全国广为普及，“上火”、“去火”的概念也在各地深入人心，而不再像“凉茶”那样局限于两广地区。

通过对红色王老吉品牌的重新定位，新的广告要向消费者传达这样一个核心理念：王老吉是一种可以经常饮用的饮料，它可以让你无忧无虑地尽情享受生活：煎炸、香辣的美食、烧烤、通宵达旦的看足球……而不用担心上火所带来的种种令人烦恼的问题。

新的定位使红色王老吉避免与国内外饮料巨头产品的直接竞争，形成独特区隔。同时，王老吉的“凉茶始祖”的身份也是“正宗”的保证。红色王老吉有淡淡的中药味，这个口味劣势也顺势成功转变为“预防上火”的有力支撑。3.5 元的零售价格，因为“预防上火的功能”，不再高不可攀。

四、实效的广告传播

1．电视广告策略

在电视广告上，成美为红色王老吉制定了主题为“怕上火，喝王老吉”的电视广告。为了使电视广告明确传达红色王老吉的饮料性质，在第一阶段的广告宣传中，红色王老吉都以轻松、欢快、健康的形象出现，强调正面宣传，避免出现对症下药式的负面诉求，从而把红色王老吉和“传统凉茶”区分开来。

此外，为了更好地唤起消费者的需求，明确传达“怕上火，喝王老吉”这一主题，电视广告选用了消费者认为日常生活中最易上火的五个场景：吃火锅、通宵看球、吃油炸食品薯条、烧烤和夏日阳光浴，画面中人们在开心享受上述活动的同时，纷纷畅饮红色王老吉。结合时尚、动感十足的广告歌反复吟唱“不用害怕什么，尽情享受生活，怕上火，喝王老吉”，促使消费者在吃火锅、烧烤时，自然联想到红色王老吉，从而导致购买。中央电视台的强大覆盖面和广东加多宝公司的大力投入，使得红色王老吉在短期内迅速地进入人们的头脑，给人一个深刻的印象，红遍大江南北。

2．促销策略

促销活动同样都是围绕“怕上火，喝王老吉”这一主题进行。如 2004 年加多宝公司举行了“炎热消暑王老吉，绿水青山任我行”刮刮卡活动。消费者刮中“炎夏消暑王老吉”字样，可获得当地避暑胜地门票两张，并可在当地度假村免费住宿 2 天。这样的促销，既达到了即时促销的目的，又有力地巩固了红色王老吉“预防上火的饮料”的品牌定位。

五、定位的效果

“怕上火，喝王老吉”的广告运动，诉求直观明确，直击消费者需求，迅速拉动了销售。成功的品牌定位和传播，给这个有 175 年历史的、带有浓厚岭南特色的产品带来了巨大的效益。2003 年红色王老吉的销售额比去年同期增长了近 4 倍，由 2002 年的 1 亿多猛增至 6 亿，并以迅雷不及掩耳之势迅猛冲出广东。2004 年，尽管企业不断扩大产能，但仍供不应求，订单如雪片般纷至沓来。2004 年 8 月，销量突破 10 亿。王老吉这一地区性品牌成功地发展为一个强大的全国性品牌，在强手如林的饮料市场中稳稳地占据了一席之地。

思考与讨论：

1. 红色王老吉的品牌定位是什么？它采用的是什么样的定位方法？请说明。
2. 以红色王老吉的成功定位为例，分析如何进行广告定位。
3. 分析红色王老吉广告策略的成功之处。

任务演练：魅族 MX4 手机广告定位决策

1．演练目的

通过为魅族 MX4 手机进行广告定位，让学生明白定位的意义并学会如何进行广告定位，培养和提高学生的定位决策能力。

2．演练要求

以前期的广告调查为基础，合理进行市场细分，确定目标市场，并针对目标市场，运用科学的方法确定广告定位策略，再依据定位，确定广告诉求点。要求定位合理、准确并富有创意。

3．演练步骤

步骤 1：确定市场细分的标准，并进行市场细分。

步骤 2：评估各细分市场，从中选择目标市场。

步骤 3：针对目标市场，运用科学方法为魅族 MX4 手机进行广告定位。

步骤 4：依据定位，确定本次广告宣传的诉求对象与广告诉求点。

4．演练成果

各广告策划团队提交魅族 MX4 手机广告定位决策材料，并做 PPT 汇报。

任务 3.4　广告表现策略决策

知识储备

广告表现，就是借助各种手段将广告的构思、创意转化为广告作品的过程，即广告作品的形成过程。有人说，广告表现就像足球赛场上的“临门一脚”，是广告对目标受众产生影响的信息接触点，其优劣会直接影响消费者对广告产品及其企业的评价的高低。因此，广告表现是整个广告活动中的关键环节。

广告表现吸收了文学、绘画、音乐、舞蹈、电影、电视等各种艺术门类的表现手段与方式，让消费者在艺术欣赏中自然而然地接受广告信息。但是，广告表现不等同于艺术表现。广告表现的根本目的是通过广告作品，让人们更好、更快地接受有关产品及企业的信息，从而达到影响消费者购买行为的目的。如果人们只是被华丽的广告作品本身所吸引，而没有关注广告中的产品或企业，那么，再好的广告作品也是枉然。

美国某调查公司的总经理阿夫来德·波立兹曾形象地介绍了广告表现与广告目的的关系。他这样描述：在一个房间里的一面墙上装有三面镜子，镜子的对面是一个大窗户，窗外是乡间美丽的景色。现在假定：第一面镜子是污渍斑斑的很脏的镜子；第二面镜子是装有雕刻图案的华丽镜子；第三面镜子是既无污渍也无装饰物的普通镜子。调查者指着三面镜子问观察者看到了什么，结果，观察者指着第一面镜子说“我看到了一面很脏的镜子”，指着第二面镜子说“我看到了一面很华丽的镜子”，指着第三面镜子说“我看到了窗外美丽的乡间景色”。请问，哪一面镜子完成了其使命？显然是第三面镜子。由此，波立兹得出结论：广告人会失望地发现他的广告作品越是完美，他的广告也就越成为不被人关注的“广告”。

因此，广告创作人员要切记：广告表现是为广告目的服务的，不能过于看重表现形式的华丽奢侈。过于艺术性的表现手法，不但不能使广告更有效，反而会喧宾夺主，自取灭亡。

3.4.1 广告表现手段

广告的表现手段多种多样，既可以是语言文字，也可以是由点、线、面、色彩构成的图画，还可以是人的姿态、行动等体态语言，同时还包括音乐、音响等。一则成功的广告，往往是多种表现手段的综合运用。

1. 语言手段

语言手段可分为有声语言和无声语言两种。有声语言是指人的声音，如广告歌曲、广告中的对话、旁白等；无声语言是指符号化的语言，即文字，它是平面广告信息的主要承担者。

语言是广告传递信息的主渠道，广告语言既不同于日常口语，也不同于文章化的书面语言，它有其特殊的表达方式。广告语言要做到：意义明确，不故弄玄虚；真实准确，不夸大其词；易读易记，朗朗上口；饶有风趣，别开生面。

汉语言文字有着丰富的文化底蕴，为广告创作提供了广阔的天地。但需要指出的是，语言文字的运用、创新，不能影响中华民族文化的健康发展，不能伤害传统语言精髓的承继。目前，在一些广告作品中，随意运用谐音、滥用成语是有悖于中华民族文化的健康发展的，不能提倡。

2．非语言手段

非语言手段也可分为两种，即有声的非语言和无声的非语言。

有声的非语言是指音乐、音响，它能吸引受众注意，烘托渲染意境，强化广告主题，是电子媒体广告不可缺少的表现手段。

无声的非语言是指姿态语言和物体语言。姿态语言是指人的眼神、面部表情、手势、动作等体语，受众可以从广告作品中人物的面部表情、肢体姿态、躯干动作及全身的姿势，接受相关的广告信息；物体语言是指广告作品中出现的构图、色彩及其他一些有形实体所传达的意义。

3.4.2 广告表现策略

1．理性广告表现策略

理性广告表现策略是指直接向消费者实事求是地说明产品的功能、特点、好处等，让接受信息的消费者进行理性的思索，做出合乎逻辑的判断、推理和选择。理性广告表现策略多用于工业品及高档耐用消费品的宣传。

（1）一面诉求和两面诉求

一面诉求是指只向消费者介绍本企业产品的优点，只提供正面、有利的资料或论据，其他方面只字不提，大多数广告都采用这种手段。它对受教育程度较低的人尤其有效。

两面诉求是指既指出产品的优点，同时也适当暴露产品的不足之处。正如世界上没有十全十美的人一样，世界上也没有十全十美的商品。一种商品有突出的优点，一般也有其不足之处，这是人所共知的。所以在广告中适当地采用两面诉求手法，容易得到消费者的信任，给人以诚实可信的感觉。不过，两面诉求要注意产品的缺点不能是产品的重要属性，而应该是消费者可以接受的微不足道的缺点。此法运用得当，可以获得意想不到的效果。例如，前面所介绍的金龟车广告，它一方面把车子的优点表达出来，同时也把外表“丑陋”的缺点表现在广告中，因此博得人们的好评和赞赏。但是，两面诉求如果使用不当，很容易招来反效果，因此要慎重使用。

两面诉求一般对受教育程度高的人，以及品牌知识经验较丰富的人很有效。同时，对于较可靠的权威性的信息来源宜采用一面诉求，而对于不太可靠的信息来源，如传单等，采用两面诉求的手法会更有说服力。

（2）鼓励诉求和恐惧诉求

鼓励诉求是指在广告中使用肯定的语言告之消费者选用此商品的正确性，鼓励消费者尽快做出购买决定。有时此种文体采用奖励形式出现在广告文案中。

恐惧诉求是指利用人们害怕生病、衰老、死亡等恐惧心理，提醒消费者购买或使用某种商品可能避免的不利。例如，两面针的电视广告就是利用人们对病菌危害人体健康的恐惧，在广告中宣称，只要使用两面针，就可以消除病菌。恐惧诉求常用于医药、保险、化妆品等广告以及公益广告等领域。

值得注意的是：恐惧诉求的宣传效果并非与它制造的恐惧完全成正比，如果恐惧程度过高，受众可能产生对广告的防御性回避，这样广告就很难发挥作用。因此，只有适当的恐惧才能引起消费者的态度改变。同时，因广告产品的性质不同，目标受众的心理承受能力不同，恐惧程度也应不同。恐惧诉求由于不易把握适当的度，易使人产生反感，所以使用时要慎重。

（3）自我比较诉求与竞争比较诉求

自我比较诉求是把同一品牌产品的过去与现在进行比较，以突出现有产品的性能、质量等方面的变化，它通常与产品的技术革新相联系。例如，英国某公司在宣传其生产的刮胡刀片越来越快、越来越耐用时，采用了自我比较的方式。该产品广告共有三张图片，第一张图片里站着 10 个人，第二张图片里站着 13 个人，第三张图片里站着 200 多人，以此表示，过去刮胡刀片只能刮 10 人，而现在则能刮 200 多人。可见，产品的先进性与耐用性。

自我比较诉求展示了产品的更新与变化，突出了产品的某一特点，因而容易给人留下深刻印象。

竞争比较诉求则是将一种品牌与另一种以上的品牌加以比较，强调本品牌的特点与优势，它是一种竞争型的广告表现形式。例如，美国一家快餐连锁店为了与麦当劳争夺顾客，曾推出这样一则竞争广告。画面里，3 位年近八旬的老太太坐在柜台前吃午餐，当两个又大又厚的汉堡送上来后，她们瞪大眼睛四处寻找，甚至爬到桌子底下去看也没有看到夹在中间的牛肉，于是其中一位老太太大喊："牛肉在哪里？"接着画外音："如果到温蒂去午餐，就不会发生这样的情况了。"

竞争比较诉求，容易引起人们的关注，如果广告产品确有过人之处，就可以达到迅速打开市场销路的目的。但是，竞争比较往往以己优点，比较他人之弱点，而不是对产品的各个方面进行全面的比较，因而会给消费者以偏概全、不客观、不全面的印象，这样反而有利于品牌竞争。因此，此法也要慎用，尤其不能在广告中直接攻击或贬低竞争对手来抬高自己。

（4）直接诉求和间接诉求

直接诉求是指直截了当地叙述诉求点，赤裸裸地表示说服企图，可正向诉求，也可正话反说，是最经济的表达方式。

间接诉求是指婉转地表达说服意图，作用是促使消费者改变已有的态度，在比较广告和隐蔽的刺激广告中常采用这种表现方式。

（5）先后法诉求和详细法诉求

先后法诉求是指在广告创作时，把主要的诉求信息放在开头部分，结尾时再用不同的语言予以重复，而在中间部分进行要点解说。

详细法诉求是指按照广告诉求信息的重要性、新颖性，具体地予以删减、排序。此法是根据消费者购买决策习惯总结出来的，实用性强。

2．感性广告表现策略

感性广告表现策略是指依靠图像、音乐、文字的技巧，诱导消费者的情绪变化，将产品的特点与用途，以喜怒哀乐的情感方式在广告中表达出来，营造消费者使用该产品后的喜悦与满足，从而使其产生购买欲望的一种广告表现形式。感性广告表现策略多用于日常生活用品、食品、保健品以及礼品的宣传。

爱的诉求是感性广告表现策略中常用的一种诉求方式。亲情、友情、爱情等情感的融入，往往更容易让广告和产品打动受众，引起共鸣。

例如，美国贝尔公司的一则亲情广告，情真意切，感人倍至。一天傍晚，一对老夫妇正在进餐，这时电话铃声响起，老太太去另一房间接电话，回到餐桌后，老先生问她："是谁来的电话？"老太太回答："是女儿打来的。"老先生又问："有什么事吗？"老太太说："没有。"老先生惊讶地问："没事？几千里地打来电话？"老太太呜咽道："她说她爱我们！"两位老人相对无言，激动不已。此时，旁白："用电话传递你的爱吧！"到此，人们不禁为广告中流露的深情所触动。

再如，喜之郎"水晶之恋"电视广告，用不同颜色代表不同的爱情语言："绿色，偏偏喜欢你；紫色，有你更精彩；黄色，谢谢你的爱；红色，真的好想你；透明，我只在乎你；粉红，爱你一生不变。明天的明天，你还会送我水晶之恋吗？一生不变，水晶之恋。"它用不同的滋味代表不同的爱情观念，用不同的色彩述说新世纪恋人新的爱情语言，多元化成为爱的主题，也使众多少男少女心动。

感性广告表现，多源于日常生活中最易激发人们情感的生活细节，其表现手法具体可分为生活片断型、歌曲型、解决难题型、演出型、幽默型、悬念型等。

① 生活片断型：将广告产品融入日常生活中的一个片断或一个细节中，借以说明产品给消费者带来的利益，使目标受众觉得这种产品是日常生活中必不可少的一部分，从而产生心理上的认同与接受。

② 歌曲型：利用广告歌曲的形式传达广告主题。它的表现形式多种多样，可以是唱歌，可以是演奏，也可以是载歌载舞。这类形式旋律明快，通俗易懂，便于传唱。

③ 解决难题型：是指把消费者经常碰到的难题，用夸张的手法展现出来，然后借助产品的功能，成功地解决问题或是得到意想不到的满足。例如，海飞丝的去头皮屑广告和汰渍的去油渍污渍广告，就是采用这一表现形式。

④ 演出型：是指将广告编成一个节目，如小品、漫画、相声、音乐节目、舞台剧等，以此增强娱乐性，从而获得观众的注目。

⑤ 幽默型：用幽默的人物或情节，表现广告内容，完成产品或服务的诉求。幽默广告容易使人发笑，产生兴奋、愉快的情绪体验，使人在开怀大笑中接受广告信息和产品。

在第四十三届国际戛纳广告节上，参赛作品中有这样一则广告：一个小男孩拿了一块巧克力去逗引小象，小象受到诱惑走过来要吃，孩子却自己吞了下去，小象非常委屈。男孩长成青年后，在一次狂欢节上，依然嚼着那种巧克力。突然，一只大象左右开弓将他打翻在地，原来小象长大了，但它仍记着数年前小孩对它的嘲弄。这则广告在轻松的笑声中，让人们仿佛闻到了巧克力的诱人香味。

⑥ 悬念型：在表现手法上故弄玄虚，布下疑阵，使目标受众对广告画面乍看不解其意，造成一种猜疑和紧张心理，驱动消费者的好奇心，让他们有一种进一步探明广告题意的强烈愿望，然后再通过广告标题或正文把主题一点一点地点明出来，使悬念得以解除，给人留下难忘的心理感受。悬念手法容易吸引目标受众的兴趣和注意力，产生引人入胜的艺术效果。

3．情理交融型广告表现策略

理性广告表现与感性广告表现各有利弊。理性诉求，注重事实的传达和道理的阐述，有利于完整、准确地传达产品信息，但会使广告显得生硬枯燥，降低受众对广告的兴趣；感性诉求，注重情绪、情感的描述，容易引起广告受众的兴趣，但会掩盖产品信息的传达，难以达到信息传递的目的。因此，在实际的广告策划中，常常将两种广告表现策略结合起来，以求达到最佳的广告说服效果，这便是情理交融的广告表现策略的运用。

情理交融的广告表现策略是指在广告宣传中，既同消费者讲道理，又同消费者交流感情，即大家常说的晓之以理，动之以情。一般适用于汽车、名表、房地产、电器等贵重商品和耐用消费品的广告。消费者花可观的钱购买这类产品，既想知道产品科技水平、质量指标，又想了解其风格和时尚程度，权衡其性能价值比后才会采取购买行动。因此，这类广告首先创造一种气氛，烘托渲染广告产品的时尚和风格带给消费者的享受，然后，介绍产品的技术含量、性能、质量等。

例如，海信·湖岛世家的平面广告，如图 3-9 所示，画面展示的是三代同堂，其乐融融的生活场景，让人看了浮想联翩；同是，文字阐述了该小区的户型、面积、地理位置、价位等。广告以情化理、以理传情、情理合一。

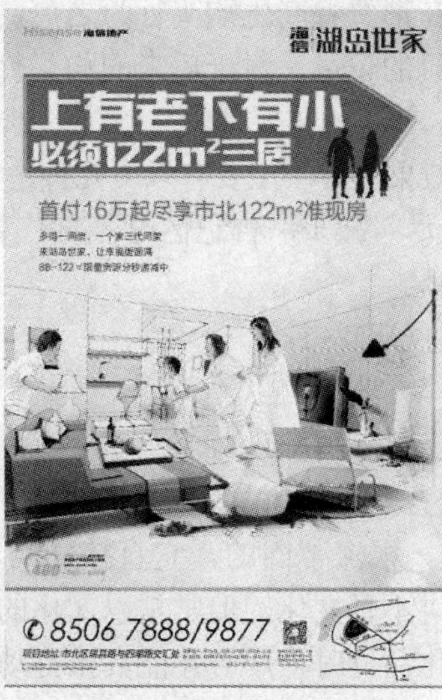

图 3-9　海信·湖岛世家平面广告

3.4.3 广告表现的心理原则

1．加大刺激强度，引人注意

广告是低关注度的信息传播活动，尤其在信息满天飞的当今社会，人们对广告的态度更是漫不经心、熟视无睹。因此，广告表现的首要任务就是研究受众心理，寻求广告被广泛关注的因素。

心理学研究告诉我们，人的注意分为有意注意和无意注意。大多数的广告都是人们在无意注意的状态下接受的。一则广告要想引起人们的注意，一般有两个途径：一是加大广告信息的刺激强度，加大对象与背景的反差，利用对比，突出对象，引人注意；二是运用受众认知的一般规律提高信息被注意的可能性，如利用人们的求新求异心理，通过悬念、幽默和奇想增加注意的时间，或利用符合受众消费需要的信息，激发兴趣，引人注意。

2．以人为本，共性沟通

乔治·路易斯曾说过："无论你做什么，你的表现方法都应该是新鲜的、人性化的、有智慧的，但这种智慧不应只是头脑的聪明，它应该永远是一种最人性化的沟通方式。"人类虽有很多差异，但也有许多共同之处，例如父母心、儿女心、爱、诚实、渴望沟通、友情、梦想、美的追求等，这些都是能抓住受众心理的因素。广告应多以人性的共同面为沟通平台，通过人性的传达，增强广告感染力。

3．强化记忆，提高广告记忆效果

众所周知，广告一般很少直接导致消费者产生购买行为。因为，从消费者接触广告到购买广告产品往往需要一段时间，在消费者产生购买行为之前，广告的效应主要表现为对广告信息的记忆。而消费者对广告信息的记忆，对于后来的购买行为则可能起到直接或间接的促进作用。由此可见，增强广告记忆效果的重要性。

广告创作中，提高广告记忆效果的方法主要有以下几种：

① 广告信息的数量要适当，尽量减少广告记忆内容,如广告标题、口号不宜过长；

② 广告要适度重复，强化记忆；

③ 运用联想记忆规律，引发预期联想；

④ 运用记忆的编码原理，帮助记忆；

⑤ 增加刺激维度，提供多层回忆线索。

4．依托文化，扩大广告影响力

文化对人的影响是潜移默化，根深蒂固的，它直接影响着人们的消费观、价值观及经验、习俗习惯等。广告从本质上讲不是文化，但常常以文化的形式出现并影响着消费者。只有当广告表现符合目标消费者文化品位时，广告才能真正打动人心，感化受众。许多跨国品牌在进入中国市场后都强调"本土化作业"，就是要找出民族性、区域性的价值基准，依托文化，扩大其影响力。

例如，可口可乐为了长期占领中国饮料市场，它的广告策略放弃了美国思维与表现，而是运用中国本土化观念与中国符号，将其广告与中国文化习俗结合起来，从而深受中国民众的喜爱与欢迎。

知识链接：AIDMA 法则

AIDMA 法则是 1898 年由美国广告学家 E. S. 刘易斯提出的，其含义为：A（Attention）引起注意；I （Interest）产生兴趣；D（Desire）激发欲望；M（Memory）强化记忆；A（Action）促成行动。

所谓 AIDMA 法则，是指在消费者从看到广告，到发生购物行为之间，动态式地引导其心理过程，并将其顺序模式化的一种法则。其过程是，首先消费者注意到（Attention）该广告，其次感兴趣（Interest）而阅读下去，再者产生买来试一试的欲望（Desire），然后记住（Memory）该广告的内容，最后产生购买行为（Action），如图 3-10 所示。

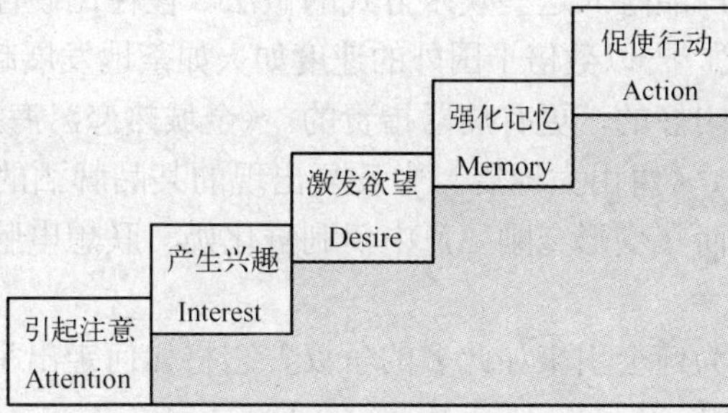

图 3-10 AIDMA 法则

一则成功的广告作品，必须符合受众心理，依据消费者的心理变化规律，循循善诱，借以达到影响消费者行为变化的目的。

知识链接：名人广告

名人广告，顾名思义就是利用名人进行商品广告的表现形式。这里名人主要是指：具有很高知名度的影星、歌星、体育明星、社会名流、学术权威、官员、知名人士等。

中国的广告业近些年发展较快，尤其是影视广告更是因为其受众多、传播面广而被众商家所器重，更有一些商家不惜重金请来娱乐圈和体育界的名人来做形象代言人，大做特做名人广告。找名人做广告，有利也有弊。利，在于名人广告拥有名人效应，能强烈地吸引目标受众的注意力；可以快速提升广告产品的知名度；可以令消费者很快接受某个产品，有力促进产品销售，省时快捷。弊，则表现为名人广告容易喧宾夺主，分散人们对广告产品的注意力；如果名人与广告产品无任何内在的或明显的联系，会形成牵强附会、不可信的感觉；名人的不良形象会波及企业及广告中的产品，影响商家形象；名人广告容易本末倒置等。名人广告是利大还是弊大，这就要看商家自己的选择了。

研究表明，名人的4个要素影响着名人广告的效果：

① “品德”，即做人，它涉及名人的社会形象和个人修养；

② “专业性”，即名人对广告中所述产品具有的知识、经验及对产品的熟悉程度；

③ “与产品的一致性”，即名人形象与产品特点之间的联系、名人身份与产品档次是否相称等；

④ “吸引力”，它涵盖了名人的外貌、举止和受众对该名人的好感度或喜欢度。

知识链接：电影植入式广告

植入式广告是随着电影、电视、游戏等的发展而兴起的一种广告形式，它是指在影视剧情、游戏中刻意插入商家的产品或标志符号，借以达到潜移默化的宣传效果。由于受众对广告有天生的抵触心理，把产品融入这些娱乐方式的做法。往往比硬性推销的效果要好得多。2010 年，中国电影植入式广告以数倍于国外的速度如火如荼地发展起来。与此同时，人们的议论也空前暴涨，有拍手叫好的，更有痛骂指责的。《全城热恋》海报“围脖”事件、《杜拉拉升职记》雷人广告清单、《唐山大地震》中反复出现的某品牌酒的广告，再次将植入式广告推到了风口浪尖之上，而《变形金刚 3》中伊利舒化奶、联想电脑等国内品牌的跨国植入也引起了人们的热议。

中国电影植入式广告为何会引来如此多的争议？它将如何走出举步维艰的困境？这已成为值得业内深思的一个问题。

1．电影植入式广告是电影产业化发展的必然产物

电影既是一门艺术，更是一种商品，是具有极大商品属性的艺术品。其生产和制作规模庞大，投入资金巨额，所涉及的工种繁多，这些都决定了它必须获得经济上的回报。因此，电影业的发展必然要遵循产业运作和发展的经济规律来发展，即走产业化道路。而电影产业又是资本密集型行业，所以，资本运作便成为电影产业化的关键。

以资本运作电影业，将大大提高电影产业化的进程。一方面，建立较为完善的投融资体系，拓宽投融资渠道，降低投资成本，可以解决电影产业资金短缺的问题，促进电影产业的超常规发展；另一方面，资本进入所带来的产业运作模式与理念，将彻底优化产业结构，提高产业质量，促进产业体系的多元化。在这个过程中，资本将作为纽带，使各种联合经营方式具有真正的联营意义。而资本的来源并不仅仅限于制作方的投资，更多的来源于有所求的其他资本，如广告赞助的投入，这就使得电影商与广告商的合作成为必然。

与此同时，电影作为重要的媒介，以其广阔的受众市场和极大的增值潜力为广告的传播创造了良好条件，敏锐的广告商当然也不会放过这个机会，他们希望在电影中加入广告元素，以达到推销自己产品的目的。于是，电影植入式广告便应运而生，成为电影产业化发展的必然产物。

2．中国电影植入式广告名利难双收

随着电影植入式广告在中国的迅速兴起，观众的心态由最初的友好开放逐步转变为不满与抵触。电影中时不时蹦出来的品牌 LOGO 和广告词打断了人们的观影兴致，以致一些观众无奈大呼："是看电影，还是看广告？"、"是电影植入广告，还是广告植入电影？"为何观众会如此厌烦？

（1）电影植入式广告自身存在"先天不足"

第一，电影植入式广告容易伤害观众情感。观众看电影的目的无非是为了享受视听愉悦，得到身心的放松与满足，同时从故事情节中咀嚼人生。而大量的植入式广告则会破坏这种观影心情，让观众产生被愚弄、被强迫的感觉。

第二，电影植入式广告容易破坏电影作品的品质。电影作品本身存在情节的连续性，而突兀的植入式广告会破坏这种连续性，让观众感觉莫名其妙，从而影响作品的品质。另外，随着观众对植入式广告的厌烦情绪不断升温，再完美的电影一旦植入广告，就会被观众批评得体无完肤，作品品质也必将在争议中大打折扣。

第三，电影植入式广告将遭遇不可调和的矛盾。电影中植入广告，既希望观众能识别，又害怕被观众识别。希望被识别，是因为只有观众关注到了，才会起到广告宣传的作用；害怕被识别，是因为一旦被观众识破，就会不高兴，被观众声讨。正因如此，电影植入式广告的"度"很难把握。难怪有业界人士哀鸣：眼下，植入式广告越来越难做，越来越难成了！

（2）广告主和制片方植入意识存在问题，重"利"轻"艺"

对于广告主而言，电影植入式广告性价比高。首先，高票房的娱乐大片有着很强的生命力，它不仅可以在影院放映，还可以在电视、互联网、DVD 不断播放，再加上相关的新闻报道，电影植入式广告的受众数量极为可观；其次，植入式广告的隐性化、人性化特点，使观众陶醉在故事情节的同时，不知不觉接受品牌信息与文化，其品牌渗透力极强；再次，植入式广告投入成本相对较低。于是在"利"的驱动下，许多广告主认准了这一新型的宣传渠道，但是不懂得如何植入，只想尽可能多地曝光自己的品牌 LOGO 和广告语，以致电影作品中很多植入式广告过于生硬和露骨。

对于制片方来讲，电影中植入广告意味着可以提前回收部分投资，可以增加宣传和营销资源，何乐而不为？一位当下知名导演曾在宣传电影时说过："如果一个电影里连植入广告都没有，那多没面子！"，可见，制片方对植入广告的渴望。这种对"利"的渴望与追求，再加上广告主把控投资费用，要求突出广告，使制片方不得不服从。于是，便会出现广告植入过多，植入方式生硬的现象。

（3）相配套的运行机制和管理机制不健全

虽然当前电影植入式广告随处可见，但在国内它仍属于一种崭新的营销模式，缺乏配套管理。

首先，国内的电影植入式广告的运行，大多是广告主直接找制片方和导演，双方协商决定，通常是建立在纯粹的关系基础上的交易，缺乏市场竞争和约束机制，这必然会带来交易的随意性和不确定性。

其次，虽然国内的一些大电影公司，如华谊、中影，内部设有专门的广告营销团队，配合剧组开展植入式广告的营销活动，同时，近年来市场上也出现了专门的第三方广告代理商，为广告主和剧组牵线搭桥，做植入式广告的代理工作，但总的来看，国内仍缺乏成熟的、专业化的植入式广告代理商或这些广告代理商的代理水平偏低，难以完成产品品牌与电影的有效整合，更谈不上信息植入的策略性。

最后，由于植入式广告与电影内容合二为一，给量化其广告价值带来一定的困难。目前，我国国内仍缺乏完善的、可操作性的效果检测和评估体系，无法保证对植入效果的科学评估，再加上相配套的法律、法规保障体系不健全，必然会导致广告植入的盲目性。

3．中国电影植入式广告运作策略

中国电影植入式广告如何实现双赢共赢？

（1）健全植入式广告产业链，强化植入式广告代理商的主导作用

植入式广告产业链主要由广告主、广告媒体（内容制造商）、广告代理商三方组成。其中，广告代理商是产业链的运作核心，其职能主要体现在以下几个方面。

第一，为所代理的产品或品牌，寻找恰当的植入项目。植入式广告代理商通常与各大电影制片公司及媒体集团保持良好的联系，能够在第一时间获取剧本并参与剧本的修改，这样就能够根据产品定位或品牌形象选择合适的影视作品植入，避免了植入的产品或品牌与影片格调、剧情或人物性格不符的现象，可以减少盲目性。

第二，注重信息植入的策略性，降低植入风险。植入式广告代理商一般拥有专业化的创意团队和执行团队，不仅能够灵活运用各种植入形式，而且在表现上镜头如何给，以什么角度，在什么方位，给多长时间等，都能进行专业化的协调和控制，从而保证植入的巧妙性与有效性。

第三，提供对植入式广告的价值测定与效果评估。植入式广告代理商可以建立完整的价值评估体系，量化植入式广告的价值，帮助客户科学有效地测定广告效果，提高投资透明度。

（2）健全植入式广告的运行和管理模式

在美国，电影植入式广告的运行可分为以下五步：第一步，剧本分析，包括对影片格调及故事情节的分析，对目标受众的分析，对制片方、导演及主要演员的分析，对影片发行时间、发行范围及发行量的分析等；第二步，选择植入形式，提出初步的创意构思；第三步，确定客户方向与客户层次；第四步，开展影片及植入产品的宣传推广策划；第五步，做好植入执行中的协调工作，在保证影片质量与艺术性的前提下，尽量满足客户要求。

中国电影植入式广告应充分借鉴美国成熟的运行模式，为我所用。同时，还应建立合同约束机制，对电影内容版权和商标的使用进行约定，保障客户与制片方的合法权益。

此外，电影中某些特殊产品和服务的植入将面临一些伦理道德和法律方面的问题，例如烟草、药品等。因此，有必要通过立法的形式对植入式广告进行监管。同时，行业内部还应出台相关规定，对植入式广告的定价问题、资金流向问题及营销人员的经营行为等做出严格规范，让植入式广告走上正常的管理轨道。

（3）注重策划与创意，强化品牌与电影的深度融合

当前，我国的电影植入式广告整体创意水平不高，主要表现为植入形式单一，大多采用最初级的场景植入，且弱关联性场景植入占多数。例如，《杜拉拉升职记》中弱关联性场景植入多达 37 处，在影片开始部分出现的联想巨幅户外广告、兴业银行 LOGO、屈臣氏超市、《时尚芭莎》杂志等品牌身影，几乎与剧情没有任何关系。这种弱关联性场景植入，不仅会影响影片的艺术效果，还会激发受众对产品或品牌的逆反心理。可见，植入并非就是简单地摆入与拼贴，必须将科学策划与巧妙创意结合起来，才能创作出精彩的植入式广告。

科学策划首先要以品牌与电影的深度融合为基础，要做到这一点，应具备三个条件：第一，品牌的价值要与电影诉求的价值观保持一致；第二，品牌的目标对象要与电影的受众群相契合；第三，广告的植入要根据情节需要，灵活运用各种植入形式。

（4）强调“影中”植入与“影外”营销的整合

电影植入式广告要想发挥植入效益最大化，不能仅靠“影中”植入，必须将“影中”植入与“影外”的宣传充分整合。例如，上海通用汽车公司在电影《变形金刚》未上映前，大量投放预告片，预告片的主角正是电影中的重要角色之一——大黄蜂（雪佛兰 Camaro 概念跑车），而预告片的主题正是雪佛兰的主题词——未来，为我而来，让观众在提前感受影片魅力的同时，也加大了雪佛兰的品牌曝光率，提升了雪佛兰的品牌形象。再如，美特斯邦威把《变形金刚 2》的电影形象充分用于电视、网络、户外等媒体播出的广告及店面推广和现场活动中，并推出“美特斯邦威变形刚 T 恤，满 100 送电影票”等营销活动，让消费者充分感受到了美特斯邦威与《变形金刚》的紧密联系，既宣传了品牌，也扩大了电影的票房，实现了电影与品牌的双赢。可见，电影植入式广告要充分利用“片外效应”，开展“影中”植入与“影外”宣传相结合的整合互动营销推广活动。

资料来源：白云华.浅析中国电影植入式广告的困境与对策.长春：电影文学，2012.10.

优秀广告作品赏析：本田汽车广告《零部件篇》

作品分析：广告片开始是一个小螺母在旋转，渐渐地它与下面的小齿轮相碰撞，然后形成了一个连锁反应，像多米诺骨牌一样，汽车的零件一个接一个地动了起来，包括挡风玻璃的雨刷、转动着的汽车轮胎及翻滚着的消声器等。简洁的画面，零件精准的碰撞，配以每个零件滚动、旋转和碰撞时出现的不同声音，形成强势的视听冲击，增强了受众对广告的注意力。最后，一辆雅阁汽车缓缓地从斜坡上驶了下来。伴随着画外音：只要事情发生，一切都是那么美好。雅阁来了一个刹车，一切恢复平静。本田的口号“梦之力量”也出现在画面上，一气呵成。

优秀广告作品赏析：肯德基外带全家桶广告《露营篇》

作品分析：几个年轻人出去露营，偏偏遇上一场没完没了的雨，只能被困在帐篷里，而此时旁边的帐篷里却传来阵阵欢声笑语，原来他们有肯德基外带全家桶。此时旁白道出：

这个假期有肯德基外带全家桶在身边，还怕欢乐不相随？广告中展现了普通的生活场景，力求将肯德基的产品与消费者的日常生活结合在一起，体现出浓浓的生活情趣，从而也增强了消费者对产品的好感。

任务演练：魅族 MX4 手机广告表现策略决策

1．演练目的

通过本次演练，让学生学会运用各种表现手段与表现方式展现广告主题，提高学生的广告表现能力，同时培养学生的创新意识，锻炼学生的动手能力。

2．演练要求

依据前期的广告定位以及对广告诉求对象的分析，合理运用各种广告表现手段与方式，确定广告表现策略。要求广告表现要富有创意，且主题鲜明，体现定位。

3．演练步骤

步骤 1：确定魅族 MX4 手机的广告诉求点与广告诉求对象。

步骤 2：分析广告诉求对象的特点与产品特点。

步骤 3：确定广告表现策略，具体包括各种表现手段与方式的运用。

步骤 4：完成魅族 MX4 手机的平面广告构思与电子广告创意文稿。

4．演练成果

各广告策划团队提交魅族 MX4 手机广告表现策略决策材料，并做 PPT 汇报。从中选出最优广告表现，给予奖励。

任务 3.5　广告媒体策略决策

知识储备

广告媒体是广告者用来进行广告活动的物质技术手段，也是沟通买卖双方的广告信息传播通道，如电视、报纸、杂志、广播、互联网等。随着科学技术的发展和人类观念的进步，越来越多的新型媒体被开发出来，使广告媒体种类繁多、日新月异。

3.5.1　广告媒体的分类

1．按其表现形式分类

按其表现形式，广告媒体可分为印刷媒体和电子媒体。

印刷媒体是用印刷在纸张上的文字符号及图案，通过作用于人的视觉以达到传播目的，从而施行广告宣传的媒体，包括报纸、杂志、电话簿、图片、商标、说明书、装潢等。其特点是广告宣传时间较长，同时便于查询和留存，具有自身重复性宣传的长处。

电子媒体是一种具有光电性能的媒体，包括电视、广播、电影、霓虹灯、电子显示屏幕等。因其与当代科学技术联系紧密，所以具有极强的时代特征。电子媒体传播信息迅速、广泛、适应性强、感染力强，在各类媒体中后来居上，独领风骚。

2．按其功能分类

按其功能，广告媒体可分为视觉媒体、听觉媒体和视听两用媒体。

视觉媒体包括报纸、杂志、邮递、海报、传单、招贴、日历、售点广告以及户外广告、橱窗布置、实物和交通广告等媒体形式。其主要特点是通过对人的视觉器官的信息刺激，影响人的心理活动中的感觉过程，从而使人留下对所感知的事物的印象。

听觉媒体包括无线电广播、有线广播、宣传车、录音和电话等。主要特点是通过对人的听觉器官的感官刺激，激发人的心理感知过程，从而使人产生对广告内容的印象。

视听两用媒体主要包括电视、电影及其他表演形式。其主要特点是兼备形象和声音双重功能，广告效果相应增强。这种媒体在广告市场的竞争中具有明显优势，对社会大众具有非凡的影响力。

3.5.2　各类广告媒体的特性

1．报纸媒体的特性

在所有的大众媒体中，报纸的历史最长，上可追溯至 1566 年意大利《威尼斯新闻》诞生，其充当广告媒介的历史也最为悠久。由于报纸是以文字和图片形态为传播手段，所以，报纸的印刷出版及编排方式都对广告的发布产生重要影响。

报纸不论大小，都由报头、报眼、版位、栏目组成。报纸一般有日报、周报、双周报或更长时间的报纸。报纸的种类繁多，按其内容主要有综合性报纸和专业性报纸两大类，按其覆盖面有全国性报纸和地方性报纸。

报纸广告的优势表现为：选择性强，版面大，篇幅多；传播面广，传播迅速；具有特殊的新闻性，可增加可信度，具有权威性；表现形式简便，灵活多样；时效性强，适合刊登时间性要求较强的广告。

报纸广告的局限性表现为：有效期短；受版面限制，经常造成同一版面广告拥挤；无法对文化素养低的受众产生广告效果；缺乏动态感、立体感和色泽感。

2．杂志媒体的特性

杂志是有固定刊名，以期、卷、号或年、月为序，定期或不定期连续出版的印刷读物。与报纸相比，杂志的阅读对象没有那么广泛，但相对稳定、明确。杂志的出版频率比报纸周期长，主要有周刊、半月刊、月刊、双月刊、季刊、半年刊、年刊等。杂志的种类繁多，按其内容可分为综合性期刊与专业性期刊两大类， 具体有消费者杂志、商业杂志、学术性杂志、信息文摘类杂志、消遣类杂志、专业杂志等。按其表现形式又可分为，以文字为主的文字杂志和以图片为主的图画杂志。随着互联网的发展，近几年来电子杂志日益风行。

杂志广告的优势表现为：可保存，因而有效时间长，且没有阅读时间限制；读者集中，选择性强；杂志的编辑精细，印刷精美。

杂志广告的局限性表现为：时效性不强；印刷复杂，技术要求较高，成本大；综合性杂志广告宣传效果不突出；专业性杂志因其专业性强，读者有一定的限制，广告登载选择面小。

3．广播媒体的特性

广播是指通过无线电波或导线传送声音的新闻传播工具，主要有无线广播和有线广播两种。广播诞生于 20 世纪 20 年代，自其诞生便广泛应用于广告业，成为影响人们消费行为的重要媒体。近年来随着互联网等其他新型媒体的发展，广播的地位有所下降，甚至有人戏称广播为“广老三”，但由于其传播速度快、受众广泛，仍受众多广告主的青睐。

广播广告的优势表现为：传播迅速、覆盖率高，是传播信息速度最快的媒体之一，也是我国最大众化的媒体；传播次数多，收听方便；通过语言、音乐来塑造形象，具有现场感；改动容易，可调整；制作简便，费用低廉。

广播广告的局限性表现为：时间短暂，难以记忆；听众分散，效果难测；有声无形，难现外在、内在质量；不易存查。

4．电视媒体的特性

电视最早诞生于 20 世纪 20 年代，是现代信息社会中最有影响力的媒体，它在传达公共政策、引导社会舆论、影响消费者决策等方面起着举足轻重的作用。由于电视媒体受众面极广，表现力又强，电视广告成为广告家庭中，最完美、最具表现力和最具魅力的广告类型。

电视广告的优势表现为：覆盖面广，收视率高，诉求力强；电视传播不受时间、空间的限制，传递迅速；具有娱乐性；具有强制性广告的特点。

电视广告的局限性表现为：电视传播信息迅速，时间短暂，稍纵即逝，大大影响了广告商品的记忆效果；观众选择性较低，广告信息不易保存；电视广告制作费用高，中小企业无力利用电视媒体进行长期的广告宣传；电视广告制作复杂，制作时间相对较长，因而时间性很强的广告往往无法满足。

5．网络媒体的特性

因特网（Internet）是网络与网络之间所串连成的庞大网络，这些网络以一组通用的协议相连，形成逻辑上的单一巨大国际网络。互联网在现实的应用极其广泛，它已成为人们日常生活的一部分，每天有数以亿计的人使用互联网，大家用它来聊天、了解资讯、购物，等等。随着互联网的普及，网络广告也正以惊人的速度发展起来，并且成为广告媒体中的一匹黑马。

网络广告的优势表现为：兼容电子和印刷两类媒体的共同特点，表现形式多样；即时双向沟通，平等交流，传播与接受兼容；信息储存量大，海量传播；信息更新速度快、成本低廉；消费者阅读层次化，可掌握详细资料；消费参与性强，针对性强。

网络广告的局限性表现为：受众面相对窄；用户不确定；受网络设备技术的限制；垃圾信息过多。

6．户外媒体的特性

户外广告媒体，英文为“OutDoor”，简称 OD 广告媒体，它是在户外的公共场所或交通运输工具内外设置的向消费者发布广告信息的媒体，由于它针对的是户外流动的人群，因此也被称为“流动广告”。户外广告主要包括：路牌广告、招贴广告、交通运输广告、跨街布条广告、空中广告、电动多面广告牌、霓虹灯广告、柔性灯箱、Q 板、LED 电脑看板等。户外广告媒体是城市的“脸面”，它不仅是美化城市的艺术品，也是一个城市商品经济发达程度及居民的精神面貌和文化素养的标志。

户外广告的优势表现为：吸引力强，尤其是面积大、色彩鲜艳、设计新颖的户外广告容易吸引过往行人的注意，具有较高的认知率和接受频率；具有长期的时效性，对于区域性受众能造成印象的累积效果；成本低廉，制作相对简单，使用材料低廉；选择性强，可以在自己认为最需要做广告的区域、地点布置户外广告。

户外广告的局限性表现为：信息量有限，多是企业或商品的形象广告；位置固定，目标受众选择性小。

7．POP 媒体的特性

POP（Point Of Purchase Advertising，售点广告）是一切购物场所内外所做的现场广告的总称。POP 广告的种类繁多，通常根据设置场所可分为室外 POP 与室内 POP。室外 POP 包括购物场所外的一切广告形式，诸如招牌、条幅、灯箱、招贴、橱窗、旗帜、门面装饰等；室内 POP 包括购物场所内的一切广告形式，如柜台布置、货架陈列、模特、导购牌、空中悬挂广告、购物点展示、大幅说明书等。

POP 广告的优势表现为：招徕顾客，营造购物气氛；提醒消费者购买已有印象的商品，指牌认购；大部分 POP 媒体具有小型化的特点，制作相对简单，价格低廉；简单易懂，便于识别。

POP 广告的局限性表现为：传播范围小，只能作用于进店购物的消费者；POP 媒体设计要求较高，要根据购物场所内外建筑物的特点及柜台大小精心布置，否则摆放杂乱无章，会招致负面效果；清洁度要求高。

8．DM 媒体的特性

DM（Direct Mail Advertising，直接邮寄广告）通过邮寄、赠送等形式，将宣传品送到消费者手中、家里或公司所在地。DM 广告可分为信函广告、账单广告、印刷品广告、明信片广告和户外招贴等多种形式。

DM 广告的优势表现为：针对性强，目标准确，有的放矢；有助于巩固既定的消费者群；信息的传送和接收具有较大灵活性；制作简便，费用低廉。

DM 广告的局限性表现为：由于针对性强，推销商品的功利性明显，容易引发受众的反感；深度传播不够，不利于提高知名度。

3.5.3 广告媒体的策划程序

广告媒体的策划是一个由调查研究开始，经过构思、论证、直到实施的完整过程。

1．广告媒体调查

广告媒体调查的目的是为了掌握各个广告媒体单位的经营状况和工作效能，以便根据广告目的的要求，运用适当的媒体，取得更好的效果。它是广告媒体策划的首要环节。

媒体调查主要包括分析媒体的性质、特点、地位与作用，分析媒体的传播数量与质量，分析受众对媒体的态度，分析媒体的广告成本及效果等。

2．确定目标

即明确媒体计划的具体目标对象，主要包括明确传播对象；明确传播时间，选择恰当时间为广告推出的时机；明确传播区域，确定市场的位置；明确传播方法，涉及广告媒体的受众率、频率和广告形式。

3．媒体方案分析

媒体方案分析包括效益分析、危害性分析和实施条件分析。效益分析是指广告媒体方案的经济效益与社会效益分析；危害性分析是对广告信息传播的社会影响进行分析，广告是有责任的信息传播，不能违背社会良好风尚，不能触犯法律、法规；实施条件分析，对实施媒体方案时可能遇到的困难与阻力等客观棘手情况的分析。

4．组织实施

这一阶段的主要工作有与广告主签订媒体费用支付合同，购买广告媒体版面、时间与空间，推出广告并监督实施，搜集信息反馈，并对传播效果做出评价。

3.5.4 广告媒体的选择与组合

广告媒体的选择组合是广告传播活动中重要的一环。这是因为广告媒体费用占据整个广告传播活动费用的 70%～90%。广告媒体的选择是否恰当，直接影响到广告效果的大小和整个广告宣传活动的成败。广告宣传是广告信息与广告媒体的完美结合。优良的广告信息要有最适宜的广告媒体，才能得到最大范围、最大程度的传播；而优良的广告媒体也需要与最佳的广告信息结合，才能发挥其卓越的传播功能。所以，必须通过对各种广告媒体的类型与特性进行有计划、有步骤地选择组合，才能使消费者能够在最恰当的时间、地点听到或看到广告信息。

1．影响广告媒体选择的因素

（1）产品特性因素

产品特性因素与广告媒体的选择密切相关。产品的性质如何，其具有什么样的使用价值，其质量如何，价格如何，包装如何，产品服务的措施与项目以及对媒体传播的要求等，都对广告媒体的选择具有直接或间接的影响。

（2）媒体受众因素

媒体受众是信息的传播对象、视听众，它是影响广告媒体选择的重要因素。消费者的特性，包括需求、动机、兴趣、爱好、生活习惯以及媒体接触习惯等，都直接影响广告媒体的选择。

（3）营销系统的特点因素

企业营销策略主要有两大策略，即推式策略和拉式策略。推式策略是利用推销人员与中间商促销，将产品推入渠道；拉式策略则是企业针对最终消费者，花费大量的资金从事广告和消费者促销活动，以增进产品的需求。企业的营销策略不同，媒体的选择也有所不同。

（4）竞争对手因素

竞争对手，尤其是主要竞争对手的战略、策略选择，媒介的选择，以及广告费用投入的多少直接影响着广告主的媒体选择。

（5）广告预算费用因素

广告预算是广告的资金使用计划，它直接影响对不同媒体的选择，媒体策略必须符合广告预算。

（6）媒体的成本

即，购买媒体的费用。媒体成本的多少不能只看其媒体费用的绝对值的大小，而应看支出的费用与覆盖面及广告受众数量之间的比例关系。比如，广告若在报纸上刊发，首先应考虑报纸的发行量，发行量越大，覆盖区域就越大，平均到目标消费者身上所花费的广告费用相对就较少。在按成本原则选择媒体时，通常最简捷的方法是千人成本法，又称 CPM 法。

例如，两张同类型报纸，其广告收费与发行量各不相同。其中，甲报收费 10 万元，乙报收费 8 万元；甲报发行量为 700 万份，乙报发行量为 400 万份。那么，两种报纸的千人成本分别为：

$$甲报\ CPM=100\ 000/7\ 000\ 000\times 1000=14.3\ 元$$

$$乙报\ CPM=80\ 000/4\ 000\ 000\times 1000=20\ 元$$

显然，甲报在成本上可作优先选择对象。

（7）媒体的寿命因素

广告媒体触及受众的时间有长有短，其中，广播广告稍纵即逝，其寿命最短，而印刷媒体中，报纸的寿命大约为 3～5 天，杂志的寿命大约为 1 个月。

（8）媒体的灵活性因素

所谓灵活性是指能否对媒体广告作一定程度的调整和修改。各类媒体的灵活性不同，在四大媒体中，报纸、广播的灵活性较好，而电视、杂志的灵活性较差。灵活性较差的媒体不适合做即时性促销广告。

(9) 广告文本的特点因素

广告媒体是广告信息的载体，因此，所选媒体必须符合广告文本的特点，能最大限度地表现广告文本。例如，如果广告文本是用连续的情节打动消费者的，则最佳的媒体选择是电视，如果广告文本主要通过文字的介绍，理性宣传产品，则最佳的媒体选择是报纸、产品说明书等印刷媒体。

2．广告媒体的优化组合

不同类型的广告媒体在其传播功能上各有特色，也各有缺点。尽管在广告市场上不同媒体的竞争是不同的，但它们在广告活动中都发挥着一定的作用。对不同类型的媒体进行综合比较，选择合适的广告媒体，并对各种媒体进行合理搭配，各取所长，这就是广告媒体的优化组合问题。

广告媒体组合的方式是多种多样的，既可以在同类媒体中进行组合，也可以用不同类型的媒体进行组合。由于不同媒体具有不同的对象，即使是同一对象，其效果也不同，因此媒体组合中，一般应有主要媒体和其他几个辅助媒体。每种媒体组合方式均有其独特的长处，而最佳媒体组合是通过使各种媒体科学地相互协调，效果配合，试图以最少的投入获得最大的广告效果。

如何实现广告媒体的优化组合，是广告活动要解决的一个重要问题。在广告运动中，要真正实现最佳媒体组合，涉及诸多方面的因素。广告学界对此进行过不少有益的探索。其中，美国的 M. 赖尔所著的《媒体选择备忘录》中，提出了主要媒体效果比较图，这一效果比较图对于广告媒体的优化组合来说，极具参考价值。如表 3-4 所示，M. 赖尔认为电视、广播、杂志、报纸及户外等几种主要媒体在各种情况下的宣传效果分别不同，其中 A 表示优秀，B 表示良好，C 表示尚好，D 表示不适当。

表 3-4　主要媒体效果比较图

项　目	电　视	电　台	杂　志	日　报	户　外
目标传达（18 岁以上的妇女）	A	A	A	C	C
创造情绪的能力	A	C	B	C	D
消费者参与媒体	A	B	B	C	C
视觉特征	A	D	B	C	B
支配感觉	A	B	B	B	B
都市集中	A	A	B	A	A
市场弹性	A	A	B	A	A
季节弹性	B	A	A	A	B

公认效果较好的媒体组合主要有报纸与广播媒体搭配，报纸与电视媒体搭配，报纸与杂志媒体搭配，电视与广播媒体搭配，报纸或电视与销售现场媒体搭配，报纸或电视与邮政广告搭配，邮寄广告与销售现场广告或海报搭配。

在广告活动中，企业所以要选择多种具体媒体并加以最佳组合推出广告，原因在于单一的媒体无法触及所有的目标市场消费者。选用多种媒体，其总体考虑就是要尽可能触及所有的目标市场消费者，因此，在媒体组合运用时，必须注意以下几个问题。

第一个问题，是媒体组合如何能包括所有的目标市场消费者的问题。可将所有选用的广告媒体的覆盖区域加在一起，其总覆盖区域是否可把绝大多数目标市场消费者归入广告可产生影响的范围内；再将选用的广告媒体的针对性累加起来，看目标市场消费者都接收到广告信息否，如果这两种形式累加组合尚不能达到要求，则应将遗漏的目标市场消费者，用再增加媒体的办法收入到广告影响的范围。

第二个问题，是媒体组合运用如何选取影响力集中点的问题。多种媒体组合，势必会发生两种或两种以上的媒体影响力是重叠在一起的情况。因而，就要分析媒体影响力重叠形式所带来的问题。如果重叠在重点目标对象上，那么，企业在媒体上花的费用就很合算；反之，媒体影响力重叠在不重要的目标对象上，甚至是在非目标对象上，则企业投入的这部分广告费就不合算。在媒体组合时，应考虑在哪些媒体上多投入广告费以增加其对重点目标对象的影响力，同时削减另外一些媒体的广告费，以免在非目标对象或非重点目标对象上花费过多的广告费。

第三个问题，是选择运用媒体的技巧问题。任何广告主都在运用一定的广告媒体，然而效果却大不一样，这里面就有一个技巧问题，即广告在媒体上推出所采用的具体发布形式，可采用均衡、重点、波浪式、渐强、渐弱、大周期式、组合式等多种推出方式增强媒体的传播效果。

3.5.5 广告媒体的发布

1. 广告发布时间的选择

广告做得再好，如果在错误的时间进行徒劳的广告宣传，其结果只能是竹篮打水一场空。因此，广告发布时间的选择很重要。一般情况下，将广告发布时间安排在人们决定购买的时候，容易取得最佳的宣传效果。

广告发布时间的选择，主要有集中时间、均衡时间、季节时间和节假日时间。

（1）集中时间

即，集中广告力量在短时间内，对目标市场进行突击性的广告攻势。其目的在于集中优势，迅速扩大广告的影响力，提高产品或企业的声誉。这种策略适用于新产品投入市场前后，新企业开张前后，流行商品上市前后，广告竞争非常激烈之时，以及商品销售量急剧下降之时。集中时间往往配合多媒体战略，以期迅速掀起广告高潮。

（2）均衡时间

即，有计划地反复地对目标市场进行长期的广告宣传。其目的是为了持续加深消费者对产品或企业的印象，保持消费者的记忆度，发掘潜在市场，扩大产品知名度。均衡时间策略在使用时应力戒单调，注意广告表现要有变化，频率疏密要有变化，给人以新鲜感为佳。

（3）季节时间

季节性强的产品常用此策略。一般在销售季节到来之前，就要开展广告活动，为销售旺季的到来做好信息准备和心理准备，销售旺季时，广告活动达到高峰，旺季过后，广告要收缩直到停止。运用此策略要注意把握季节性商品的变化规律，过早开展广告会造成浪费，过迟则会延误时机。

（4）节假日时间

这是零售企业和服务行业常用的广告时间策略。一般节假日前开展广告活动，节后则停止。这类广告即效性极强，要求有特色，把品种、价格、服务时间以及与平常不同之处等信息，突出而快捷地告知消费者。

2．广告发布频度的选择

频度是指在一定时期内，广告推出的次数和频率。广告可根据需要，交替运用固定频度和变化频度两种频度策略。

（1）固定频度

固定频度是均衡时间广告常用的频度策略，目的在于有计划地持续地取得广告效果。固定频度有两种序列类型，即均匀序列和延长序列。

均匀序列是指以固定的时间间隔和固定的广告强度稳定地做广告，广告频度按时限平均分配。例如，某企业要做 1 个月的电视广告，每 3 天推出 1 次，共推出 10 次，时间间隔不变，每次的广告时间均为 30 秒。这种广告频度过于平稳，没有侧重，一般适用于需要长期不断推出广告的企业，或者市场十分稳定、竞争不激烈的商品。

延长序列是指每一次的广告强度固定不变，但广告时间间隔越来越长，使广告频率呈现先高后低的特点，使广告慢慢地从人们视野中消失。它是根据人们的遗忘速度先快后慢的遗忘规律设计的，既能很好地发挥广告效果，又能减少广告成本。

（2）变化频度

变化频度是指在广告周期内，用每天广告次数不等的方法来发布广告。变化频度使广告声势能适应销售情况的变化，借助于广告次数与频率的变动，推动销售高峰的到来。它常用于集中时间、季节时间与节假日时间。变化频度有 3 种序列类型，即波浪序列型、递升序列型、递降序列型。

波浪序列型是广告频度从递增到递减，再由递减到递增的变化过程。例如，房地产广告在“金九银十”的销售旺季来临前就推出广告，频度逐渐加强，当销售期到来之际，广告推出达到高潮，之后广告频度由强到弱，直到下一个销售旺际来临。这种广告频度适用于季节性较强的产品的广告宣传，既能保证在关键时期发挥广告作用，又能在平时积累广告效果，是一种比较理想的推出方式。

递升序列型是广告频度由少到多，到高峰时戛然而止。例如，“六一”儿童节期间商场推出的促销广告，在儿童节前两个月便推出广告，但广告频率低，时间间隔长，内容简短，随着儿童节来临逐步增加频率，缩短间隔，增加广告信息量，最后达到高潮，造成紧锣密鼓的热闹场面，而儿童节一过，广告立即停止。这种广告频度适用于节日性广告或悬念式广告，既能有效地吸引消费者的注意与兴趣，又能创造热烈浓郁的促销气氛。

递降序列型是广告频度由多到少，由高峰跌到低谷，在最低潮时停止。例如，新片发布广告，在新片即将上市时推出大量广告，在短时间内形成强大的广告声势，上市后，随着时间推移，广告强度逐步减低，直到停止。这种广告频度适用于文娱广告、企业新开张及短期的优惠酬宾广告。

知识链接：媒体的评价指标

广告媒体策略决策时，要考虑具体的媒体量化分析指标，因此，有必要对常见的几种媒体评价指标做简要介绍。

1．开机率

开机率是指在一天中的某一特定时间内，拥有电视机的家庭中打开电视机收看节目的人（户）数占总人（户）数的比例。开机率的高低，因季节、一天中的时段、地理区域和目标市场的不同而不同，这些变化反映了消费者的生活习惯和工作状态。开机率是从整体的角度去了解家庭与个人或对象阶层的总收视情况，主要的意义在于对不同市场、不同时期收视状况的了解。

2．节目视听众占有率

节目视听众占有率是指在某一特定时间内，收视（听）某一节目者占开机总人(户)数的比例。它是说明某一节目在总收视或收视人数中有多少百分数。其计算公式为：

节目视听众占有率＝收视（听）节目者 / 开机总人（户）数×100%

3．视听率

视听率是指在某一特定时间内，收视（听）某一节目者占总人（户）数的比例。它是统计电视、广播节目拥有观众、听众人数多少的指标，也是广告商投资做广告的重要依据。其计算公式为：

视听率＝收视（听）节目者 / 电视机或收音机产拥有量×100%

开机率、节目视听众占有率、视听率这三个术语是密切相关的，它们之间的关系可以用如下公式表示：

视听率＝开机率×节目视听众占有率

4．毛评点

毛评点是指广告在各类媒体的视听率之和。毛评点只说明送达的总视（听)众，而不关心受众是否重叠或重复暴露于特定广告媒体之下。其计算公式为：

毛评点=$\sum$（广告在某媒体播出次数×播出时的视听率）

例如，某一广告，在某电视台的 3 个不同时段播出，第一时段的收视率为 15%，第二时段的收视率为 10%，第三时段的收视率为 8%，假设该广告在第一时段播出 20 次，在第二时段播出 15 次，在第三时候播出 10 次，那么，这则广告的毛评点是：

$$15\%\times20+10\%\times15+8\%\times10=530\%$$

毛评点可以测量出媒体计划的总效果。

5．视听众暴露度

视听众暴露度是指全部广告暴露度的总和。它与总视听率相同，只不过是以个人数目（或户数）来表示。其计算公式为：

视听众暴露度=人口群体的人数×送达给某特定人口群体的毛评点

视听众暴露度=广告排期表中每一插播的广告所送达的视听众（人数)累计加总

6．到达率

到达率是指在某一特定期间内，看到某一广告的人数占总人数的比例。其计算公式为：

到达率=广告信息所到达的个人数 / 总人数×100%

到达率是一个广度指标，可以表示出接触媒体广告一次以上的人数比例。

7．暴露频次

暴露频次是指在预定的时期内一个人（或家庭）看到广告信息的“平均”次数。其计算公式为：

暴露频次＝毛评点 / 到达率

实践证明，在一个月（或购买周期）内，广告有 3 次暴露才能产生传播效果，低于 3 次则无效。最佳暴露频次为 6 次，超过 8 次则可能引起人们的反感。

8．有效到达率

有效到达率是指在特定的暴露频次范围内，知道并了解广告信息的人数占总人数的比例。其计算公式为：

有效到达率=广告信息有效到达的个人数 / 总人数×100%

依据前面的介绍，在一个月内（或购买周期内），广告有 3 次暴露才能产生传播效果，那么，广告信息有效到达的个人数，则是指看过广告 3 次以上的人数。

9．千人成本

千人成本是指向每千人传递广告信息所需支出的费用。其计算公式为：

千人成本＝（广告媒体的费用总额 / 媒体受众总人数）×1000

千人成本是媒体向广告主提供的用以评价自己媒体效率的重要指标之一。

知识链接：报纸版面的基础知识

1．版色

版色是指报纸刊登广告的版面颜色，一般分彩色、套红、黑白。

2．版心

版心指一个版面除四周白边以外的可排文字或图片的地方，即版面的容量。一个版面容量的大小，由报纸的开张、分栏的情况、基本字体的大小等因素决定，各报纸不完全相同。

3．报线

报线是指版心的边线。目前多数报纸只有上端的边线，又叫天线或眉线，只有最后一版既有天线又有地线（下端的边线）。地线之下刊登报社的地址、邮编、电话号码、定价、广告许可证号、昨天报纸开印时间、印完时间等。还有的报纸连天线也没有。

4．报头

报头是指报纸第一版放报名的地方，通常放在版面上端。横排报纸的报头除报名外，还刊登报纸创刊日期、总期数、当日报纸版面数和出版日期，有的还注明是某一组织的机关报等。

5．报眼

报眼是指报头旁边的一小块版面，通常被安排在报头的两侧或右侧。报眼部分一般被用来刊登比较重要的文字、图片、简短而又相对独立的稿件，也有的刊登当日的内容提要、天气预报、日历与广告等。

6．报眉

报眉是指眉线上方所印的文字，包括报名、版次、出版日期、版面内容标识等。报眉的作用是便于读者检索。由于第一版放置报头，所以所有的报纸第一版都没有天线和报眉。

7．中缝

中缝是指报纸同一面上两个相对的版的中间部分。一些大报为了版面的庄重大方，中缝都保持空白。也有不少报纸，特别是四开报纸，为了更充分地利用版面，在中缝刊登广告和知识性资料。

8．通版

通版是指把报纸同一面上两个相对的版打通而形成的版。通版的面积包括两个版和这两个版之间的中缝。通版一般用于报道重大事件，其优势在于可以将要刊登的材料放在更大的版面空间来安排，比较集中、灵活，且能采用较大的标题、图片和装饰，比一般版面更具有气势。但通版一般是围绕一个中心来组织的，内容比较单一，占据版面又多，不宜常用。对开报纸的版面本已较大，很少采用通版，采用通版形式的多为四开报纸。

9．版次

版次是指报纸版面的次序，它是按内容的重要程度固定排列的。报纸排列版次有两种不同的方式。第一种方式是：每张报纸单独折叠，独立排列版次，若干张报纸的版次相连。按照这种方式，由四个版组成的报纸折叠起来，折缝在左，面上、也就是外页的一个版就是第1版，然后翻到内页，内页左边的版是第2版，右边的版是第3版，然后翻动第3版，又翻到外页，就是第4版，如《报刊文摘》。超过4个版的报纸，则第一张报纸是1、2、3、4版，第二张报纸的版次与第一张相连，就是5、6、7、8版，依次类推。第二种方式是：各张报纸重合折叠，像书本排页次一样排列版次。例如，河南《大河报》每份24个版，印成6张报纸，重合折叠，其版次是：第一张报纸左边的外页与内页为1、2版，第二张报纸左边的外页与内页为3、4版，第三张左边的外页与内页为5、6版，以此类推。

10．版别

版别是指报纸不同内容的分工。例如，时事要闻版，经济版，政治、法律、社会版，国际版，娱乐版，体育版，广告版，副刊版等。版别与版次一样是固定的。

11．版式

版式是指报纸各种内容的编排布局格式，它涉及文字与图片的排列与组合，标题的形式与大小，栏行的划分与变化，铅字的种类与排列，以及色彩和各种装饰手段的运用。常见的版式有流水规则式、综合交错式、对称式、花苑式、冠首式、图片式等。不同的报纸都有其相对稳定的版式风格。

知识链接：报纸广告的价格

报纸广告的价格一般以每栏 / 行，或每平方厘米计算，它是进行广告预算的重要依据。不同报纸由于其发行量不同，广告价格不同，即使是同一报纸，因发行时间、版别、版位、版面空间的安排不同，其收费标准也不同，如图 3-11 所示。一般节假日、加急、套红也要加收一定的费用。

2014年《长春晚报》广告刊例

规格(宽×高)		周六\周日\周一				周二\周三\周四\周五			
		1版	2—5版	6—8版	9-末版	1版	2—5版	6—8版	9-末版
29×49	整版		140000	120000	100000		150000	130000	110000
29×24	1/2	160000	70000	60000	50000	160000	75000	65000	55000
29×16	1/3	104500	46700	40000	33400	104500	50000	43400	36700
29×12 14.5×24	1/4	80000	35000	30000	25000	80000	38000	33000	27500
29×10		65300	28600	24500	21000	65300	30600	27000	22500
29×8 14.5×16	1/6	52300	23500	20000	16700	52300	25000	21700	18400
29×6 14.5×12	1/8	39200	17500	15000	12500	39200	19000	16300	13800
14.5×8 (29×4)	1/12	26200	11700	10000	8400	26200	13000	11000	9200
14.5×6	1/16	19600	8750	7500	6300	19600	9400	8200	6900
5×10 10×5	一栏	11300	5000	4300	3500	11300	5300	4600	3900
10×8		18000	7900	6800	5700	18000	8500	7300	6200
10×10	二栏	22600	9900	8500	7100	22600	11000	9200	7800
14.5×10	三栏	32700	14300	12300	10200	32700	15300	13300	11300
20×10	四栏	45100	19700	16900	14100	45100	21100	18300	15500

头版广告：1/2版160000元，1/4版80000元。

文字广告：200字以内，每篇1000元；200字至500字，内文每字6元；500字以上，内文每字8元； 正标题25元/字；副标题15元/字；图片50元/平方厘米。
报花广告：头版1200元/次；普通版700元/次；规格为4.5cm×2cm 方格广告：每格200元；规格为2cm×2cm
1、套红加收30%，彩色加收50%；2、加急广告加收30%，指定日期、版位加收15%；
3、客户临时撤版，须缴纳5%撤版费；4、不足1／2版的惟一指定广告按1／2版收费；5、客户广告内容如与国家相关法律、法规相违，本报有权修改。

●周六、周日、周一8个版；周二至周五16—24个版。
●本报广告的标准宽度一般为4.8厘米的倍数，刊登非标准宽度广告按异形广告加收费用。另：边栏广告宽度8厘米属标准范围内。单个版面广告起始高度为5厘米，可以整数厘米向上递增，不足一厘米按一厘米收费。
●上版位广告价格标准：起始规格29CM（宽）×4CM（高）加收100%；29CM（宽）×6CM（高）加收80%；29CM（宽）×8CM（高）加收70%；29CM（宽）×12CM（高）加收60%；29CM（宽）×16CM（高）加收50%；29CM（宽）×24CM（高）或以上（头版和整版广告除外）加收30%。
●报眼（报头右下方）10CM×10CM，20000元。
●刊登头版广告无折扣；仅限套红或彩版广告；内容、版面形象不佳广告不予刊登。房地产（抵房）无折扣。

资料来源：http://www.allchina.cn（媒体资源网）

图 3-11 2014《长春晚报》广告价格表

案例讨论：广告媒体选择的成与败

案例 1：

某市区政府的一个部门，想利用空余房子为下岗职工在一小区里开办一个购物超市。他们开业时想做一些宣传广告。由于偶然的机会，笔者结识了该超市的负责人，笔者给他们提出了建议：该小区在交通位置上比较偏，如果开办超市，购物面向的消费者基本上就是该小区居民，考虑到该公司资金比较紧张，所以开业广告最理想的就是做一些海报、招贴广告，贴到小区里面及小区附近。这种广告方式不但节约资金，而且针对主要消费群，还考虑到了各方面的因素，可以说能得到最好的广告效果。

然而，该超市负责人并没有采纳笔者的建议，开业时花了不少的广告费用到市电视台去做广告。这种广告媒体的选择不仅浪费了紧张的启动资金，而且广告效果也未必让人满意。试想，能看到该电视广告但离超市较远的消费者，一般很难来此超市购物，而该小区要到这家超市购物的居民又不一定有多少人能看到该电视广告。这样投入的广告费用选择的媒体就不是恰到好处。结果，不到三个月，该超市就因缺少顾客、管理不善而关门倒闭了。

案例 2：

对于方便面这种商品，有人主要选择电视这种媒体并且选择在“黄金时间”大做广告，这种选择是否恰当？

我们试分析一下方便面的消费群及他们的差异。 爱吃方便面的主要有哪些人？其消费群应该是：学生、单身者、出差在外者、年轻人、工作忙碌的人等，而这些人是否有更多条件、更多时间、更多机会在“黄金时间”收看电视呢？尽管电视已经普及，但条件却不允许。比如学生，学校、家长能让他们在这些时间看电视吗？而且根据这些人的生活特点，他们坐下来是否有耐心来看这些电视中的广告？他们会不会立即转换频道？而有条件、有时间、有耐心坐在电视机前欣赏电视节目的人，不喜欢转换频道、连电视广告也要看的人，是否爱吃方便面？如老年人和已婚者，他们平时大多数时候都是自己做饭吃，他们会吃方便面吗？那么方便面的广告主要选择电视这种媒介并且选择在“黄金时间”播放，是不是最佳的选择呢？

思考与讨论：

1. 结合案例 1，分析该超市媒体计划失误的根本原因是什么？

2. 结合案例 2，你认为选择电视的“黄金时间”播放方便面广告适宜吗？如果你为某方便面做广告，请说出你的媒体计划。

3. 结合上述两个案例，分析广告媒体策略决策时应考虑哪些因素？

任务演练：魅族 MX4 手机广告媒体策略决策

1．演练目的

通过本次演练，让学生明白媒体选择的重要性，并学会合理选择广告媒体发布广告，提高学生的媒体策划能力。

2. 演练要求

以前期的广告调查为基础，充分考虑产品特点、广告诉求对象的媒体接触习惯、各类媒体的特点，同时兼顾广告预算，合理选择和组合广告媒体并确定媒体发布计划，以期达到最佳的广告宣传效果。

3. 演练步骤

步骤 1：对影响媒体选择的各类因素进行分析。

步骤 2：合理进行媒体选择与组合。

步骤 3：确定广告媒体的发布时间和发布频率。

步骤 4：最终拟定魅族 MX4 手机广告媒体发布计划。

4. 演练成果

各广告策划团队提交魅族 MX4 手机广告媒体发布计划，并做 PPT 汇报。

经典广告点评

水井坊：比优秀更优秀一点

中国的白酒历史久远，注重传统工艺的积淀，尤其是浓香型白酒，其工艺和窖池尤为讲究。水井坊被誉为中国白酒第一坊，它不仅是中国现存的最古老酿酒作坊，而且也是中国浓香型白酒酿造工艺的源头，集中体现了川酒醇香隽永的特色，代表了中国白酒酿造的最高水平，其品牌有很高的地位。

在水井坊窖泥中，科研人员分离出水井坊独有的特殊菌群，正是这些特有菌群，赋予了水井坊的极品香型，其技术含量极高。同时，水井坊采用明清时老窖发酵，保证了水井坊酒的良好品质。但水井坊的成功并不仅仅是因为它的品质，还有它本身的宣传的一份功劳。水井坊在高度同质化的白酒行业中，差异化的广告宣传和标新立异的品牌塑造与传播，都源自于其高超的广告策略。

在做市场调查及对水井坊的历史文化进行全面分析的基础上，四川全兴酒业集团公司为了推广水井坊这一品牌，提出了全方位营销的思路。在文化方面，全兴酒业集团公司为配合水井坊的考古背景，其标志采用了现代方法来表现中国传统文化，外形为六角井台形，远看像一个荡漾在水面上的篆书“水”字，近看像两片银杏叶组成的正六边形，玻璃瓶底的形状与标志相呼应。水井坊标志设计源自考古发现中的井台造型，图案内涵丰富、阴阳对比、动静相生、变化无穷，酷似戏剧脸谱，使其古朴典雅的外包装、浑然天成的圆润酒瓶与醇厚淡雅的芳香酒品浑然一体，即刻便让人领略到中国的古典韵味。伴随着“品全兴，万事兴”这句广告语的深入人心，水井坊所传递的悠久中国文化和自身的幽香酒品越来越多地在人们心中留下了抹不去的印记。水井坊从产品本身到平面广告的内容、风格都无不散发着儒雅的气质和特性。

水井坊的平面广告和包装是它的一个创新，也让大多数人记住了这个瓶身特别、白酒飘香的品牌，而它的电视广告更是还了它一个奇迹。

电视广告中主要以故宫门前的石狮、银行门前的石狮及卢沟桥上的石狮为象征物，分别代表文化、成功和历史，而这一切的源泉都在于中华民族数千年历史文化积淀，水井坊前的石狮则是这一源泉的象征。在电视广告镜头的推移方面，也依次把中国各地的石狮影像展现出来：在充满阳刚之气的浑厚背景音乐中，故宫门前、银行门前和卢沟桥前的狮子依次出现，浮现“文化”、“成功”、“历史”等相应的字幕，然后镜头切换到水井坊考古现场，遗址在略黄的光线下显得庄严肃穆，井口正上方出现字幕“源泉”，暗示水井坊浓缩了数千年炎黄文化，显得历史悠久。当水井坊酒瓶在各种石狮像前移动时，所有的石狮都像被赋予生命一般或怒吼、或腾跃、或凝视，卢沟桥前的狮子更幻化为一群英气勃发向前奔腾的狮子大军，具有英雄气概。此时，红色背景上出现水井坊酒的包装形象，凸现的专用标志“中国白酒第一坊——水井坊”格外醒目，浑厚有力的男声读出旁白：水井坊，真正的酒！这一广告以现代形式表达传统内涵，形式独特高雅，刚劲有力，令人过目难忘。电视广告中出现的石狮子是古老的中华民族至高权力的象征，也是尊贵身份的象征。以它来作为广告的形象，彰显了水井坊的霸气，同时也显示了其高贵与典雅并重的特点，也真正为其在白酒行业占领领先地位写下了最辉煌的一笔。

“比优秀更优秀一点”是水井坊的企业理念，也是水井坊广告创意和表现的要求。水井坊，深厚的文化底蕴与现代表现相融合，承载了 600 年中华传统文化的精髓，彰显现代艺术美的典范，无论外在和内涵，每一点滴、每一细节，皆散发出浓郁的中国文化韵味，呈现高贵典雅的气质。

总而言之，水井坊的定位为其广告的造势做了极其重要的涂点，但针对近两年来，水井坊“高尚生活元素”受到一定程度置疑的问题，也不禁引发了人们的思考：纯“广告酒”是难以移居高档次酒行列的，不仅产品要与时俱进，广告也要时时更新。在刚开始坚持准确定位而赢得市场之后，品牌的保值一定要有待续的“好广告”来做保证。

资料来源：许广崇.攻心为上，88 个经典广告策划.长沙：湖南科学技术出版社，2013：20.

知识点小结

广告目标是广告活动所要实现的预期目的，它决定了广告活动的具体内容和行动方向，广告策划的各项工作均围绕广告目标展开。广告目标建立在对企业营销计划及营销目标的透彻分析的基础之上，广告策划源于企业的营销计划，广告目标根植于企业的营销目标。广告目标类型多样，从时间上看，有长远目标、中程目标和短期目标；从广告效果上看，有销售导向的广告目标和传播导向的广告目标；从营销策略上看，有创牌广告目标、竞争广告目标和保牌广告目标；除此之外，还有主要目标、次要目标，总目标和分目标。制定广告目标，应系统分析各种影响因素，如企业经营战略、产品供求现状、产品生命周期、目标受众等。

广告预算是指企业投入广告活动的费用计划，它规定了一定时期内，投入广告活动所需要的经费总额、使用范围及分配方法。广告预算的内容包括广告调查费用、广告设计制作费用、广告媒体费用、广告部门行政管理费用等，其中广告设计制作费用和广告媒体费用是最基本的费用。广告预算的方法多达数十种，其中，常见的方法有：根据营销情况而定的预算方法，如销售额百分比法、利润额百分比法、销售单位法、预期购买者数量法等；还有目标达成法；竞争对抗法，如市场占有率法、增减百分比法；根据企业实力而定的预算方法，如支出可能法、平均投入法及任意增减法等。制定广告预算时要充分考虑产品因素、销售因素、竞争因素、媒体因素和企业财力等多种因素，这样才能确保广告活动畅通无阻。广告预算的分配包括，按广告商品类别分配、按传播媒体分配、按广告区域分配、按广告对象分配、按广告时间分配、按广告项目分配等。

任何一个产品都不可能满足所有消费者的需要，因此，在为产品做广告时，首先要找出真正需要广告产品的消费者群，也就是产品的目标市场，然后为产品合理定位，这样才能使广告有的放矢，这就需要进行市场细分与广告定位。市场细分就是指根据消费者对产品的需求与购买行为的差异，把某一产品的整体市场划分为若干个消费者群的市场分类过程。市场细分的标准主要有地理标准、人口标准、心理标准和行为标准。常见的市场细分的方法有单一因素细分法、综合因素细分法和系列因素细分法 3 种。市场细分的目的是为了选择目标市场，一个理想的目标市场应具备 3 个条件：第一，有足够的市场需求和发展潜力；第二，企业必须有能力满足该细分市场的需求；第三，企业在该细分市场上具有竞争优势。选择好目标市场后，要针对目标市场为产品进行定位。定位，就是通过广告要为产品在消费者的心目中寻找一个恰当的位置。广告定位策略主要包括实体定位策略和观念定位策略两大类。其中，实体定位包括市场定位、功能定位、品质定位、价格定位；观念定位包括逆向定位、是非定位、流行观念定位等。广告定位的方法有：从产品分析入手，进行广告定位；从企业形象分析入手，进行广告定位；从消费者分析入手，进行广告定位。

广告表现，就是借助各种手段将广告的构思、创意转化为广告作品的过程，即广告作品的形成过程。广告的表现手段多种多样，既可以是语言文字，也可以是由点、线、面、色彩构成的图画，还可以是人的姿态、行动等体态语言，同时还包括音乐、音响等。广告表现策略主要有：理性广告表现策略，其表现手法具体可分为一面诉求和两面诉求、鼓励诉求和恐惧诉求、自我比较诉求和竞争比较诉求、直接诉求和间接诉求、先后法诉求和详细法诉求等；感性广告表现策略，其表现手法具体可分为生活片断型、歌曲型、解决难题型、演出型、幽默型、悬念型等；情理交融型广告表现策略。广告表现要遵循如下心理原则：第一，加大刺激强度，引人注意；第二，以人为本，共性沟通；第三，强化记忆，提高广告记忆效果；第四，依托文化，扩大广告影响力。

广告媒体是广告者用来进行广告活动的物质技术手段，也是沟通买卖双方的广告信息传播通道。广告媒体种类多样，各类媒体各自有自己的特性。选择广告媒体时，要充分考虑各种影响因素，如产品特性、媒体受众、营销系统的特点、竞争对手、广告预算、媒体的成本、媒体的寿命、媒体的灵活性及广告文本的特点等。广告媒体组合的方式多种多样，既可以在同类媒体中进行组合，也可以用不同类型的媒体进行组合。由于不同媒体具有不同的对象，即使是同一对象，其效果也不同，因此媒体组合中，一般应有主要媒体和其他几个辅助媒体。每种媒体组合方式均有其独特的长处，而最佳媒体组合是通过使各种媒体科学地相互协调，效果配合，试图以最少的投入获得最大的广告效果。在对广告媒体进行优化组合时，必须注意 3 个问题：第一个问题，是媒体组合如何能包括所有的目标市场消费者的问题；第二个问题，是媒体组合运用如何选取影响力集中点的问题；第三个问题，是选择运用媒体的技巧问题。广告媒体的发布主要包括广告发布时间的选择和广告发布频度的选择。其中，广告发布时间主要有集中时间、均衡时间、季节时间和节假日时间；广告发布频度主要有固定频度和变化频度。

能力培养与训练

1．名词解释

广告目标　广告预算　市场细分　广告定位　广告表现　广告媒体　广告媒体的优化组合

2．简答题

（1）举例说明广告目标的运用情况。

（2）简答广告目标制定的影响因素。

（3）广告预算是不是多多益善，为什么？

（4）简述广告预算的内容。

（5）简述广告预算的影响因素。

（6）简述市场细分的方法。

（7）简述广告定位的意义。

（8）请举例介绍广告定位策略的运用。

（9）请举例介绍广告表现策略的运用。

（10）简答各种主要媒体的特性。

（11）简述广告媒体选择的影响因素。

（12）选择广告媒体应遵循哪些原则？请举例说明。

（13）简述在媒体组合运用时，必须注意的几个问题。

3．技能题

（1）以动感地带的“我的地盘，听我的”为主题开一场座谈会，每位同学谈一谈其广告定位及广告的成败。

（2）运用市场营销理论对“王老吉”的广告运作进行分析，指出其成功与失败之处，并分析、阐述其原因。要求形成500字以上的书面材料。

4．思维训练

训练1

在《三国演义》守街亭的战斗中，马谡认为，应该在山头上立下营寨，以便“凭高视下，势如破竹”。道理是如果敌军截断水道，则我军就会背水一战，以一当十，“置之死地而后生”。最后导致失街亭。

问题：

你从这个故事中得到了什么启示？

训练2

有一次，美国艾士隆公司董事长布希耐为公司陷入疲软而束手无策。心烦意乱之时，他驾车到郊外散步，看到几个孩子在玩一只肮脏而且异常丑陋的昆虫，简直到了爱不释手的地步。布希耐意识到，某些丑陋的玩物在部分儿童心理上占有位置。于是，他的公司研制一套“丑陋玩具”，后获得经营成功。

问题：

你分析一下，他成功的关键是什么？

训练3

1988年，正当全国机械手表争相降价时，深圳的“天霸表”却反其道而行之，其价格从120多元涨到180多元。而它的内在质量并无显著提高，只是在外形上作些改变，改变一次涨一次价，反而在消费者心目中树立起“一分钱一分货”的高品质形象。

问题：

你从这个故事中得到了什么启示？

训练4

日本有一家纺织公司的董事长，名叫大原总一郎，他曾提出一项维尼纶工业化的计划。但是，这项计划在公司内部遭到普遍的反对。大原总一郎不屈不挠，坚持推行自己的原定计划，终于大获成功。他父亲经常对他说“一项新事业，在十个人当中，有一两个人赞成就可以开始了；有五个人赞成时，就已经迟了一步；如果七八个人赞成，那就太晚了。”

问题：

如果你是决策者，这对你有什么启示？

5. 案例分析题

恒源祥推出 12 生肖广告引争议

中新网 2009 年 1 月 31 日电，在北京奥运前，一家大陆赞助商恒源祥曾经推出 12 生肖的广告，由于内容台词重复无趣，被民众批评是“折磨人的广告”，广告被大家骂得体无完肤，但恒源祥也一夕间爆红。台湾“东森新闻”报道，显然该品牌不在意批评声，今年一开始又推出同样类型的 12 生肖广告，让民众看了真的快昏倒。

报道称，“我属牛，牛牛牛！我属虎，虎虎虎！我属兔，兔兔兔！……”这是恒源祥的新版广告，足足一分钟内就是牛牛牛、虎虎虎、兔兔兔，12 生肖每个念 3 次，听起来简直就是感官的疲劳轰炸，看到的民众实在痛苦、无奈、想撞墙，因为这勾起他们北京奥运前最不堪的回忆。

“恒源祥，北京奥运会赞助商，鼠鼠鼠！恒源祥，北京奥运会赞助商，牛牛牛！……”2008 年，恒源祥身为奥运赞助商，他们做了一则企业形象广告，但画面却是枯燥无味，疲劳轰炸的夸张，一样是每个生肖念 3 次，中间再加上恒源祥 3 个字。当时各媒体、网络、民众骂翻天，堪称中国最让人昏倒的广告。报道称，尽管如此，恒源祥却一夕之间家喻户晓，或许是因为这样的经验，恒源祥今年不怕骂，新版 12 生肖广告再来和民众拜个年。

问题：

（1）恒源祥为什么要这样宣传？请点评这则广告的优劣。

（2）通过该案例，请说出广告诉求的功能。

利朗商务男装，简约而不简单

多年来，利朗的企业文化里，到处充满着“简约而不简单”的概念。其中，利朗的广告就是这种追求的代表之一。

利朗今天的巨大成功与一位明星的功劳是密不可分的——陈道明，这位大器晚成的影帝式人物，35 岁那年接拍了《围城》而一夜成名，随后又在《康熙王朝》《黑洞》《中国式离婚》等影片中给观众留下了深刻的印象。也许正是由于陈道明的大器晚成，他的身上给人一种成熟淡定、内敛简约，一言一行都隐含着智慧的形象。利朗邀请陈道明作其代言人，正是看中了陈道明的个性和利朗所提倡的简约智慧成功人士的形象相符。

2003 年，在利朗的 30 秒广告中：一群商务人士像没有思想的木偶一样匆匆走过。在他们身上，我们可以看到职场的艰辛和无奈。而迎面走过来的陈道明一身商务休闲装，手里拿着报纸边走边看，一脸淡然自如的神情，仿佛对这个世界，他早已了然于胸。这种意境不得不让人钦佩。广告的旁白：“进，固然需要勇气；退，更需智慧用心，取舍之间，彰显智慧。”整个画面极具锐利感和男人情怀。最后陈道明的那句深沉的“西装也休闲，简约而不简单”更是强劲地敲打着那些成功人士的心扉。

陈道明的这则广告不仅为利朗带来了巨大的销售利润和品牌知名度，并且再次验证了陈道明那独有的男士魅力。双方有了这次合作的愉快经历后，2004 年，陈道明又出现在了利朗休闲裤的广告中：夜里的月光，照耀着碧波滔滔的大海，一群同样身着正装的商务人士在焦急地忙碌着。此时身穿白色休闲裤的陈道明在洒满月光的海滩上若有所思的漫步，口中说道："忙碌不盲目，放松不放纵，张弛有度，"声声响彻心扉。

继陈道明经典广告之后，利朗又选择华裔型男吴彦祖作为品牌代言人，这一强有力的视觉感官效应与势不可挡的明星效应，足以让众多潮男为之倾倒。

另外，利朗在广告投入的选择上也独具慧眼。在众多的电视频道中，利朗看重了央视的体育频道。因为央视体育频道是唯一的国家级专业体育频道，拥有广泛而稳定的观众群，堪称中国最权威、最专业的体育传播媒介。2006 年世界杯期间，广大收看世界杯的消费者每天多时段地看到利朗广告的影子。2008 年奥运会期间，利朗更是斥巨资在体育频道进行广告轰炸，并取得了巨大的收益。

问题：

（1）试分析利朗商务男装的主要目标受众。

（2）结合案例谈一谈，利朗商务男装成功的原因。

（3）结合案例谈一谈，名人广告的利与弊，以及如何提高名人广告效应？

（4）谈一谈你对名人广告现状的看法。

项目四

广告创意

能力目标

■ 通过思维训练，提高发散思维和聚合思维的能力

■ 学会运用头脑风暴，开展广告创意活动

■ 提高广告创意能力

知识目标

■ 了解广告创意的内涵及广告创意原则

■ 了解发散思维、聚合思维、群体思维

■ 掌握广告创意技法

情境分析

作为中国智能手机创新与设计的领先者，魅族于 2014 年 9 月 2 日 14 时 30 分在北京召开了新品发布会，正式发布最新一代智能手机 MX4。早在 2 个月前魅族科技已与创行广告公司合作，由创行广告公司为新品上市做全面广告策划。该公司策划部旗下的各广告策划团队，在前期广告调查与广告战略策略决策的基础上，围绕已确定的广告主题，集思广益，进行广告创意，并提交广告创意提案。

任务分解

任务 1：认识广告创意

任务 2：创意思维训练

任务 3：头脑风暴

案例导入

广州宝洁“肌肉篇”

潘婷深层健发素，使头发拧成了黑色健壮的臂膀和拳头，柔中有刚，顺畅中蕴含着超人的力量。此广告以形示意，出人意料，细细品味，魅力无穷。

美国著名的广告大师威廉·伯恩巴克曾生动地说过：“一位化学家不必花费太多，就可以用化学物质堆砌成人体，但它不是真正的人，它还没被赋予生命；同样，一个广告如果没有创意，就不称其为广告，只有创意，才赋予广告以精神和生命力。”由此可见，广告创意

的重要性。创意是现代广告创作的核心，是广告活动成败的关键。正如资深营销策划人叶茂中所说，“对于每一位广告人来说，创意是生活，更是生命。将创意融入营销策划的每一个环节，创意地调研、创意地定位、创意地制订策略、创意地表现与执行、创意地管理、创意地沟通，甚至，创意地活着，必须这样。”

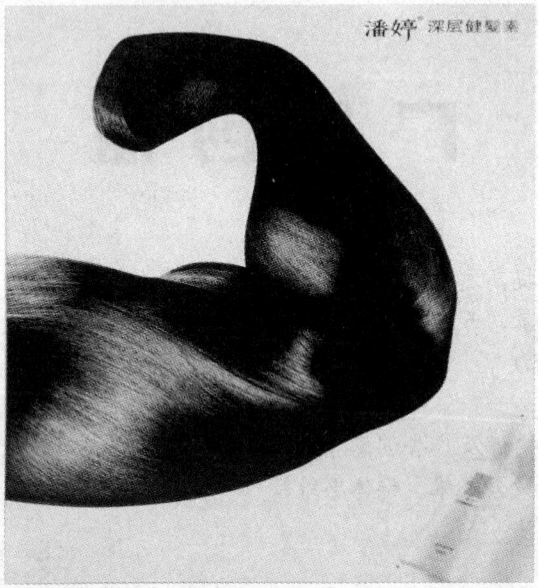

资料来源：http: //www.a.com.cn（中华广告网）

任务 4.1 认识广告创意

知识储备

4.1.1 广告创意的内涵

在广告行业，“创意”是使用频率最高的一词。那么，到底什么是创意？创意既是名词，又是动词。作为名词，创意是指创造性的想法、构思，即我们说的“好点子、好主意”；作为动词，创意是指提出创造性的想法或构思，即创造性的思维活动。新颖、独特是创意的两大特点。新颖，即标新立异、前所未有；独特，即别具一格、与众不同。

广告创意与创意的区别在于运用范畴的区别。广告创意是带着“镣铐”跳舞，不是真正的天马行空，因为广告创意是广告活动的一个环节，而广告活动是具有商业目的性、计划性和程序性的，广告创意必然受到这些条件的约束，创意人员只能在有限制的自由空间内发挥自己无限的创作潜能。有关这一点下一节再详细介绍。

关于广告创意，在学术上有广义和狭义之说。广义的广告创意是指对广告战略、策略和广告运作每一个环节的创造性构想，它是一个系统创意。从广义上理解广告创意，其涵义相当宽泛，大到广告战略目标、广告主题、广告表现、广告媒介，小到广告语言、广告图画、广告色彩，都可用有无创意或创意优劣来评价。狭义的广告创意则与广告表现联系在一起，是指表现广告主题的，能有效与受众沟通的艺术构想。本书研究的是狭义的广告创意，从狭义上理解广告创意，要把握以下几点核心内容。

（1）广告创意必须以广告主题为核心

广告创意必须以广告主题为核心，全力表现广告主题。广告策划要先明确广告主题，而广告主题仅仅是一种思想或概念，如何把这种思想或概念表现出来，怎样表现得更准确、更富有感染力，这乃是广告创意的宗旨。有了好的广告主题，但没有好的创意，广告就很难吸引消费者。

（2）广告创意必须是能与受众有效沟通的艺术构思

艺术构思强调创造性和艺术美，广告创意就是要创造出能与受众有效沟通的形象和意境，要感染受众，引发共鸣。

（3）广告创意是广告制作的前提

广告创意是一种创造性的思维活动，是对如何把广告主题形象化、艺术化地表现出来的思考，而广告制作则是根据广告创意，形成具体的广告作品的过程。没有广告创意，就谈不上广告制作，广告创意需要通过广告制作具体表现。

"美加净"多效修护润手霜曾围绕"抗静电"这一主题，推出系列 Flash 广告。

《沉鱼落雁篇》：女友嗲嗲地问男友自己美不美，饱受女友"电"击的男友趁机拿此开涮："美，美得沉鱼——把鱼电晕；美得落雁——把天上的大雁电落。""好啊你，你再说，再说就把你电得羞花闭月——直接电晕。"画面上打出字幕：消除手部静电！"美加净"尽显"护手七诀"神威！

《悬崖来电篇》：掉入悬崖的美眉，正巧遇到帅哥前来搭救，这种电影老段屡见不鲜，看客一定以为接着就是英雄抱得美人归啦。没想到美眉一伸手，就发出强大静电，吓得帅哥一松手，美眉再次掉入悬崖下。无奈只好大喊："要来电不要静电！"画面上打出字幕：消除手部静电！"美加净"尽显"护手七诀"神威！

广告创意新颖、幽默、与众不同，把"抗静电"这一主题表现得淋漓尽致。

4.1.2 广告创意的原则

前面讲到，广告创意是"带着镣铐跳舞"，它不能像纯艺术那样天马行空、无拘无束，广告创意必须遵循一定的原则。

1．目标性原则

广告创意必须要与广告目标相吻合，任何艺术范围的营造，都是为了刺激广告受众心理，促成广告目标乃至营销目标的实现。广告大师伯恩巴克曾说过："广告中的任何人，如果说他的目的不是销售所广告的商品，他就是一个骗子。"可见，广告的最终目标是促进销售，广告创意要帮助广告主实现这一目标。

前面提到的"美加净"多效修护润手霜的"抗静电"系列广告，在上海播出后，两个月的时间，其销量较其他手霜单品明显提升，是上一年同期销量的 124%，创下全国销量增长 3 倍的好成绩，并推动了其他单品的销售也随之大增，实现手霜全系列产品销量增长 21.8%。从这一点上看，其广告创意是成功的。

2．独特性原则

所谓独特性原则，是指广告创意不能因循守旧、墨守成规，而要勇于标新立异、独辟蹊径。广告创意必须是前所未有的新观念、新设想，是一种"言前人所未言，发前人所未发"的创举。因为只有独特、创新，才能产生最大强度的心理突破效果，在受众心理留下深刻的印象。

例如，常见的宣传计划生育的海报，大多是把妇女作为宣传对象，把计划生育的主要责任放在妇女一方，如画面表现的是：多子女的母亲，背上驮一个，怀里抱一个，手里拉一个，后面跟一个，神情疲惫、行动艰难，而她凸起的肚子，又告诉人们"我又有了"。20 世纪 70 年代，英国家庭计划指导会为推广节育而设计的计划生育海报却一反传统的观念，宣传对象不是女性，而是男士。这位男士，左手撑着腰，右手摸着大肚子，十足像个怀孕的妇女，广告词是"假如怀孕者是你，你是否会更谨慎？"这张海报一刊出，即引起强烈反响。这个公益广告首先是不落俗套，由男士扮演主要宣传角色，要男士重视计划生育的责任；其次是突破传统，向千百年来根深蒂固的大男子主义和重男轻女观念提出挑战。尽管英国的一些绅士们认为，这是在开玩笑，但就是这则玩笑，震撼了那些绅士，产生了效果。

3．科学性原则

科学性原则，强调广告创意要以科学调查为基础，要了解相关的产品、市场知识，掌握一定的自然、人文科学，这些是广告创意的源泉。任何一个广告创意，都要有产品力的有力支撑。正如前面提到的"美加净"多效护手霜系列广告，如果没有产品力的支撑，也就是说，如果产品没有"抗静电"的功效，无法解决"带静电"的问题，那么，它的宣传只会形成负面口碑，拖累品牌，而产品具有的"抗静电"功效，正是其创意的科学保证。

4．艺术性原则

艺术性原则，强调广告创意要具有感染消费者的魅力，要触动人心。广告是人与人、企业与人之间的沟通，而艺术正是人性、人心、人情的巧妙显现，可见具有艺术性的广告创意，才能产生独特的魅力，有效地与消费者沟通。

例如，1996 年在法国举办的第 43 届国际广告节上获奖的索尼电视广告，画面简洁、新奇、幽默，冲击力极强。画面一：第一只蚂蚁“咚”的一声不见了；画面二：第二只蚂蚁又“咚”的一声不见了；画面三：第三只蚂蚁背着绿叶往音箱上爬，到了喇叭那儿，又“咚”的一声，被震得乘叶子飞起来。最后，打出字幕：“索尼音响”。

广告创意的科学性与艺术性不能截然分开，这两个原则应该相互影响、相互渗透，共同发挥作用。

5. 合规原则

合规原则，强调广告创意必须符合广告法律、法规，必须迎合当地的社会伦理道德和风俗习惯，要保证广告文化的正面影响。

2007 年 1 月 3 日晚，《环球时报》驻俄罗斯特约记者惊讶地发现，俄多家电视台正在播放一则有辱中国国歌的广告。这则广告一开始是一群黄皮肤的亚洲人伴随着《义勇军进行曲》的旋律匆匆赶往机场，为首的是一位领导模样的人。到达机场后，这位领导站在飞机舷梯边迎候外宾，众随从在他身后一字排开。这时领导身旁的一个年轻人从口袋找出两粒口香糖，塞进嘴里，惬意地用俄语说了句“多么清新味道”，随后便自我陶醉地大嚼起来。这时，一名白皮肤的外国女领导人从舷梯走下，她在众人惊诧的目光中直接奔向这名吃口香糖的随从，并献上一个香吻。这一幕让在场所有人惊愕万分。突然，不知是谁放了一个响屁，一直在播放的《义勇军进行曲》旋律戛然而止，所有人都尴尬地静默在那里，茫然地四下环顾。这时，电视屏幕上赫然出现“Orbit”（“Orbit”是美国箭牌糖果有限公司的产品）口香糖及其商标。经过中国驻俄使馆与俄方交涉，俄有关电视台很快全部停播涉华广告。1 月 9 日，美国箭牌口香糖有限公司莫斯科公司负责人专程赴中国驻俄使馆就广告事件进行正式道歉，并递交了道歉信。

4.1.3 广告创意的过程

没有创意，广告便失去了存在的价值。然而，如此重要的创意却没有自己的公式，人们永远不可能用流水线的方式将创意产业化。创意人人都有，却人人不同，但可以通过对创意过程和创意途径的了解，去把握创意的真谛。

关于创意的产生过程，有种种说法。美国当代著名创造学奠基人奥斯本提出，创意的三个阶段是：寻找问题、寻找构思、寻找解答。前苏联创造心理学家 A. H. 鲁克提出，创意的五个阶段是：明确地了解和提出问题、搜集相关信息、酝酿、顿悟、检验。罗杰·冯·奥克提出四步创意模式，按照他的创意模式，创意人在不同阶段仿佛在扮演不同的角色：探险家——寻找新信息、艺术家——寻找独特构思、法官——评估哪种构思最实用、战士——把设想变成现实。上述创意模式各有其特点，但大致相同，归纳起来，广告创意的产生经历了以下五个阶段。

1. 搜集资料阶段

广告创意并不是闭门造车，它是建立在周密的市场调查基础上的，是将广告素材、创作资料及广告创作人员的社会知识重新组合后产生的。这里所说的资料，主要包括两大类：一是特定资料，即与广告产品、广告目标对象有关的所有资料；二是一般资料，一般资料则涉及面非常广泛，包括社会、生活、工作等各个方面，甚至包括一些微不足道的小事。搜集这些资料依赖于平时细致入微的观察，依赖于一点一滴的积累。

著名广告大师李奥·贝纳在谈到他的天才创意时说，创意秘诀就在他的文件夹和资料剪贴簿内。他说："我有一个大夹子，无论何时何地，只要我听到一个使我感动的只言片语，特别是适合表现一个构思，或者能使此构思神龙活现、增色添香的，我就把它收进文件夹内。""我另有一个档案簿，里面都是值得保留的广告，我拥有它已经 25 年了，大约每年有两次，我会很快地将档案翻一遍，并不是有意要在上面抄任何东西，而是想激发出某种能够适用到我们现在做的工作中的东西上。"广告大师这种不断的信息搜集和积累，如同为自己建造了一座创意"水库"，使创意源源不断地喷涌而出。

詹姆斯·韦伯·杨说过："创意是对许多旧要素做新的组合。"这里的旧要素就是指积累的各种资料。旧要素积累越多，创意时选择面就越宽，也就越能找出最完美地体现主题的构思。

2．分析资料阶段

如果说搜集信息是创意的基础，那么分析信息就是创意的关键。要整理、分析调查资料，从中提取广告产品吸引消费者的重要卖点，引出产品概念、定位、广告诉求点等。具体做法如下：

首先，将广告产品与同类产品进行比较，列出它们的共同属性；

其次，与竞争产品相比较，列出广告产品的优势与劣势，尤其要找出广告产品的竞争优势；

再次，列出广告产品的竞争优势会给消费者带来哪些利益；

最后，在这些利益中找出消费者最关心、最迫切的要求，抓住了这点，往往就抓住了创意的突破口。

3．酝酿阶段

酝酿阶段是将广告创意概念"孵化"的过程，也就是说，要寻找关键的文字或视觉形象来表现要传播的内容。这一过程往往艰苦而又漫长。广告创作人员可以运用各种创意技巧，如联想、组合、类比、逆反、幽默等（有关创意技巧，在下一节详细介绍），不断进行创造性思维，寻找好的"构思"。

优秀的广告创意不是简单就能完成的，常常是即使费了很多努力也未必能产生好的"主意"。当大脑处在超负荷状态时，应暂时把问题抛开，去干一些轻松、愉快的事情，让思维进入静的"无所为"状态。此时，表面上看好像已经中断了对问题的思考，但实际上思考仍在潜意识中继续酝酿，一旦有信息偶尔进入，就会使人猛然顿悟，产生新的组合、新的意义、新的过程。

4．顿悟阶段

这一阶段是灵感来临阶段，往往与前一阶段难以完全分开。经过潜伏期的酝酿，创造性的新观念会随着头脑中事物各部分和关系的突然接通，出现豁然开朗的感觉，真可谓"山穷水尽疑无路，柳暗花明又一村”。灵感的出现，在时间上没有规律，但是在出现的场合和范围上，却表现了共同的规律。其一，不论灵感多么飘忽不定，它总是出现在人们学有专长的领域中；其二，灵感总是出现在勤于思考、刻苦学习的人之中；其三，灵感总是出现在人们对某个问题的专注之中。

5. 发展并验证创意阶段

灵感刚刚出现时，常常是模糊不清、支离破碎的，需要进一步的加工完善，并运用语言、文字、图像等形式表达出来。同时还要论证，包括逻辑上的论证和实践价值的论证，以免使创意沦为纸上谈兵。

知识链接：广告创意 = 创异 + 创益

北京广播学院的丁俊杰教授指出“广告创意 = 创异 + 创益”。创异，就是要使广告与众不同。广告只有与众不同，才能在信息泛滥的世界里引起消费者的注意。这一点在网络上表现得尤为突出，网络广告如果不吸引人，上网的潜在消费者就有可能视而不见，甚至绕道而行。创益，就是要使广告产生效益。广告创意的初衷和目的是什么？就是要创造消费者的购买意向。如果广告创意不能增加消费者的购买意向、购买偏好，那就不是好创意。那些获奖却不为广告主所采用的作品，只能是创意人员智慧的自我浪费。

优秀广告创意赏析：“珍惜时间”公益广告

作品分析：这是世界级获奖作品，设计师 Takaaki Tanaka（日本）。这个时钟只有在你接近它并将一根小棍放置在表盘中央才能够显示出时间。木棍的影子会投射在表盘上，形成表的时针和分针，从而使你清楚现在的时刻。只需放置木棍即可，然而，木棍不能固定在表上，想要再次查看时间，就要重复上面的动作。作品提醒人们时间的最初无形性，使人们有意图地去探知时间。通过这种过程，你将逐渐获得一种特别的“时间的感知”。

优秀广告创意赏析：一组轻松、风趣的幽默广告

资料来源：http: //www.a.com.cn(中华广告网)

作品分析：当你看到这一组广告时，不仅忍俊不禁，也被设计师的巧妙创意所镇服，原来广告还可以这样表现！

任务演练：主题座谈会——“广告创意，广告作品的灵魂”

1．演练目的

通过优秀广告作品欣赏与点评，帮助学生寻找灵感，体验广告创意的魅力。

2．演练要求

发挥学生的能动性，让学生通过各种渠道收集优秀广告创意作品，并在座谈会中点评，学生之间也可以互评。座谈会鼓励学生各抒己见，百花齐放。

3．演练步骤

步骤 1：以广告策划团队为单位，每个团队收集优秀广告创意作品 3～5 部。

步骤 2：学生演示并点评。

步骤 3：召开广告创意座谈会，畅谈感受。

4．演练成果

每位学生提交一份对广告创意认识的书面材料。

任务 4.2 创意思维训练

知识储备

广告创意是创造性的思维活动，创意人员的思维方式和思维习惯直接影响创意的结果。人类在社会实践中积累了许多行之有效的思维方法，有效地掌握和运用这些思维方法，对广告实践无疑会产生巨大的影响。

4.2.1 发散思维

最早，英国心理学家爱德华·戴勃诺博士在管理心理学的研究中提出“水平思考”的概念，他的本意是“管理上的水平思考法”。后来在广告实践中，一些学者和广告创作人员发现，水平思考法能极大地激发和促进广告创意的诞生，于是便将其移植到广告创作中。美国心理学家 J. P. 吉尔福特率先提出发散思维这种思维方式，使其成为广告创意中屡试不爽的有效方法。

发散思维又称辐射思维、扩散思维或求异思维，是指人们沿着不同的角度思考问题，思维不受任何框框的限制，充分发挥探索性和想像力，多方面寻找可能答案的一种思维方式。这种思维方式的最根本特点是多方向、多思路，而不是限于一种思路、一个角度、一条路走到黑。

例如，请你说说红砖的用途？多数人会指出红砖可以盖房子（包括盖大楼、宾馆、教室、仓库、猪圈……）、铺路面、修烟囱、砌墙等，但这仅仅是从建筑材料角度来谈的。而有的人却可以从砖头的形状、颜色、硬度、化学性质等多个角度列举出多达上百种的用途，比如从形状来谈，它可以做成多米诺骨牌、尺子、垫脚石……从硬度来谈，它可以做成凳子、锤子、支书架……从颜色来谈，它可以当笔、画画、可以磨碎掺进水泥做颜料、可以刻成红心献给心爱的人……发散思维的结果，可以使红砖的用途被无限开发。

思维训练

（1）请运用发散思维谈一谈帽子的用途？

（2）请运用发散思维谈一谈铅笔的用途？

发散思维的具体表现形式有立体思维、侧向思维、逆向思维等。

1．立体思维

立体思维也叫多向思维，它是发散思维的最重要形式，是一种全方位、立体化的思维方法。它要求从尽可能多的方位去思考问题，而不是局限于一个模式、一个方位。

思维训练

你能用6根火柴，拼成4个正三角形吗？

如果仅在二维空间里，寻找答案，恐怕谁都无法做到，试着从三维空间去寻找，问题可能就会迎刃而解。

2．侧向思维

侧向思维是利用与问题有间接关系的其他要素，寻求解决方案的一种思维方式。孙膑的“围魏救赵”就是这种思维的典型事例。在“救赵”的策划中，孙膑并不像田忌所想的那样，直接去邯郸厮杀，而是用与邯郸被围无直接联系的魏都作为攻击目标，达到了解围的目的。

侧向思维摆脱了传统的思维逻辑。传统的思维是在本领域内寻找解决问题的答案，如正向思维，而侧向思维则要求把本领域与其他领域进行交叉，并从别的领域获得思维上的启发，用来解决本领域内的问题。

思维训练

俗话说“隔行如隔山”，但是，善于策划的人却总能从“他山之石”找到灵感。试将不同学科的理论成果做交叉应用，比如，用数学原理分析法学问题，用经济学理论去解决环境污染问题，用心理学原理去分析经济现象……看看会不会从中得到启发，有助于策划创意。

3．逆向思维

逆向思维是从相反方向来思考问题的思维方式，即打破传统的思维方向，反其道而“其”之。例如，按常规消除灰尘是用吹或擦的方法，反过来思考，人们制造出吸尘器；声音转变为电传信号，反过来电传信号还原声音，贝尔发明了电话；刀削铅笔，动刀不动笔，唱唱反调，动笔不动刀，就有了卷笔刀，这些发明创造都是逆向思维的结果。

女性用品一向选用女性模特做广告，这类广告司空见惯、不足为奇。如果用男模特做女性用品广告，则会令人感到新奇刺激了。美国的美特牌丝袜广告曾用著名的男棒球运动员乔·纳米斯做女丝袜广告。画面上先是一双形象优美穿着长统丝袜的腿，镜头上移，却是穿绿灰色短裤、棒球队员汗衫的大男人——乔·纳米斯。乔笑眯眯地对着大吃一惊的观众说："我当然不穿长统女丝袜了，但如果美特女丝袜能使我的腿变得如此美妙，我想它一定能使你的腿也变得更加漂亮。"这则广告用性别反差和名人错位，引发刺激，把美特牌丝袜的魅力夸大到无以复加的程度，令人印象深刻。

思维训练

从前有个农夫，死后留下了一些牛，他在遗书中写道：妻子得全部牛的半数加半头；长子得剩下的牛的半数加半头，正好是妻子所得的一半；次子得剩下的牛的半数加半头，正好是长子的一半；长女分给最后剩下的半数加半头，正好等于次子所得牛的一半。结果一头牛也没杀，也没剩下，问农夫总共留下多少头牛？

思考和解答这道题，如果先假设一些情况（例如假设共有 20 头或 30 头牛），然后再对它们逐一验证和排除，自然是可以的。但这样不免有些烦琐，要费很多的时间和精力，是一个较笨的方法。解这道题最好是倒过来想，倒过来算，大家试一试？

发散思维是创造性思维的主导成分，在开发创意阶段，起着很重要的作用。它有利于增加思维的广阔性、开放性，但是这种思维方法也有自身的缺陷，如容易偏离目标，不能对问题进行深入地研究和挖掘等。

4.2.2 聚合思维

聚合思维又称辐合思维、收敛思维或求同思维，是指从多种思维角度聚焦某一个问题点，进行一种有方向、有条件、有逻辑关系的思考，以求得唯一正确答案的收敛式思维方式。例如，根据所学定理、法则、公式，找到一种正确的解题方法或答案，就属于典型的聚合思维。

聚合思维产生于"垂直思考"法，即传统的逻辑思考，它具有连续性和方向性的特点。连续性是指思考从某一个状态，直接进入相关的下一个状态，如此循序渐进，直到最终解决问题为止，中间不允许中断；方向性是指思考问题的思路或预先确定的框架，不允许随意改变。有人做了一个非常形象的比喻，垂直思考法犹如建塔一样，只能一块石头垒加在另一块石头上，不断向上垒，绝不允许向左或向右垒，也不能从中抽掉石头。正因为这种思考方法注重事物间的逻辑联系，习惯于在一定思路的引导下，在一个固定的范围内向上或向下运动，故人们称之为"垂直思考"法。吉尔福特认为，聚合思维是智力结构的因素，在人的各种智力过程中起着广泛的作用。

聚合思维与发散思维不同，发散加工是扩散式的搜寻模式，而收敛加工则是遵循某种规则，从已知事实中寻求一种正确的结论，属于一种聚焦式搜寻模式。这种思考的结果，往往对不合适的解决问题方案进行筛选，择优汰劣，能够获得真正有助于问题解决的方法，增加了问题解决的概率。

聚合思维的具体表现形式有目标识别法、层层剥笋法、聚焦法和辏合显同法。

1. 目标识别法

目标识别法要求在思考问题时，要善于观察发现，从中找出关键的现象，并对其加以关注和定向思维。

思维训练

从以下图形中你看到了什么？

2. 层层剥笋法

人们在思考问题时，最初认识的仅仅是问题的表层，也是很肤浅的东西，然后再层层分析，向问题的核心一步一步地逼近，抛弃那些非本质的、繁杂的特征，揭示出隐蔽在事物表面现象内的深层本质。《福尔摩斯探案集》中，福尔摩斯的严密推理正是层层剥笋法的典型运用。

思维训练

一天，三位好朋友小白、小蓝、小黄在路上相遇了。他们中间背黄书包的一个人说："真巧，我们三个人的书包一个是黄色的，一个是白色的，一个是蓝色的，但却没有谁的书包和自己的姓所表示的颜色相同。"小蓝想了一想也赞同地说："是呀!真是这样!"请问，这三个小朋友的书包各是什么颜色的？

3．聚焦法

聚焦就是在思考问题时，有意识、有目的地将思维过程停顿下来，并将前后思维领域浓缩和聚拢起来，找出事物的规律，以便更有效地审视和判断某一事件、某一问题、某一片段信息。

思维训练

用“△”、“○”、“□”3个符号各30个，打乱顺序排列成10个1行共9行。然后看着符号读字，凡看到△则读“圆”，见到○则读“方”，见到□则读“角”。

4．辏合显同法

辏合显同法是指把所有感知到的对象，依据一定的标准“聚合”起来，显示它们的共性和本质。

聚合思维是创造性思维的基本成分之一，在形成和选择创意阶段占主导地位。它有利于思维的深刻性、集中性和系统性，但容易固步自封。

发散思维和聚合思维在创造性思维中相辅相成、互为补充。只有发散，没有聚合，必然导致混乱；只有聚合，没有发散，必然导致呆板僵化。在创意过程中，首先要通过发散思维提出多种设想，然后再运用聚合思维从中找出最佳的解决问题的方案。创造性的产物，往往是两者共同发挥作用的结果，创意就是在这种发散—聚合—再发散—再聚合的循环往复、层层深入中脱颖而出。

4.2.3 联想

联想是由当前感知的事物想到另一个事物的心理过程。具体地说，就是借助想像，把相似的、相连的、相对的、相关的事物，选取其沟通点加以联结，就是联想。例如，在中国人的习惯中，松鹤是表示延年益寿的，如果广告上出现松鹤图，消费者自然会联想到商品的对象是老年人；鸳鸯戏水会使中国人联想到夫妻和美；看到蓝色的绸缎会联想到蔚蓝色的大海等。

事物与事物之间存在不同程度的共性，以及人们对事物之间存在着某种认识上的关联性，这些构成了联想的客观基础。一般来说，联想的具体方式有接近联想、对比联想、类似联想和因果联想。

1．接近联想

在时间或者空间上接近的事物容易引发联想。例如，看到天安门，就会想起人民英雄纪念碑（空间接近联想）；看到新闻联播，就会想起天气预报（时间接近联想）。

2．对比联想

在性质或特点上相反的事物容易引发联想。例如，由“黑暗”想到“光明”，由雨天想到晴天。

3. 类似联想

在外形和内涵上相似的事物容易引发联想。例如，由杨花想到飞雪，由铅笔想到钢笔，由“北京”想到“东京”（它们都是首都），由“诺基亚”想到“摩托罗拉”、“爱立信”（它们都是手机的重要品牌）。

4. 因果联想

在逻辑上有着因果关系的事物容易引发联想。例如，由冰会想到冷，由下雨想到路滑，由路滑想到交通事故。

联想是广告创意中的粘合剂，它把两个看起来毫不相干的事物联系在一起，从而产生新的构想。

思维训练

给定两个词或两个物，请通过联想在最短时间内由一个词或物想到另一个词或物。例如，天空—泥鳅，期间的联想途径可以是：天空（对比联想）—地面（接近联想）—河（接近联想）—泥鳅。试一试以下联想：钢笔—月亮，木头—皮球，天空—茶。

4.2.4 组合

组合，即亚瑟·科斯勒提出的“二旧换一新”，它的含义是：新构想常出自两个旧要素的重新组合，这种组合是以前从未考虑过、从未想到的。即，两个原来相当普遍的概念或两种想法、两种情况，甚至两种事物，把它们放在一起，结果会神奇般获得某种突破性的新组合。有时，即使是完全对立、互相抵触的两个事件，也可以经由“创意的行动”和谐地融为一体，成为引人注目的新构思。

例如，劳温堡是第一种在美国市场上上市的德国啤酒，其价格昂贵、品质优良。上市的广告宣传创意若按一般的创意方法，其广告无外乎：“劳温堡……超级品质”或“当你想要惟一佳品的时候……劳温堡”或“卓越的标记”等等之类。但是，事实上创意者按科斯勒的“二旧换一新”创意，提出的广告构想是：“当他们用光劳温堡时，就订香槟酒”（在美国消费者心目中香槟酒是高品质的，而啤酒是大众消费品）。

显然，这一构想具有如下特点：①他虽没有说劳温堡是一种最高品质的啤酒，但却表达出“劳温堡是一种最高品质的啤酒”的概念；②这一构想采用了与正常思考反其道而行之的方法，即不直接说啤酒是可以代替香槟的，而做相反的提示。这一构想将两个不相关的要素，甚至互相抵触（香槟酒是高档的、啤酒是低档的）的要素经过组合，产生了令人注目的构想，这就是“二旧换一新”的作用。

再如，澳大利亚一家航空公司为吸引游客乘坐该公司的飞机，打出了“下雨，免费旅游”的广告。就一般生活常识而言，下雨与旅游应是一对几乎不可调和的矛盾。旅游者大多热衷于选择晴天出发，而天气的变化，特别是遇上刮风下雨等恶劣天气，往往会让人改变主意。此创意将两个相抵触的事物组合在一起，形成“下雨旅游”的新构思。这个表面看来违反常规，不合常理的荒唐组合，却产生了极佳的广告效果。虽然广告内容附加有下雨时间不满 3 天，旅游者不能享受免费优待的条款，但该航空公司的年营业额仍增加了 30%。

组合的具体方式有立体附加、异类组合、同物组合和重新组合。

① 立体附加：是指在产品原有的特性中补充或增加新的内容。例如，儿童食品奇多的广告口号“好吃又好玩”，就是在好吃的功能之外又附加了好玩的内容。

② 异类组合：是指将两种或两种以上不同类型的物质产品或概念组合在一起。例如，国外的一则广告把网线和铝制易拉罐组合到一起，表达了“铝业在线”的概念。

③ 同物组合：是指若干相同事物的组合，组合后其基本原理和结构没有发生根本变化，但产生了新功能、新意义，如“母子灯”、“双拉锁”等。

④ 重新组合：是指打破事物内部各个部分的原有结构，以新的意图重新组合，比如转万花筒、搭积木。

思维训练

将一张纸折成两半，在其中一半的纸上由一个人自由发挥想像，写满名词，然后把纸交给另一人。第二个人并不看前一个人写了什么，他在纸的另一半上再写满他所能想像的形容词。写完之后，把纸打开，你会发现在第二个人对应第一个人所写的每一对名词和形容词之间，充满了各种新奇的修饰关系。有的组合很荒诞，在哪里都不能用，但有的组合简直就是天才的想像，只有天才才能想像出这么绝妙的比喻！试试看，这种游戏会产生奇妙组合，激发新奇构想。

4.2.5 类比

类比是指在两个或多个不同的事物之间，找出某种共同点，再利用这些共同点作为桥梁，构造创造性设想的方法。通过类比，可以把陌生的对象与熟悉的对象进行比较，把未知的东西与已知的东西进行比较，这样由此及彼，可以启发思路，举一反三、触类旁通，产生新的构想。

类比的具体方式有直接类比、因果类比、综合类比和象征类比。

1. 直接类比

是指直接从自然界或已存在的发明成果中，寻找与创意对象相类似的东西，通过比较找出新的创意。例如，飞机的设计是源于鸟类的飞翔，电话的发明是比拟人的听觉系统的构造。

2. 因果类比

是指从某一事物的因果关系推出另一个事物的因果关系，从中形成新的设想。例如，在合成树脂（塑料）中加入发泡剂，使合成树脂布满无数微小孔洞，这样的泡沫塑料用料省、重量轻，又有隔热和隔音的性能。日本人应用因果类比，联想到能否在水泥中加入一种发泡剂，使水泥也变得既轻又具有隔热和隔音性能，结果发明了气泡混凝土。

3．综合类比

是指将两个事物的相似特征进行综合性类比，从中寻找创造性设想。例如，宇航员在进入太空前，先在模拟太空环境中进行训练，从模拟中类推到真实太空中的情况，以便学习如何应对。

4．象征类比

是指用一种事物来表达另一种难以表达的事物的思考方法。一般用具体的事物来表示某种抽象概念或思想感情。例如，设计咖啡馆需要幽雅的格调，如何表现幽雅？人们通过具体的构造、装饰、色彩来表现。

在广告创意中，选择的类比物之间相同属性越多，关联性越强，越容易引发联想，比如用根深叶茂来表现公司的成就和实力，但这种创意缺乏新颖感和冲击力。有的类比物，乍看并不合适，似乎风马牛不相及，但其属性的关联性是内含的、深层的，这种类比物更有利于产生新颖、独特的创意。

另外，由于思维的发散性，创意过程中的类比绝不是一对一的单纯对应。同一意念，可用不同类比，同一类比，也能表达不同意念。例如，美国"绝对"牌伏特加酒，以各种处于绝对状态的形象来宣传其"绝对"的品质，有"绝对的巅峰"、"绝对的珍宝"、"绝对的迈阿密"、"绝对的曼哈顿"等，"绝对"是这些与酒毫不相干的事物之间的"相同属性"，这些类比物珍贵、崇高、美丽、繁华，"绝对"的品性使人联想到酒"绝对好"的品味。同一意念用不同类比形象，产生了精彩缠绵、引人入胜的创意。再比如，圆月是一个很美的形象，"清妃"化妆品广告，展现了一轮弯月逐渐变成一轮满月的过程，标题为："有变化才会完美，有变化才会高贵"，以月亮的变化，传达了清妃化妆品能使女人变得完美高贵的信息意念。博士伦的一则广告，同样以月圆月缺再月圆的天体图像作类比，形象地说明其"月月新"每月更换式眼镜的特点。珠江牌啤酒则以"谁说外国月亮比较圆"为题，取圆月深层的民族意义作类比，画面展现的是珠江两岸欣欣向荣的景象，导出关键词："好啤酒不分国界"，表达了珠江牌啤酒可与世界优质啤酒媲美的意念。这三则广告都以圆月作为同一类比物，但由于各自别致的处理，产生了不同的独特创意。由此可见，创意的途径是千变万化的，关键是要选准类比物，用联想、想像去促成新意念的形成。

思维训练

"如果只有白天没有夜晚……"，"如果人有尾巴……"、"如果总理与我握手……"你可以设立诸如此类异想天开的题目，再设想出异于寻常的发展事态。这些问题没有标准答案，也未必有解，却可以松弛大脑，开阔视野，使思考能天马行空，浮想联翩，诱发灵感。

知识链接：联想创意范例

如何学习并训练联想思维用于广告创意，上海同盟广告公司的创意总监杨舸曾做过精彩的示范。现操作如下。

假设为某一“高速轿车”做平面广告，如何进行广告创意？我们可以从以下 5 种关系进行联想。

1．相容关系：A 包含 B。从（A）“高速轿车”可以联想到的（B）有：车灯、引擎、轮胎、雨刷、反光镜、方向盘、离合器、喇叭、刹车……

创意表现举例：轮胎。

标题：踏雪无痕。

画面：空空的马路，没有车痕，一行字在马路的中间“某某车刚从这里经过”。

2．相关关系：A 与 B 有直接或间接的相关。从（A）“高速的轿车”可以联想到的（B）有：马路、红绿灯、交通标志、驾驶员、加油站、汽车博览会、桥梁、车祸……

创意表现举例：红绿灯。

标题：只有在红灯时，别人才能与我并驾齐驱。

画面：某某车与其他车停在红绿灯前。

3．相似关系：A 与 B 在某一方面相似。从（A）“高速的轿车”可以联想到的（B）有：飞机、滑板、风、闪电、时间、飞碟、奔腾芯片、眨眼、子弹、绕口令……

创意表现举例：绕口令。

标题：说时迟，那时快！

画面：满版绕口令文字围绕着某某轿车。

4．相对关系：A 与 B 在某一方面相对或相反。从（A）“高速的轿车”可以联想到的（B）有：蜗牛、乌龟、孕妇、电影慢镜头、小推车、化石、小脚老太、从动物到人的进化……

创意表现举例：乌龟。

标题：兔子，来吧！

画面：乌龟的脚踩在某某车子的油门上。

5．无关关系：A 与 B 无关。从（A）“高速的轿车”可以联想到的（B）有：保龄球、眼泪、废墟、裁判员、教师、词典、佛像、鞋子、美酒、恋爱……

创意表现举例：词典。

标题：比“快”字还快的字是什么？

画面：词典中有“快”字的一页，但“快”下面的一个词是空白，空白处贴有某某车。

任务演练：创意思维竞赛

1．演练目的

通过创意思维竞赛，激发头脑，开拓思维，提高学生的创造性思维能力，同时培养学生的团队合作意识，建立竞争观念。

2．演练要求

以各广告策划团队为单位，展开创意思维竞赛，要求团队以及学生之间，既要互相激励、充分联想、百花齐放，又要开动脑筋、善于思考、即时总结。在竞赛中增强团队合作意识，同时树立竞争观念，勇夺第一。

3．演练步骤

步骤 1：教师准备 10 个创意思维竞赛题，竞赛题要兼顾发散思维与聚合思维的运用。

步骤 2：组织竞赛，时间为 90 分钟。评分标准以各竞赛题的内容为准，分别制定。

步骤 3：选出优胜团队，给予奖励。

4．演练成果

各广告策划团队提交创意思维竞赛总结。

任务 4.3 头脑风暴

知识储备

俗话说：三个臭皮匠，赛过诸葛亮。一个好的广告创意需要集思广益、群策群力。可见，群体思维的重要性。群体思维具体包括脑力激荡、默写式智力激励、卡片式头脑风暴等三种。

4.3.1 脑力激荡

脑力激荡又叫头脑风暴，是由美国 BBDO 广告公司负责人奥斯本于 1939 年提出。它是指把少数人召集在一起，以会议的形式，对某一问题进行自由思考和联想，提出各自的设想和提案。这是一种发挥集体创造精神的有效方法，与会者可以无任何约束地发表个人想法，甚至可以异想天开，如同精神病患者处于大脑失常状态一样，因此，被称为头脑风暴。脑力激荡的具体操作如下。

1．前期准备

会议前两天应将会议议题、时间、地点通知给每一位与会者，使其预先做好准备。会议议题要尽可能单一，最好只讨论一个问题。与会人数一般控制在 6～10 人左右，人员分布不可太集中，应具有广泛性和代表性。

2．召开脑力激荡会议

脑力激荡的过程，实际上就是每个与会者发散思维的过程。在会议过程中，主持人要善于引导、协调，保证会议自始至终在比较宽松、自由的氛围中展开。会议期间不允许反驳，也不允许下结论，要让与会者畅所欲言、自由发挥，同时，要鼓励他们之间相互启发、相互激励，尽可能引起创造性设想的连锁反应。会议一般以 30～40 分钟为宜，最长不要超过 1 个小时，具体要求如下。

（1）自由发挥

就是要打破传统方法和传统观念的束缚，在思考时不受拘束地进行发散加工。常用的自由发挥的一种方法是在考虑问题时，使用“在逻辑上与这个问题无关的事物”，然后在这个无关的事物与问题之间，牵强地找到共同点或联系，用以激发新奇的想法。

（2）追求数量

由于发散加工本身鼓励思维的无序性，所以在发散加工产生的众多方案中，大部分可能是无效的，但暂时不考虑每个方案的可行性，要保证方案的数量。两次诺贝尔奖得主莱纳斯·鲍林曾说过：“要产生一个好的设想，最好的办法就是激发大量的设想。”鲍林的这句话揭示了创造活动的低概率本质。一定要激发尽可能多的设想，仅寄希望于一两个设想就创造性地解决问题，成功的可能性是很低的。

（3）暂缓评价

要求把发散加工的过程和评价的过程在时间上完全分离。如果在进行发散加工，产生观念后，立即对这些观念进行评价，就会抑制发散加工的进程，因为当人们对一个观念进行评价时，后面的观念就会“在途中被拦截”。

（4）持续努力

在进行发散加工时，要保持思维的流畅性，持续不断地产生新的方案，不要停止思维的这种努力。产生方案的速度是有规律的，刚开始时方案产生的速度最快，以后会随着时间的推移逐渐减慢。但帕纳斯发现，一个人所产生的后一半方案里，有 78%的方案比前一半方案更好一些。因此，随着时间的推移，所提出的方案价值会越来越高，第一千个观念也许就是改变世界的观念。

（5）暂时搁置

在尝试着做最后努力之后，需要休整一段时间，暂时将问题搁置一下。暂时搁置，不等于放弃问题，而是指在一段时间里停止对问题从事实际工作，但又保持解决问题的愿望，这种愿望会导致在日常琐碎的生活当中会突发灵感，产生绝妙设想。

3．筛选与完善

这个过程，实际上就是聚合思维的过程。会议结束后，要对提出的诸多构思进行筛选、综合、补充与完善，从中选出最能体现主题，最有利于实现广告目标，最具有创意的作品。如有必要，还可以再举行动脑会议，直至获得满意的广告创意为止。

实践证明，脑力激荡是发挥群体思维，获得好创意的好方法，但是，它并不能保证每次都获得成功，要客观分析其作用并恰当运用。正如奥斯本指出，头脑风暴法不是取代某种解决问题的方法，而是对这种方法的补充，特别是对个人提出设想的补充，对传统讨论会的补充。

4.3.2 默写式智力激励

默写式智力激励是脑力激荡法的一种变形，由前西德的荷兰肯提出，是一种用书面畅述来激励智力创造的方法。这种方法也以特别会议的形式展开，因为会议固定由 6 个人参加，且要求每个人在 5 分钟内，用书面形式完成提出 3 个设想的任务，所以又被称为“635”法。默写式智力激励的具体操作如下。

首先，主持人宣布议题，解答疑问后，发给每人几张空白卡片，每张卡片上标有序号 1、2、3。在第一个 5 分钟内，要求每人针对议题填写 3 个设想，然后把卡片传给另一个人。

然后，在下一个 5 分钟里，每个人又在他人的卡片上针对其所提出的设想，再提 3 个设想，或者补充、完善、丰富别人的设想，但不能让卡片从自己手中空轮过去。以此类推，直到卡片传递 6 次，每人的原始卡片轮递一周后，共产生 108 个设想。

最后，对各种设想择优汰劣，选择最满意的广告创意。

默写式智力激励可以避免由于许多人争相发言，而使设想遗漏的弊病，且对于那些不善于言谈、怯于发言的与会者来说，不失为一种好的方法，但这种方法的缺点在于缺乏激烈氛围。

4.3.3 卡片式头脑风暴

卡片式头脑风暴由日本创造开发研究所所长高桥诚提出，它的特点是对每个人提出的设想可以进行质询和评价。

卡片式头脑风暴法的具体操作如下：召开 3～8 人参加的会议，会议时间为 1 个小时。主持人宣布议题后，每人发 50 张空白卡片，桌上放 200 张卡片备用。在头 10 分钟内与会者独自填写卡片，每张卡片填写 1 个设想，填写出来的卡片越多越好。接着用 30 分钟，按座位每人轮流宣读自己的设想，一次只能介绍一张卡片，其他人可以咨询，在咨询中得到启发，还可以继续填写卡片。最后 20 分钟，大家可以相互评价和探讨各自的设想，从中诱发出新设想。

卡片式头脑风暴法兼有前两种方法的长处，会议进行时有说有看、有条不紊，既有沉思，又有语言的激励作用。缺点是形成的卡片数量大、设想多，缺乏条理。

知识链接：脑力激荡范例

有一年，美国北方格外寒冷，大雪纷飞，电线上积满冰雪，大跨度的电线常被积雪压断，严重影响通信。过去，许多人试图解决这一问题，但都未能如愿以偿。后来，电信公司经理应用奥斯本发明的头脑风暴法，尝试解决这一难题。他召开了一种能让头脑卷起风暴的座谈会。参加会议的是不同专业的技术人员，要求他们必须遵守以下原则：自由思考、延迟评判、以量求质、结合改善。按照这一会议规则，大家七嘴八舌地议论开来。有人提出设计一种专用的电线清雪机；有人想到用电热来化解冰雪；也有人建议用振荡技术来清除积雪；还有人提出能否带上几把大扫帚，乘直升机去扫电线上的积雪。对于这种“坐飞机扫雪”的想法，大家心里尽管觉得滑稽可笑，但在会上也无人提出批评。相反，有一位工程师在百思不得其解时，听到用飞机扫雪的想法后，大脑突然受到冲击，一种简单可行且高效率的清雪方法冒了出来。他想，每当大雪后，出动直升机沿积雪严重的电线飞行，依靠调整旋转的螺旋桨即可将电线上的积雪迅速清除。他马上提出“用干扰机除雪”的新设想。这一设想，顿时又引起其他与会者的联想，有关用飞机除雪的主意一下子又多了 7～8 条。不到 1 个小时，与会的 10 名技术人员共提出 90 多条新设想。

会后，公司组织专家对设想进行分类论证。专家们认为设计专用清雪机，采用电热或电磁振荡等方法清除电线上的积雪，在技术上虽然可行，但研制费用大、周期长，一时难以见效。因“坐飞机扫雪”激发出来的几种设想，倒是一种大胆的新方案，如果可行，将是一种既简单又高效的好办法。经过现场试验，发现用直升机除雪的确有效，就这样一个久悬未决的难题，终于在头脑风暴会中得到了巧妙地解决。

任务演练：针对如何表现魅族 MX4 手机的广告主题，展开头脑风暴并提交广告创意提案

1．演练目的

通过头脑风暴，集思广益，激发灵感，提高学生的广告创意能力。

2．演练要求

以前期的广告策略决策为依据，围绕如何表现魅族 MX4 手机的广告主题，展开广告创意，以广告策划团队为单位，分别召开头脑风暴会议，可以召开多次。

3．演练步骤

步骤 1：确定议题，即魅族 MX4 手机的广告主题。

步骤 2：脑力激荡，时间约 45 分钟。

步骤 3：择优汰劣，选出最优广告创意。

步骤 4：完成魅族 MX4 手机广告创意提案。

4．演练成果

各广告策划团队提交魅族 MX4 手机广告创意提案，并做 PPT 汇报，从中选出最佳广告创意，给予奖励。

经典广告点评

奥迪汽车广告创意

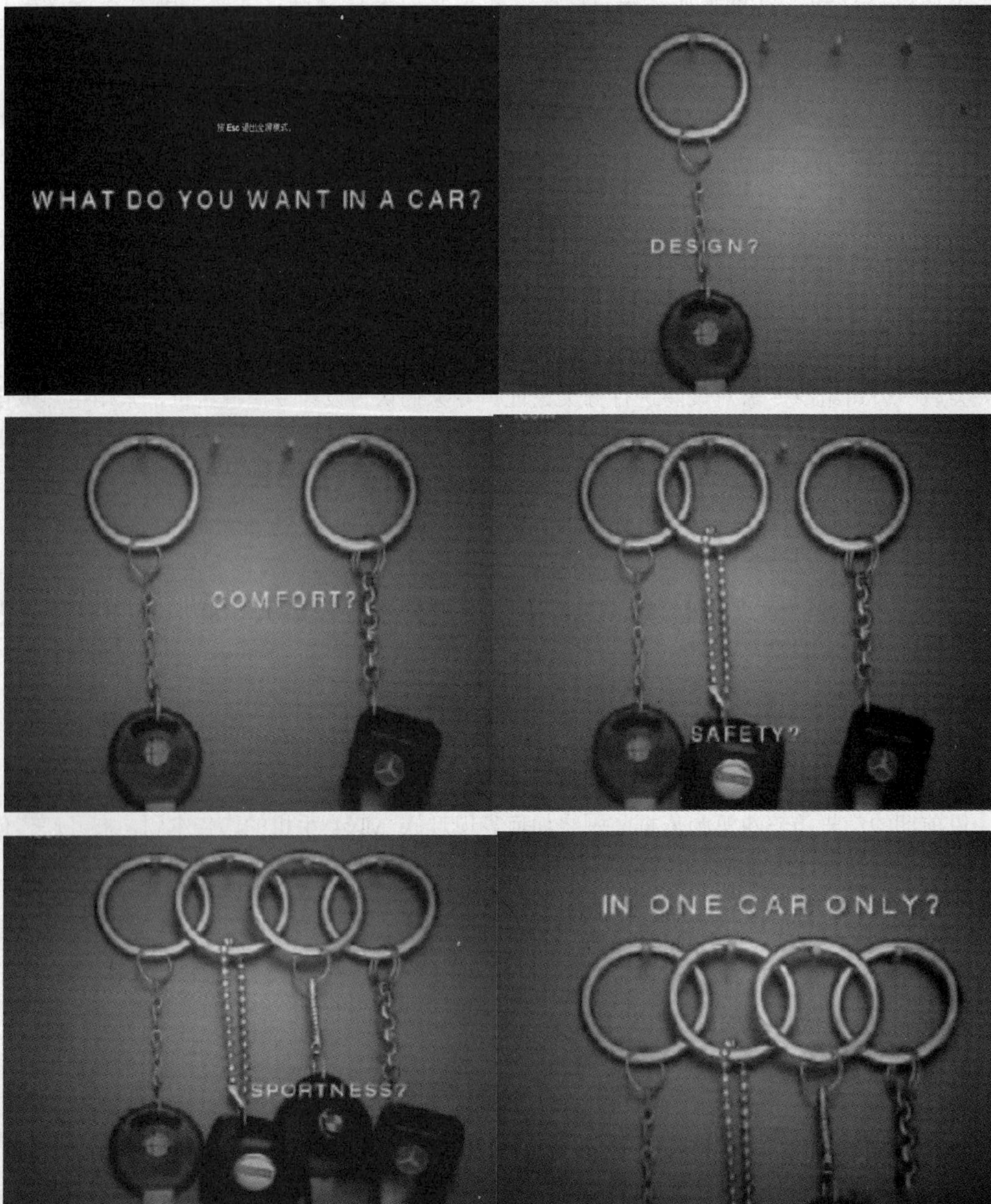

评析：WHAT DOU YOU WANT IN A CAR? 然后搬出四个厂家汽车的特征：DESIGN（设计）——阿尔法罗密欧，COMFORT（舒适）——梅赛德斯奔驰，SAFETY（安全性）——沃尔沃，SPORTNESS（运动性）——宝马，最后镜头徐徐向上，升华主题，咦？四个环？那是什么？原来是奥迪。整个画面简洁，一目了然，又极具挑衅，其他汽车厂家还不能说你，毕竟你把他们都夸了遍。

知识点小结

广义的广告创意是指对广告战略、策略和广告运作每一个环节的创造性构想，它是一个系统创意。而狭义的广告创意则是指表现广告主题的，能有效与受众沟通的艺术构想。广告创意是“带着镣铐跳舞”，它不能像纯艺术那样天马行空、无拘无束，广告创意必须遵循一定的原则，表现为目标性原则、独特性原则、科学性原则、艺术性原则和合规原则。

广告创意的产生经历了五个阶段：搜集资料阶段、分析资料阶段、酝酿阶段、顿悟阶段、发展并验证创意阶段。

广告创意是创造性思维活动，其思维方法主要有发散思维、聚合思维、联想、组合、类比。发散思维是指人们沿着不同的角度思考问题，思维不受任何框框的限制，充分发挥探索性和想像力，多方面寻找可能答案的一种思维方式。其具体表现形式有立体思维、侧向思维和逆向思维。聚合思维是指从多种思维角度聚焦某一个问题点，进行一种有方向、有条件、有逻辑关系的思考，以求得唯一正确答案的收敛式思维方式。其具体方法有目标识别法、层层剥笋法、聚焦法和辏合显同法。创意是在发散—聚合—再发散—再聚合的循环往复、层层深入中脱颖而出。

联想是由当前感知的事物想到另一个事物的心理过程。具体地说，就是借助想像，把相似的、相连的、相对的、相关的事物，选取其沟通点加以联结，就是联想。联想的具体方式有接近联想、对比联想、类似联想和因果联想。组合，即亚瑟·科斯勒提出的“二旧换一新”，它的含义是：新构想常出自两个旧要素的重新组合，这种组合是以前从未考虑过、从未想到的。组合的具体方式有立体附加、异类组合、同物组合和重新组合。类比是指在两个或多个不同的事物之间，找出某种共同点，再利用这些共同点作为桥梁，构造创造性设想的方法。类比的具体方式有直接类比、因果类比、综合类比和象征类比。

广告创意更多的是需要群体思维，群体思维是一种集思广益的思维方法，具体包括脑力激荡、默写式智力激励、卡片式头脑风暴三种。

能力培养与训练

1．名词解释

广告创意　发散思维　聚合思维　联想　组合　类比　群体思维

2．简答题

（1）如何正确理解广告创意的内涵？

（2）广告创意应遵循哪些原则？

（3）简述广告创意的过程。

（4）请简述发散思维与聚合思维的区别与联系。

（5）请举例说明联想创意技法的应用。

（6）请举例说明组合创意技法的应用。

（7）请举例说明类比创意技法的应用。

（8）请介绍头脑风暴法、默写式智力激励法、卡片式头脑风暴法的具体运用。

3．技能题

（1）请用发散思维谈一谈书的用途，并为××书提出一则广告创意主题和口号。

（2）请运用群体思维的方法，谈一谈雨伞可能会存在哪些问题，如何解决？并提出改进雨伞的新方案。

（3）请以“运动无限”为主题，为××饮料提出一则广告创意方案。

4．思维训练

（1）请在10个“十”字上，最多加三笔构成新的字。

（2）○是什么？至少想出30种。

（3）给定一个词或物，然后由这个词或物联想到其他更多的词或物，在规定的时间内，想得越多越好，如优秀、高兴、鲜花、小男孩、钟表……

（4）请从下列词语中随意抽取五个，用独特的有意义的话串联成短文：

飞鸟　向日葵　风筝　鱼　创可贴　刺猬　沙漠　书　风笛　玫瑰　左岸咖啡馆　派克笔　石头　伞　罗马表　郁金香　鹦鹉

（5）请用8根火柴，做2个正方形和4个三角形，火柴不能弯曲和折断。

（6）延迟阅读训练：选一篇较熟悉的课文让三、四个同伴齐声朗读，你以延迟四、五个字的差距轻声读，要求不跟过去，并与同伴保持一致的速度。

（7）你从图里都看到了什么？

（8）请回答下列问题：

① 吃苹果时，有的人削皮的本领很高，能从头削到尾，而且苹果皮的宽度几乎是一样的，请问这样的苹果皮削下来放到桌上，呈现什么形状？

② 切苹果时，如果横着切，请问苹果中心出现的是什么形状？

③ 深秋时节，白杨树叶纷纷飘落，请问地上的落叶是正面向上的多，还是背面朝上的多？

④ 鱼的身上有没有一条线，在哪一侧？

想一想，上面这些问题你平时都注意到了吗？为什么？

（9）扑克牌游戏：拿出从 A 到 10 的 10 张扑克牌，背面朝上摞在一起。首先把最上面的一张挪到下面，掀开新出现的一张牌是 A，取出，再挪一张牌到下面，翻一张是 2，以此类推，可以有顺序地翻出 A 到 10 的牌来。请问这 10 张牌最初是怎么排列的？

5. 模拟演练

演练目的：掌握头脑风暴法的运用，培养学生的创新能力。

演练内容：暑期，决定在某购物中心开设一家饭店。但困扰我们的问题是，这附近已有很多家饭店，这些饭店能够提供各种价位的不同种类的餐饮服务，因此如果开设饭店，必须要以特色取胜。假设我们拥有开设任何一种类型饭店的足够资源，那么，我们所面对的问题是决定开一家什么样的饭店，最为适宜。

演练组织：把全班分成 3～4 个小组，运用头脑风暴法确定将开办的饭店的类型。具体步骤如下：

（1）每个小组分别展开头脑风暴，时间为 25～30 分钟，小组成员要畅所欲言，说出你认为最可能成功的饭店类型是什么样的。要求尽可能地富有创新性和创造力，对任何提议都不能加以批评。

（2）指定一位小组成员把所提出的各种方案记录下来。

（3）会后每个小组再用 10～15 分钟时间讨论各个方案的优点与不足。最终确定一个使所有成员意见一致的最可能成功的方案。

（4）指定一位发言人向全班报告你们小组讨论的结果。

（5）最后，对头脑风暴法的优点与不足展开讨论，以便进一步掌握这种方法的运用。

项目五

广告设计

能力目标

■ 能够撰写广告文案

■ 能够依据广告创意，提供平面广告的设计构思

■ 能够依据广告创意，提供电视、广播、网络等电子广告的设计构思

知识目标

■ 知道广告文案的构成及创作要求

■ 了解平面广告的基本构成要素

■ 掌握报纸、杂志广告的表现形式与制作技巧

■ 掌握电视、广播、网络广告的构成要素与制作要求

情境分析

作为中国智能手机创新与设计的领先者，魅族于 2014 年 9 月 2 日 14 时 30 分在北京召开了新品发布会，正式发布最新一代智能手机 MX4。早在 2 个月前魅族科技已与创行广告公司合作，由创行广告公司为新品上市做全面广告策划。该公司策划部旗下的各广告策划团队，依据前期提交的魅族 MX4 手机广告创意提案，设计平面广告与电子广告作品。

任务分解

任务 1：撰写广告文案

任务 2：平面广告的设计

任务 3：电子广告的设计

案例导入

"广告教父"奥格威经典广告之作——劳斯莱斯汽车广告

广告标题：

这辆新型劳斯莱斯在时速 60 英里时，最大响声来自它的电子钟

副标题：

是什么原因使得劳斯莱斯成为世界上最好的车？一位知名的劳斯莱斯工程师回答道："说穿了，根本没有什么真正的戏法——这只不过是耐心地注意到细节而已。"

广告正文：

1. 行车技术主编报告："在时速 60 英里时，最大响声来自其电子钟。"引擎是出奇的寂静，三个消音装置把声音的频率在听觉上拔掉。

2. 每个劳斯莱斯的引擎在安装前都先以最大气门开足 7 个小时，而每辆车子都在各种不同的路面试车数百英里。

3. 劳斯莱斯是为车主自己驾驶而设计的，它比国内制造的最大型车小 18 英寸。

4. 本车有机动方向盘、机动刹车及自动排档，极易驾驶与停车，无需司机。

5. 除驾驶速度计外，在车身与车盘之间没有金属衔接，整个车身都加以封闭绝缘。

6. 完成的车子要在最后的测验室经过一个星期的精密调试。在这里分别受到 98 种严酷的考验。例如，工程师们使用听诊器来细听轮轴所发出的微弱声音。

7. 劳斯莱斯保用 3 年。已有了从东岸到西岸的经销网及零件站，在服务上不再有任何麻烦。

8. 著名的劳斯莱斯引擎冷却器，除了亨利·莱斯在 1933 年死时，把红色姓名的第一个大写字母 RR 改为黑色外，再也没有变动过。

9. 汽车车身的设计制造，在全部 14 层油漆完成之前，先涂 5 层底漆，然后每次都用人工磨光。

10. 移动在方向盘柱上的开关，你就能够调整减震器，以适应道路状况（驾驶不觉疲劳是本车显著特点）。

11. 另外有后车窗除霜开关，控制着 1360 条隐藏在玻璃中的热线网。备有两套通风系统，即使你坐在车内关闭所有车窗，也可调节空气以求舒适。

12. 座位垫面是由 8 头英国牛皮所制——足够制作 128 双软皮鞋。

13. 镶贴胡桃木的野餐桌可以从仪器板下拉出。另外两个可以在前座后面旋转出来。

14. 你还可以有以下随意的选择：做浓咖啡（Espresso Coffee）的机械、电话自动记录器（Dictating machine）、床、冷热水盥洗器、一支电动刮胡刀等。

15. 你只要按一下驾驶座下的按板，就能为整个车盘加上润滑油。在仪器板上的计量器，可以指示出曲轴箱中机油的存量。

16. 汽油消耗量极低，因而不需要买特价汽油，是一种使人愉悦的经济车。

17. 具有两种不同传统的机动刹车，水力制动器与机械制动器。劳斯莱斯是非常安全的汽车——也是非常灵活的车子。可在时速 85 英里时安静地行驶。最高时速可超过 100 英里。

18. 劳斯莱斯的工程师们定期访问以检修车主的汽车，并在服务时提出忠告。

19. 班特利是劳斯莱斯公司所制造的。除了引擎冷却器之外，两车完全一样，是同一工厂中同一群工程师所设计制造的。班特利，因其引擎冷却器制造较为简单，所以便宜 300 美元。对于驾驶劳斯莱斯感觉没有信心的人士，可以考虑买一辆班特利。

价格：如广告画面所示的车子，若在主要港口交货，售价是 13 550 美元。倘若你想得到驾驶劳斯莱斯或班特利的愉快经验，请与我们的经销商联系。他的名字写于本页的底端。

劳斯莱斯公司 纽约 洛克菲勒广场 10 号

随文：

喷射引擎与未来

某些航空公司已为他们的波音 707 及道格拉斯 DCS 选用了劳斯莱斯的涡轮喷射引擎。劳斯莱斯的喷射螺旋桨引擎用于“韦克子爵（Vicker）”机、“爱童 F-27（Fairchild）”式机及“墨西哥湾·圭亚那（Guiana Gulfstream）”式机上。全世界航空公司的涡轮喷射引擎及喷射螺旋桨引擎，有一半以上是向劳斯莱斯订货或由其供应。劳斯莱斯现有员工 42 000 人，而本公司的工程经验不局限于汽车及喷射引擎，另有劳斯莱斯柴油发动引擎及汽油发动引擎，可用于许多其他领域。本公司庞大的研究发展资源正在从事许多未来性、计划性的工作，其中包括核能利用及火箭发射等。

这则广告文案以一个有诱惑力的表现工艺独特的标题开头，吸引了目标消费者的兴趣。在接下来的文字中更是总结列举了 19 条表现、支撑产品工艺独特的利益点。如此强大的利益诉求，自然会对目标消费者产生难以抗拒的吸引力和强烈的购买欲望。正如奥格威自己评价道：像这种以陈述事实为主的广告，比过度虚张声势的广告更能助长销售。你告诉消费者的越多，你就销售得越多。请注意：这个广告中的标题非常长，由 719 个英文字组成的文案讲的全部都是事实。

资料来源：http: //www.a.com.cn（中华广告网）

任务5.1 撰写广告文案

知识储备

广告文案是广告作品最基本的构成，它是表现广告主题、传递广告信息的最主要部分。一篇精彩的广告文案能够极大地激发受众的兴趣和欲望，同时也给人以艺术享受，让人回味无穷。要使广告获得成功，必须在文案创作上下工夫。

5.1.1 广告文案的类型

广告文案又称广告文稿，当前人们对广告文案的理解，有广义和狭义之分。广义的广告文案是指广告作品本身，即广告作品的全部内容，如文字、绘画、照片、色彩运用、布局装饰等，均属于广告文案的范畴；狭义的广告文案则仅仅指广告作品中的语言文字部分，即通过一定的媒体向消费者介绍和推销商品、报告服务内容的应用文，是商业性的特殊的语言文体。为了提高广告文案的创作水平，应从狭义上严格规范广告文案的概念。

广告文案是一种特殊的应用文体，根据诉求方式的不同，可以把广告文案划分为理性型广告文案、情感型广告文案、情理交融型广告文案等三种文体类型。

1．理性型广告文案

理性型广告文案是以商品或劳务的属性、特点、利益为诉求重点，以摆事实、讲道理、提出确凿的证据和事实为诉求方式的广告文案。此类文案的特点是以理服人，一般适用于新产品、功能比较复杂的高科技产品及生产资料产品的宣传。

2．情感型广告文案

情感型广告文案是以人类美好的感情为诉求重点，通过情绪的撩拨或感情的渲染，让消费者产生情绪反应或心灵震撼，从而激发其购买欲望和行为的广告文案。此类文案的特点是以情感人，追求情调的渲染和氛围的烘托，富有人情味，多用于服饰、化妆品等软性产品及日常生活用品的宣传。

3．情理交融型广告文案

情理交融型广告文案是将理性诉求与感性诉求融为一体的广告文案。它的特点是动之以情、晓之以理，既能采用理性诉求传达客观信息，同消费者讲道理，又能使用感性诉求在消费者情感上大做文章，打动消费者。此类文案多适用于高档耐用消费品和奢侈品的宣传。

5.1.2 广告文案的构成

广告文案是由标题、正文、口号、随文四个部分构成。但使用的媒体不同，广告文案的构成也不尽相同。广播广告文案以有声语言为主，一般只有正文和口号，没有标题；电视广告文案则是由有声语言和字幕组成，有声语言是广告的正文，字幕是广告的标题和口号；印刷广告的文案比较完整，基本包括标题、口号、正文和随文。

1. 广告标题

广告标题是广告的题目，它在引发注意、诱导兴趣方面起着很重要的作用。据有关调查表明，一般人看广告，先看标题的人，比先读正文的多 5 倍，由此可见，广告标题在广告文案中的重要作用。

广告标题按诉求方式不同，可以分为直接标题、间接标题和复合标题。

（1）直接标题

直接标题是直接揭示广告主题的标题，它是对广告内容的高度概括和浓缩。这类标题“看题如看文”，一般无需再读正文。直接标题又分为商品化直接标题和艺术化直接标题。商品化直接标题，就是直接以商品或企业的名称命名，如“欧亚商都新潮书包展览”、“大宝 SOD 蜜”等；艺术化直接标题，则是用艺术语言来增强广告标题的感染力，如某房地产广告标题——“崇上，世纪金源国际公寓，至高性价比”，联通广告标题——“情系中国结，联通四海心”，网易广告标题——“网易，凝聚人的力量！”。

（2）间接标题

间接标题是不直接点明广告主题，而是用耐人寻味地语言，激发人们的想像，引导公众阅读正文的广告标题。这类标题一般不单独使用，必须与正文联系起来，才能真正体会广告的意图。例如，龙牡壮骨冲剂的广告标题——“别让孩子输在起跑线上噢”，台湾某服装公司牛仔裤的广告标题——“犹如第二皮肤”，水天一色地产广告标题——“请原谅，这一次我喜新厌旧！”

（3）复合标题

复合标题又称多重标题，是由两到三个标题组合而成的标题群，它具有直接标题和间接标题的双重作用。复合标题一般由引题、正题、副题组成。引题主要用于交待背景、烘托气氛或引出主题；正题即主题，传达主要的广告信息；副题则是对主题的补充和说明。复合标题的组成，主要有三种形式，即“引题+正题”、“正题+副题”、“引题+正题+副题”，这三种形式不能滥用，要根据具体的内容和标题的性质而定。

例如，格力空调的广告标题：

　　引题——多快好省，静在其中

　　正题——格力空调

喜之郎广告标题：

正题——果冻布丁喜之郎

副题——冻了以后更好吃

天府花生广告标题：

引题——四川特产、口味一流

正题——天府花生

副题——越剥越开心

广告标题的创作要掌握以下技巧：

① 要密切结合主题，大卫欧格威认为，“每个标题都应带出产品给潜在消费者自身利益的承诺”；

② 应尽力把新内容引入标题。因为，消费者总是注意新产品，寻求使用老产品的新方法，或新产品有什么新改进；

③ 简明扼要，从记忆规律看，一般以8～12字为宜；

④ 标题中切忌使用否定词句；

⑤ 必须用明白无误的语言，千万别跟读者玩捉迷藏游戏；

⑥ 要把标题与图画视为一个整体；

⑦ 标题的字体应区别于正文，且置于醒目位置上；

⑧ 如果是复合标题，则应注意各部分内容的合理安排；

⑨ 反复推敲，不断演练，最终定夺。

2．广告口号

广告口号又叫广告标语，是广告在较长时期内反复使用的特定的宣传用语。它是一种鼓动性语言，易于传播，对树立品牌形象和企业形象具有重要作用。

广告口号不同于广告标题，虽然二者在表现形式和写作要求上有许多共同之处，但在使用时间的长短、表达方式、在广告中的位置都有很大的不同。广告标题是一则广告的题目，它随着广告内容的变化而变化，广告口号则具有相对稳定性，一般几年甚至十几年都不变；广告标题可以是一个字、一个词或一个意思不完整的句子，广告口号则必须是一个独立的、意义完整的句子，能表达一个明确完整的概念；广告标题在广告中的位置是固定的，而广告口号在广告版面中的位置却非常灵活，可以出现在版面的任何位置上，也可以单独使用。

广告口号形式多样、种类繁多，按其侧重点不同，可以分为四种类型。

（1）反映商品特点和利益的广告口号

例如，“骨汤加好面，营养不忽悠”——好劲道骨汤面广告，“简约不简单”——利朗商务男装广告，“好酒，自然柔和”——泸州老窖广告，“滴滴香浓，意犹未尽”——麦氏咖啡广告，“一天一个，健康快乐”——西德苹果广告。这些广告口号突出表现了商品给消费者带来的好处和利益。

（2）突出企业的悠久历史和经营理念的广告口号

例如，“张小泉剪刀，三百年名牌不倒”——张小泉剪刀广告，“没有不做的小生意，没有解决不了的大问题”——IBM 广告，“不懈追求完美”——雷克萨斯轿车广告，“海尔，真诚到永远”——海尔冰箱广告，“科技以人为本”——诺基亚广告，“让我们做得更好”——飞利浦电子广告。这些广告口号以企业的历史与传统、技术水平、经营理念为侧重点，塑造了独具特色的企业形象。

（3）展示品牌内涵和个性的广告口号

例如，“新一代的选择”——百事可乐广告，“只管去做”——耐克运动鞋广告，“男人就应该对自己狠一点”——柒牌男装广告，“我的地盘，我做主”——中国移动动感地带广告，“相信自己，我能”——中国移动全球通广告。这些广告口号倡导了一种全新的生活观念，既富有一定的生活哲理，又充分展示了品牌的内涵和个性。

（4）号召消费者采取购买行动的广告口号

例如，“要想皮肤好，早晚用大宝“——大宝系列化妆品广告，“多喝多漂亮”——统一鲜橙多广告，“尽情享受吧”——雀巢冰激凌广告，“要想胃舒，请服胃苏”——胃苏药品广告。这些广告口号向消费者发出倡导，运用鼓动性语句，动员大家立即购买广告中的产品或服务。

广告口号的创作要切记：精练简洁，易读易记；表现主题，突出个性；情趣相兼，号召力强；适应媒体，长期使用。

3. 广告正文

广告正文是阐述广告所要宣传的商品、企业、服务诸多内容的文字部分，它是广告文案的核心。如果说广告标题的作用，主要在于吸引公众的注意、引导人们的视线，则广告正文起到了解释、说明，说服受众的作用。

广告正文根据其结构，一般分为导语、主体、结尾三个部分。

（1）导语

导语又称前言或开端，是对全文内容作简要介绍或陈述背景和理由的文字部分。它在标题和正文之间，起到承上启下的作用。

（2）主体

主体是广告正文的精华，主要是对商品、企业和服务进行介绍，阐明给消费者提供的效用和利益，并提供有说服力的事实或论据加以证明。主体部分的介绍方式千差万别，要根据广告目标、宣传内容和广告创意而定。

（3）结尾

结尾是广告正文的结束部分，在概括主题、渲染全文、加深印象、刺激消费方面起到重要的作用。结尾的写作方式多种多样，有的结尾相当于广告口号，再一次强调广告宣传主题；有的结尾作出承诺，进一步激发消费者的购买欲望；有的结尾则以祈使、鼓动、号召等语言，鼓动消费者立即采取购买行动。

总之，广告正文要求突出创意、突出价值、突出事实、突出个性、突出简洁。

4．随文

随文是广告文案最后面的附加说明，一般包括厂名、品名、店址、网址、联系电话、联系人等。其作用主要是提供联系方法，引导消费者选用购买。随文部分可有可无，应根据广告目标及广告宣传的主题而定。

随文的写作形式比较统一，多以类似条款的方式分行、分项列出。写作时一定要清晰、简洁，便于记忆和购买。

5.1.3 广告文案的创作要求

广告文案的创作不同于一般的文学创作，它要为广告的商业目的服务，还要受到媒体时空的限制，因此，它要比新闻报道和文艺小说更难写。有人说："广告文案是现代文学形式中，最富兴趣和最难的一种。"的确，它既要具备新闻报道的真实性、文艺小说的情趣性，又要达到推销目的，为企业服务。

广告文案的创作，涉及到主题、取材、结构和语言等多方面。具体来讲，广告文案的创作必须遵循如下要求。

1．主题鲜明，定位准确

为了便于公众理解，广告文案必须做到主题明确、突出，绝不能含含糊糊、模棱两可。由于广告作品的容量是有限的，这就决定了广告文案的主题要尽量单一。单一主题，鲜明突出，才能强化广告文案的感染力。同时，语言运用定位要准确，符合目标公众的口味，这样公众才能真正体会广告作品的总体意境。

2．取材真实，内容准确

创作广告文案需要收集大量材料，包括现实材料、历史材料、正面材料、反面材料、直接材料、间接材料、典型材料等，同时要对材料进行鉴别和取舍，根据宣传主题的需要，将有关材料有机地结合起来，作为主题的依据，为主题服务。在广告文案的创作中，取材工作的总体要求是，事实为本，选材集中，以确保广告内容的准确性。

3．结构简明，布局严密

在广告文案中，如果说主题是灵魂、材料是血肉的话，那么结构则是骨架。没有良好的文章结构，就难以清楚地表达主题和内容。广告文案作为商业性的特殊的语言文体，其结构要做到完整清晰、简单明了，要服从主题的需要，为主题服务。

4．用词准确，言简意赅

语言准确规范是对广告文案的基本要求。首先，语言表达要规范完整，避免表达残缺或语法错误；其次，语言要准确无误，避免产生误解和歧义；最后，语言要尽量通俗易懂，避免过于生硬、专业化，难以理解。

同时，广告语言要简明精练、言简意赅，以最少的词汇传达最多的信息。美国广告专家韦克斯·萨克姆告诫广告文案人员："广告文稿要尽可能使你的句子缩短，千万不要用长句或复杂的句子。”

5．生动形象，便于记忆

广告文案要激发人们的阅读兴趣，就必须要采用生动活泼、新颖独特的语言，例如妙用文字、巧用辞格、风趣幽默，这些都可以使广告文案精彩动人、情趣盎然。同时，广告语言要易识别、易记忆、易传播，真正做到广而告之。

知识链接：经典广告语100条

1．食品、饮料、酒类

（1）每一粒都在向你致意！（大米，本大叔粮食公司）

（2）支撑面团的力量（发酵粉，杰克斯食品厂）

（3）新鲜——大自然食物法则的第一条（辛可面制品公司）

（4）有了它晚宴才算完美（水果蛋糕，全国饼干公司）

（5）维维豆奶，欢乐开怀（维维豆奶）

（6）滴滴香浓，意犹未尽（麦氏咖啡）

（7）好东西要和好朋友分享（麦氏咖啡）

（8）喝了娃哈哈，吃饭就是香（娃哈哈果奶）

（9）享受清新一刻（可口可乐）

（10）非常可乐，非常选择（非常可乐）

（11）孔府家酒，叫人想家（孔府家酒）

（12）常饮劲酒，精神抖擞（劲酒）

（13）人头马一开，好事自然来（人头马酒）

（14）唐时宫廷酒，今日剑南春（剑南春酒）

（15）感悟天下，品味人生（剑南春酒）

（16）百年人生，难得糊涂（百年糊涂酒）

（17）枝江酒，老朋友（枝江酒）

（18）喝杯青酒，交个朋友（贵州青酒）

（19）传奇品质，百年张裕（张裕红酒）

（20）天堂里的酒也不过如此（海姆牌啤酒）

2．电器、办公、通信类

（21）方太，让家的感觉更好（方太橱具）

（22）创新就是生活（海信电器）

（23）新飞广告做得好，不好新飞冰箱好（新飞冰箱）

（24）海尔，中国造（海尔电器）

（25）万家乐，乐万家（万家乐电器）

（26）以产业报国、以民族昌盛为己任（长虹电器）
（27）人类失去联想，世界将会怎样？（联想电脑）
（28）永远不会向你请假的得力助手（电脑，日本佳能公司）
（29）效率能够说明一切（IBM 公司）
（30）谨防伪钞——彩色复印机（切思布鲁宁公司）
（31）出口成章（美国口述记录仪公司）
（32）一切都变得更小，除了它的功能（东芝复印机）
（33）沟通从心开始（中国移动）
（34）我能（中国移动全球通）
（35）关键时刻，信赖全球通（中国移动全球通）
（36）我的地盘听我的（中国移动动感地带）
（37）让梦想接入现实（中国电信宽带）
（38）技术，领先，专家（中国联通）
（39）中国网，宽天下（中国网通）
（40）专业品质，卓越服务（中国铁通）

3. 服装、鞋帽类

（41）我们最理解青春无价的含义（胸衣，佛梅德内衣公司）
（42）时间成就经典，岁月铸造永恒（华伦天奴西服）
（43）进入 Pierre Cardin 的空间——最独有的时装宇宙（Pierre Cardin 服装）
（44）依照箭头的指向，你就会永远走在最前头（箭牌衬衫）
（45）镜子将不再嘲笑你（箭牌衬衫）
（46）为了成功的生活准则（迪塞尔服装）
（47）我和 Calvin 亲密无间（Calvin Klein 服装）
（48）男人就应该对自己狠一点！（柒牌男装）
（49）煮酒论英雄，才子赢天下！（才子男装）
（50）多则惑，少则明，简约不简单！（利朗商务男装）
（51）不要太潇洒（杉杉西服）
（52）相信自己，相信伙伴！（七匹狼男装）
（53）男人简单就好（爱登堡服装）
（54）金利来，男人的世界（金利来服饰）
（55）一切皆有可能（李宁服饰）
（56）你总是比别人先迈一步（康纳利制鞋公司）
（57）像你的丝袜一样合脚（肖特巴克制鞋公司）
（58）我们只出售舒适（罗斯曼制鞋公司）
（59）与“狼”共舞!（狼牌皮鞋）

（60）令您足下生辉！（润达牌鞋）

4．汽车、交通类

（61）即使你把它拆得七零八落，它依然是一位美人（宝马轿车）
（62）机械领域的艺术家（奥迪轿车）
（63）无论你用什么速度行驶，发动机总是悄然无声地工作（别克汽车公司）
（64）今天制造明天的汽车（福特汽车公司）
（65）车到山前必有路，有路必有丰田车（丰田汽车公司）
（66）雷霆动力，纵情千里（千里马轿车）
（67）关键时刻，解放上得去（解放卡车）
（68）杰作天成，一见如故（高尔夫轿车）
（69）动静皆风云（奇瑞风云轿车）
（70）走富康路，坐富康车（富康轿车）
（71）总是在你最需要的时候（邓思出租汽车公司）
（72）有困难，找“大众”（上海大众出租汽车公司）
（73）连接世界的桥梁（上海虹桥国际机场）
（74）东方航空公司的服务极富人情味（中国东方航空公司）
（75）你可以到阳光照耀到的任何地方去（美国总统航运公司）
（76）如果你不会停止，那你千万不要开始（美国刹车制造公司）
（77）它能追赶上最矫健的羚羊（道奇越野车）
（78）为“米其林”作证的是你车上的里程表（米其林轮胎公司）
（79）赛车选手的最后选择（法尔斯通轮胎公司）
（80）你的选择应该和专家们一致（冠军牌火花塞）

5．新闻、出版类

（81）不输的赌注（《新闻邮报》）
（82）热爱家庭的人所热爱的杂志（《家庭圈子周刊》）
（83）为了所有愿意独立思考的企业家（《企业家》杂志）
（84）千万别低估女性的力量（《妇女之家》杂志）
（85）一百年的年轻（《青年之友》杂志）
（86）一册在手，一生牵手（《现代家庭》）
（87）南方周末，一纸风行（《南方周末》）
（88）弹指一挥间，世界皆互联（《互联网周刊》）
（89）共享，才能共赢！（《现代广告》）
（90）心灵励志，成功人生（《中华励志网》）
（91）为了每一个准备写作或正在写作的人（《作家月刊》）
（92）晚报，不晚报（《北京晚报》）

（93）什么地方有“生活”，什么地方就有希望（《生活》杂志）
（94）巴尔的摩的一切都围绕着“太阳”旋转（《巴尔的摩太阳报》）
（95）阅读“时代”，就能理解时代（《时代》杂志）
（96）经过几代人的手才编撰成功（《美国大百科全书》）
（97）所有教育的最终标准（《康普顿百科全书》）
（98）就像在后花园里说的悄悄话（《妇女家庭伴侣》杂志）
（99）寄走思念几分，收到欢乐无限（圣诞卡贺卡协会）
（100）为了所有不安于现状的人（《幸运》杂志）

知识链接：广告文案范本 1

麦氏咖啡广告文案

标题：哥伦比亚咖啡，制成世界最香浓的咖啡

正文：哥伦比亚安第斯山脉，是世界上种植咖啡的最好地方，那里有肥沃的火山土壤，温和的气候以及适量的阳光和雨水，保证了每一颗咖啡豆的完美成长。待到咖啡豆成熟时，人们采用手工摘取。只有最好的咖啡豆才进行烘烤，以确保其独特的味道及芬芳。假如您是一位咖啡爱好者，一定要选用哥伦比亚咖啡豆制成的各类咖啡。在中国唯有麦氏超级特选速溶咖啡和生活伴侣装咖啡才是您最终的选择。

口号：麦氏咖啡，与众不同！

知识链接：广告文案范本 2

NIKE 运动鞋广告文案

标题：你决定自己穿什么

正文：找出你的双脚，穿上它们，跑跑看、跳一跳……用你喜欢的方式走路，你会发现所有事物的空间都是你的领域，没有任何事物能阻止你独占蓝天。意外吗？你的双脚竟能改变你的世界。没错，因为走路是你的事，怎么走由你决定，当然也由你决定自己穿什么！

口号：只管去做！

知识链接：广告文案范本 3

红牛饮料广告文案

标题：还在用这种方法提神？

正文：都新世纪了，还在用这一杯苦咖啡提神？你知道吗？还有更好的方式可以帮助你唤起精神。全新上市的强化型红牛功能饮料，富含氨基酸、维生素等多种营养成分，更添加了 8 倍牛磺磷，能有效激活脑细胞，缓解视觉疲劳，不仅可以提神醒脑，更能加倍呵护你的身体，令你随时拥有敏锐的判断力，提高工作效率，迅速抗疲劳，激活脑细胞。

口号：轻松能量，来自红牛。

任务演练：撰写魅族 MX4 手机报纸广告文案

1．演练目的

通过本次演练，提高学生的广告文案撰写能力。

2．演练要求

依据前期的广告策略决策及创意提案，撰写魅族 MX4 手机报纸广告文案。文案要求主题突出，文字简练、流畅，富有创意。

3．演练步骤

步骤 1：确定广告主题。

步骤 2：设计广告标题与口号。

步骤 3：撰写魅族 MX4 手机报纸广告文案。

4．演练成果

各广告策划团队提交魅族 MX4 手机报纸广告文案，并做 PPT 汇报，从中选出最佳报纸广告文案，给予奖励。

任务 5.2　平面广告的设计

知识储备

平面广告是以报纸、杂志、海报、招贴、传单、日历等印刷媒体形式表现的广告。平面广告的设计，即视觉平面的设计，强调的是视觉感受，因此，所有创作技巧的研究都将围绕这一点展开。

5.2.1　平面广告的构成要素

构成平面广告的基本要素主要有图像、文字、色彩、布局。了解这些要素的基本特征和运用方法，对设计和制作各类平面广告都会有很大帮助。

1. 图像设计

通常情况下，受众在观看一幅平面广告时，首先映入眼帘的是图像，然后是标题，最后才是正文。据调查，如果平面广告中有插图，那么看插图的人是看正文的人的 2 倍。由此可见，广告图像在引人注目方面发挥着很大的作用。除此之外，广告图像通过线条、色彩、布局等视觉语言，能够创造出具体、直观的广告形象，弥补语言文字的不足，将那些难以表述的东西，进行直观而又形象的视觉展现，从而有效地传递广告信息，使人一目了然。同时，广告图像也具有美化版面的作用。

广告图像可分为绘画图像和摄影图像两大类。

1）绘画

它是以线条、色彩、布局等造型要素来表达意念和情感的艺术手段。广告绘画不同于一般的绘画，它不仅要富有艺术感染力，而且要表现广告信息，深化广告主题。一幅成功的广告绘画应该是艺术性、实用性和功利性的统一。广告绘画有多种表现形式，比如，广告插图、广告招贴等。与摄影图像相比，其最大的特点是抽象性与象征性。采用绘画图像制作的平面广告如图 5-1 所示。

图 5-1 “三洋”剃须刀广告

2）广告摄影

它是以现代机械、电子手段和技术，直观形象地表现广告创意的方式。它以光线、基准画面、背景为造型要素，以巧妙的构思、形象的设计开辟了一个全新的视觉审美领域。早在

1853 年，美国纽约《每日论坛》，第一次用照片为一家帽子做广告以来，摄影技术已被大量地应用于报刊、路牌、招贴广告和其他各种印刷广告中。与绘画广告相比，广告照片显得更真实、可信，更能够客观地再现事物的本来面目，因而也更具有说服力。采用摄影图像制作的平面广告如图 5-2 所示。

图 5-2 “Microsoft”键盘广告

广告图像的表现形式有写实类广告图像、写意类广告图像和暗示类广告图像。

1）写实类广告图像

这类表现形式着重表现商品的外观和特征，是最常用的广告图像表现形式，多为摄影图像。对某些特定商品，如家用电器、机械设备、时装、汽车等商品，写实的图像更便于消费者了解这些商品的外观造型、性能特点以及使用方法，如图 5-3 所示。

图 5-3 “一汽轿车马自达 6 ”广告

2）写意类广告图像

它可以通过对某种象征物的表现，使被象征的内容特点得到强烈而又集中地体现，多为绘画图像。这种形式常用于表现化妆品、烟酒、食品和药品等商品。

3）暗示类广告图像

通过再现商品的某一特性，间接地表现出与其相关联的其他方面，从而把复杂的内容用简洁的形式表现出来。例如，如图 5-4 所示，在一幅减肥广告中，用不同宽度的门的对比，暗示了减肥后的明显效果，给人们留下深刻印象。

图 5-4　一幅减肥广告

广告图像在视觉上可以为消费者营造某种感觉氛围，在表现技巧上应注意把握以下几点：抓住读者的注意力，激起读者的兴趣；突出产品独有的特征；展示产品在实际使用中的场景；协助说服读者相信文案承诺的真实性；为产品或广告主创造有利形象；在同一系列的广告中采用统一的图形图像技巧，保证广告的前后统一和连贯性。

2．文字设计

文字设计是增强视觉传达效果，提高作品诉求力，赋予版面美感的一种重要的构成技术。在平面广告中，文字设计主要包括字体、字号、字距与行距、文字的编排形式、广告文字的创意表现等环节。

1）字体

字体的选用是广告设计的基础，常用的字体有宋体、仿宋、黑体、楷体等，另外还有变化比较丰富的粗圆体、综艺体、琥珀体等。在选择字体时，不能仅仅为突出字体而选择字体，字体的种类、大小、轻重、繁简等均要服从整个广告设计的需要。有关资料表明，广告中的字体和情绪色彩有一定的联系：愉快的心境往往与弯曲、明亮的美术体相对应；悲伤、严肃的心境则易与角形的、粗体形的字体相联系。

2）字号

字号是表示字体大小的术语。大字体会造成视觉上的强烈冲击，易读性高；而细小的字体则会造成视觉上连续吸引的效果，画面精密度高，整体性强，给人一种纤细、雅致的感觉，但易读性较差。

3）字距与行距

比较规范的文字编排一般是行距为字高的 3/4；横排文字，字距应小于行距，行距又应该小于周围的布白。另外，文字的排列方向要符合传统阅读习惯，横排从左向右，竖排从右向左。在实际应用时，应该根据广告设计内容和形式的具体要求，进行字距和行距的具体安排。例如，如图 5-5 所示，“中国移动通信”的一幅平面广告，将不规则的字距与行距的文字编排成耳朵的图形，体现了“让沟通无处不在”的设计主题。

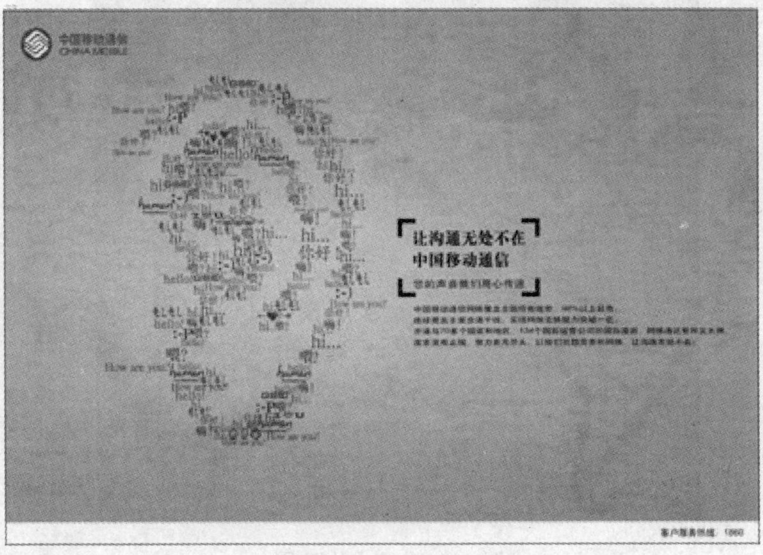

图 5-5 “中国移动通信”广告

4）广告文字的创意表现原则

（1）针对性原则

即字体的设计需要与所设计信息的具体内容、词义相配合，应根据宣传的对象、字体所处的环境，有针对性地进行设计，这样才能发挥出文字感染力的最大功能。

（2）易读性原则

即文字创意设计应该考虑到文字的整体诉求效果，给人以清晰的视觉印象，因此，设计时文字应避免繁杂零乱，要让人易认、易懂，切忌为了设计而设计。

（3）美观性原则

即文字作为视觉要素之一，具有传达感情的功能，为此它必须具有视觉上的美感，给人以美的感受。

（4）创新性原则

即根据广告主题的要求，突出文字设计的个性色彩，创造出独具特色的字体，给人以别开生面的视觉感受。图 5-6 是影片《天下无贼》的宣传海报，片名“天下无贼”几个文字采用黑体与图案结合的方式，创造出独具特色的字体效果。

图 5-6 电影宣传海报

3．色彩设计

色彩是把握视觉的第一关键所在，它作为平面广告的重要组成部分，既要体现商品的质感和特色，又要起到美化、装饰广告版面的作用。一幅具有个性化色彩的广告，往往更加引人注目。色彩通过结合具体的形象，运用不同的色调，让受众产生不同的生理反应和心理联想，树立牢固的商品形象，产生悦目的亲切感，吸引与促进消费者的购买欲望，从而达到推销商品、宣传品牌、让更多的消费者了解和接受广告产品的目的。

1）色彩的基本常识

色彩由色相、明度、纯度三个基本要素构成。色相是指色彩的相貌，即为红、黄、绿、蓝、黑等不同的颜色；明度又称亮度，是指色彩的明暗程度，明度越高，图像就越亮，反之则越暗；纯度又称饱和度，是指色彩的鲜艳及混浊程度，色彩含黑、白、灰的成分越多则色彩越不鲜艳，越混浊，纯度就越低，反之则越高。

色彩有冷暖之分。冷色看上去有给人寒冷的感觉，冷色系里主要有蓝色、绿色、紫色等；暖色看上去有给人温暖的感觉，暖色系里主要有红色、橙色、黄色等。冷色有后退感，暖色有前进感。

色调是指画面形成的色彩倾向，它是由色相、明度、纯度三个基本要素构成的，通过它们形成了六个最基本的色调有①暖调——以暖色相为主，表现为热烈、兴奋、温暖、甜蜜、兴奋等；②冷调——以冷色相为主，表现为平静、安稳、清凉、宁静、清和、空旷等；③明调——以高明度色为主，表现为明快、柔和、响亮等；④暗调——以低明度色为主，表现为厚重、稳健、朴素等；⑤鲜调——以高纯度色为主，表现为活跃、朝气、艳丽等；⑥灰调——以低纯度色为主，表现为镇静、温和、细腻等。

2）色彩与消费心理

公众对平面设计作品的第一印象是通过色彩得到的，色彩不仅能影响人的情绪，也会直接影响公众的消费心理，如食品类的包装与广告通常采用暖色的搭配，清凉可口的饮料通常采用冷色的搭配，这样容易引起人的食欲，促进购买。因此，在广告设计中必须考虑色彩的心理因素。

（1）红色

视觉刺激强，让人觉得活跃、热烈，有朝气。在人们的观念中，红色往往与吉祥、好运、喜庆相联系，它便自然成为一种节日、庆祝活动的常用色，同时红色又易联想到血液与火焰，有一种生命感、跳动感，还会有危险、恐怖的血腥气味的联想。

（2）黄色

明亮和娇美的颜色，有很强的光明感，使人感到明快和纯洁。幼嫩的植物往往呈淡黄色，因此会引起新生、单纯、天真的联想，还可以让人想起极富营养的蛋黄、奶油及其他食品。黄色又与病弱有关，植物的衰败、枯萎也与黄色相关联，因此，黄色又使人感到空虚、贫乏和不健康。

（3）橙色

兼有红与黄的优点，明度柔和，使人感到温暖又明快。一些成熟的果实往往呈现橙色，富有营养的食品，如面包、糕点等也多是橙色，因此，橙色易引起营养、香甜的联想，是易于被人们所接受的颜色。在特定的国家和地区，橙色又与欺诈、嫉妒有一定的联系。

（4）紫色

具有优美高雅、雍容华贵的气度，含红的个性，又有蓝的特征。暗紫色会引起低沉、烦闷、神秘的感觉。

（5）绿色

具有蓝色的沉静和黄色的明朗，又与自然万物的生命相一致，相吻合，因此，它具有平衡人类心境的作用，是易于被接受的色彩。绿色又与某些尚未成熟的果实的颜色一致，因而，会引起酸与苦涩的味觉。深绿易产生低沉消极、冷漠感。

（6）蓝色

极端的冷色，具有沉静和理智的特性，恰好与红色相对应。蓝色易产生清彻、超脱、远离世俗的感觉。深蓝色会滋生低沉、郁闷和神秘的感觉，也会产生陌生感、孤独感。

总之，在广告设计中的用色，需要把握住消费者心理，运用特定的色彩关系，发挥出色彩特有的个性，为广告创意锦上添花。

3）色彩与易读性

色彩对易读性的影响主要表现在两个方面，即色彩的光强度与色彩的匹配。

各种色彩其光强度不同，则易见度不同，光的强度越大，其易见度就越高。美国广告学家赖斯根据光度测定法，测出了 10 种颜色光的相对强度，如表 5-1 所示。其中，白色光的强度最高，为 1.000，其他颜色光的强度均小于 1.000。

表 5-1 不同颜色光的相对强度

颜色	白	黄	黄橙	橙	赤	绿	青绿	青	紫	青紫
强度	1.000	0.938	0.864	0.579	0.348	0.348	0.231	0.161	0.125	0.120

不同色彩的匹配，对易读性也有很大的影响。美国广告学家卢基通过研究，提出了不同颜色匹配的易读性等级，如表 5-2 所示。卢基认为，黄色背景黑色文字的印刷材料最为明了易读。

表 5-2 各种颜色匹配的易读性等级

等级	1	2	3	4	5	6	7	8	9	10	11	12	13
底色	黄	白	白	白	青	白	黑	红	绿	黑	黄	红	绿
面色	黑	绿	红	青	白	黑	黄	白	白	白	红	绿	红

4. 布局设计

所谓布局，就是在一定的版面空间中，对广告要素，如标题、正文、口号、图像等，进行合理配置，使其相辅相成，构成一个和谐的整体。平面广告布局应注意两个方面的内容。

1）重点突出

根据广告主题的要求，各广告要素在版面中所发挥的作用会有所不同，在布局时，应将需要重点表现的内容加以突出表现。一般人们读书看报，习惯从左到右、从上到下，也就是说，人们首先关注的中心是平面的左上部和中上部，即为视觉中心。因此，如图 5-7 所示，在平面广告中，应将重点内容放在整个广告作品的视觉中心的区域，再依次安排其他内容，以便能够在最短时间内抓住读者的视线，达到诉求的目的。

另外，要增加广告内容自身的刺激强度，比如，对重点内容采取加大空间、改变字号和字体、运用对比等方法，突出产品的重要信息，引起更多消费者关注。

图 5-7　某楼盘广告

2）变化与统一相结合

布局有变化，才会使版面更加生动、丰富，但各要素又要统一，只有统一才能条理清晰，构成一个整体。因此，要想布局合理，一定要处理好变化与统一的关系，两者要和谐一体，在变化中贯穿着统一，在统一中包含着变化。变化的方式多种多样，主要包括：体裁变化、文字变化、对比变化、色彩变化、线条装饰变化等。在版面布局中特别要恰当地运用虚实对比，不但可以凸显诉求点，还可以避免广告画面太满，分不清主次的问题。如图 5-8 所示，一幅“黑人牙膏”广告作品，画面采用大面积的蓝色空白，突出牙膏挤出的白云造型，表现产品洁白清新的主题。

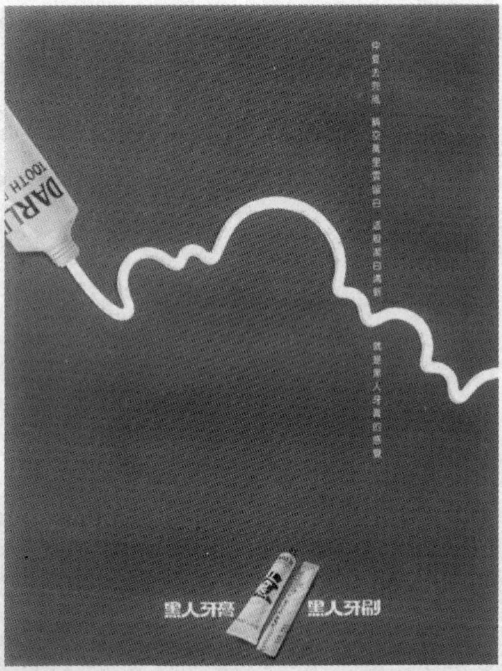

图 5-8 “黑人牙膏”广告

除此之外，平面广告还应遵循构图的基本法则，如对称法则、均衡法则、对比法则、分割法则等，使版面或者均衡、规则，或者活泼、生动，或者庄重、大方。

5.2.2 海报的设计

海报是最具传统的印刷媒体广告之一，是视觉传达的重要表现形式。它通过图片、文字、色彩、空间等要素的完美结合，会在第一时间抓住人们的视线，给予瞬间的刺激，同时向人们展示所要宣传的信息，起到广而告之的作用。海报由于常常张贴于商场、街道、影剧院、展览会、商业闹区、车站、码头、公园等公共场所，因此也叫招贴广告。同时，它也多用于电影、戏剧、比赛、文艺演出等活动。

1. 海报的种类

海报按其应用不同，大致可分为商业海报、文化海报、公益海报、政治宣传海报等。

商业海报是宣传商品或商业服务的海报，注重展示的是商品的冲击力或商业活动的形象象征。商业海报中，摄影技术和计算机绘图技术的应用占了绝大多数比例，如图 5-9 所示。

文化海报是各种社会文娱活动及各类展览的宣传海报，它也包括戏剧海报和电影海报。文化海报强调的是文化色彩的感性沟通，因此，这类作品往往以轻松的绘画形式表现，如图 5-10 所示。

图 5-9 卡西欧数码相机海报

图 5-10 中国骊山国际文化艺术节海报

公益海报和政治宣传海报，以传达具有思想性或教育意义的主题特色为追求目标，一般表现寓意深刻，令人意味深长，如图 5-11 所示。

图 5-11　塞盖拉作品：如果走得不稳有再好的保护措施也没用

2. 海报的设计技巧

海报的特点是形象展示充分，具有一定艺术感染力。图形是海报传达信息的主渠道，与之相配合的是广告口号与精练的文字。

海报的设计创作应紧紧围绕所要传达的信息特点来进行。例如，如果是工业品展览会招贴，一般选择工整的图案和字体，多用冷色调；如果是食品招贴，多用丰富、艳丽的色彩，有利于引发食欲；如果是歌舞表演招贴，就应画面生动活泼、热闹喜庆，富有感召力。除此之外，海报的设计还要抓住以下几点：第一，要有充分的视觉冲击力，可以通过图像和色彩的运用来实现；第二，海报表达的内容要精炼，内容不可过多，要抓住主诉点；第三，海报设计一般以图为主，以文为辅；第四，主题字体要醒目，该加粗的加粗，该飘红的飘红；第五，信息数量要平衡，要有留空，留空可以使图片和文字有呼吸空间；第六，要富有创意。

5.2.3 报纸广告的设计

1. 报纸广告的表现形式

报纸主要运用文字、图像、色彩、线条以及空白等版面语言表现广告内容，这些版面语言的不同组合，构成了不同形式的报纸广告。

（1）纯文字报纸广告

广告内容完全由文字组成，没有任何图片。这种形式适合表现信息内容较抽象、庄重而严谨、时效性较强的广告。

（2）图文并茂报纸广告

如图 5-12 所示，图片能够更直观地展现商品的形状、特征，或形象地表现广告主题，文字则做进一步的说明和阐释，这样既刺激消费者的感官，又有助于加深对广告内容的理解。

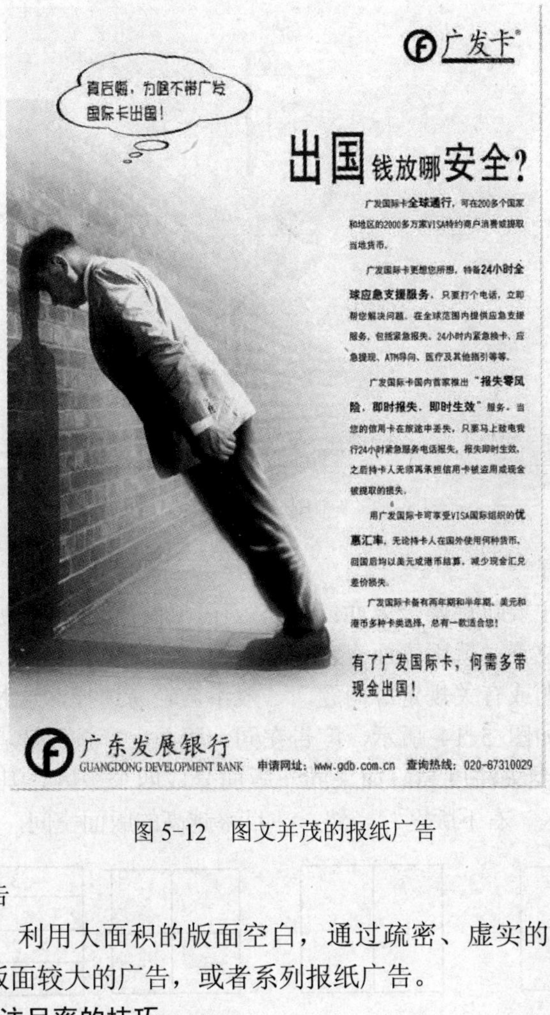

图 5-12　图文并茂的报纸广告

（3）空白报纸广告

如图 5-13 所示，利用大面积的版面空白，通过疏密、虚实的强烈对比，突出广告主题。这种形式适用于版面较大的广告，或者系列报纸广告。

2．提高报纸广告注目率的技巧

注目率是指接触报纸广告的人数与阅读报纸的人数的比率，它是衡量广告被感知程度的重要指标。注目率越高，广告传播效果越好，因此，设计制作报纸广告，要为提高报纸广告的注目率服务。

（1）版面大小的选择

报纸广告的版面大致可分为跨版广告、整版广告、半版广告、半版以内广告和小广告等。广告所占版面空间的大小，对广告注目率有直接的影响，通常情况下，版面越大，视觉冲击力越强，注目率就越高，当然，所付出的费用也会越高。

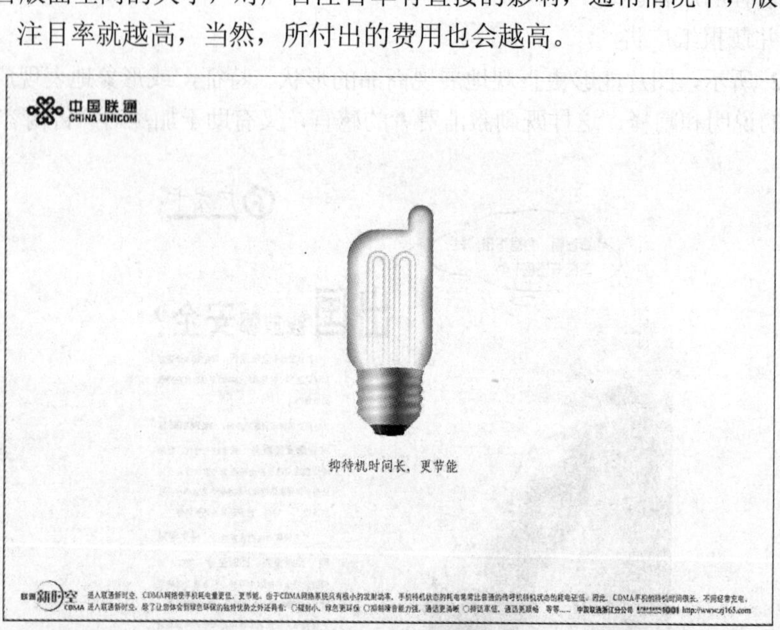

图 5-13 “中国联通”报纸广告

（2）版面位置的选择

版面位置的选择，主要包括两个方面：一是版序，即广告安排在哪一版；二是在同一版面上，广告所处的空间位置。就版序而言，报纸的正版，如第一版或要闻版，最容易引起人们的关注，但因价格问题或有关规定等问题，一般不会轻易选择，这时，可考虑选择与广告受众比较接近的版面。如图 5-14 所示，广告在同一版面上，按照读者的阅读习惯，上边要比下边，左边要比右边受关注度高。如果同一版面分成四个版区，其注目率依次是左上版区、右上版区、左下版区、右下版区。当然，注目率越高的版面空间，广告价格也会越高。

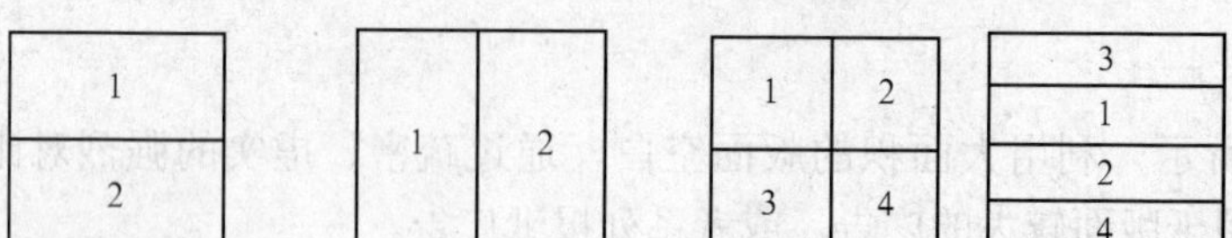

图 5-14 版面注意效果顺序

（3）研究读者阅读方式

报纸阅读的选择性较强，读者有时会选择跳读，而不同报纸版区的注目率会直接影响广告的注目率。这就需要对读者的阅读方式和习惯进行研究，善于抓住广告内容和表现形式与报纸版面的联系，抓住读者的视线，避免读者放弃阅读。

（4）运用色彩提高注目率

当前，随着我国印刷技术的进步，广告彩色化已经相当普遍。据调查显示，比起黑白广告，彩色广告的注目率要高 10%～20%，回忆率要高 5%～10%。为此，采用彩色、套色方法来刊登广告，会更加吸引读者关注。

5.2.4 杂志广告的设计

杂志广告与报纸广告相比，有很多相似之处，但杂志广告的针对性更强，不同的杂志拥有不同的读者群。因此，一些具体针对某特定对象的产品，往往使用杂志广告。

1．杂志广告的表现形式

杂志广告的表现形式多种多样，主要有直接利用封面形象和标题、广告语、目录为杂志自身做广告，独居一页、跨页或采用半页做广告，连续登载式广告，随杂志附上艺术欣赏性较高的插页、明信片、贺年卡、年历、甚至小唱片等做宣传。除此之外，还有一些特殊形式的广告，如立体广告，将广告做成三维立体型的；有声广告，翻开杂志时能够发出声音，类似音乐贺卡；香味广告，能散发出与商品有关的香味等。

2．杂志广告的制作技巧

因为杂志广告表现力丰富，读者阅读视觉距离短，可以长时间静心地阅读，所以杂志广告的制作相对于报纸广告而言，无论在形式和内容上，还是在制作技巧上都要更为讲究。

（1）注意版面位置的选择

杂志的封面往往反映了杂志的主题形象和宣传意图，其注目价值最高，其次是封底、封二、封三、扉页等，如表 5-3 所示。因此，要讲求科学利用版面位置。

表 5-3 杂志各版面位置的注意值

版　面	注意值（%）	版　面	注意值（%）
封面（封一）	100	扉页	90
封底（封四）	100	底扉	85
封二	95	正中内页	85
封三	95	内页	50

（2）注意版面的平衡和谐

杂志广告的结构平衡，会在视觉上给人以生动、丰富之感。要充分运用合理的布局、平衡、比例等因素，使版面给人以和谐统一、协调完整的直观印象。

（3）巧妙运用插图

借助插图，可以强化杂志广告的影响力。设计插图时，应进行故事性诉求，同时，还要与目标受众阅读杂志的心理保持一致，比如要引起女性的注目，就要选择与女性相关内容的插图。

（4）设计要精美

由于杂志具有印刷精美、编排细致、整齐的特点，因此，必须切实注意广告构图、设计的精细，最好能使用质感细腻的图片，这样色彩鲜明、逼真的商品形象容易引人注目，激发购买兴趣。

知识链接：平面广告设计应用软件

现代平面广告设计与制作中，计算机绘图软件应用在设计中发挥着举足轻重的作用。目前制作平面广告的常用软件有 Photoshop、PageMaker、Illustrator、FreeHand、CorelDraw 等设计软件。

1．Photoshop

著名的图像处理软件，美国 Adobe 公司出品。在修饰和处理摄影作品和绘画作品等位图时，具有非常强大的功能，主要包括图像处理、编辑、通道、图层、路径综合运用；图像色彩的校正；各种特效滤镜的使用；特效字的制作；图像输出与优化等。灵活运用图层风格，流体变形及褪底和蒙板，制作出千变万化的图像特效。

2．PageMaker

以文字处理为主，兼具简单图形图像处理的排版、组版软件，也是用于印刷和在线页面的首屈一指的专业出版软件。其制作精良的功能组合，以其强大的功能和多样性，为创作出色的印刷品和电子媒体作品提供了保障。

3．Illustrator

由 Adobe 公司出品的非常出色的矢量平面设计软件，不仅仅能为艺术创作服务，更能为平面设计和印刷提供无与伦比的精度和控制，适合在生产印刷出版线稿、插画以及各种多媒体图像设计中应用。

4．FreeHand

Macromedia 公司 Studio 系列软件中的一员，是一个功能强大的平面矢量图形设计软件。Macromedia 被 Adobe 收购后，Adobe Illustrator 还在新版本中也提供 FreeHand 独有功能和支持 FreeHand 文件导入，与其他图形图像软件兼容性较好。不论是海报招贴、公司徽标等都可以轻松完成，往往更多应用于广告、印刷等行业。

5．CorelDraw

世界一流的平面矢量绘图软件，被专业设计人员广泛使用。通过 CorelDraw 全方位的设计及网页功能融合到现有的设计方案中，制作矢量的插图、设计及图像，可出色地设计公司标志、简报、彩页、手册、产品包装、标识、网页等。

知识链接：平面广告印刷纸张的选择

为印刷出好的广告，必须选择好纸张。纸张的品种很多，但质地不一，常用的纸张有6种。

1．新闻纸

纸质松软，纸面平滑不起毛，吸墨性强，墨迹干燥快，具有一定的机械强度。缺点是抗水性差，易发脆变黄，不宜长期保存。一般用于印刷报纸、杂志和书籍。

2．凸版纸

质量均匀，不起毛，色白，不易发脆变黄，稍有抗水性能，有一定机械强度。一般用于印刷书籍和期刊。

3．胶版纸

主要用于印刷图片、书籍封面、插页以及地图、画报、商标等。分为双面、单面两种。单面纸是单面印刷用纸，主要用于印刷招贴和年画、宣传画等，其特点是伸缩性小，纸面平滑，质地紧密不透明，色白，可印多种颜色。

4．铜版纸

表面平滑、洁白，无斑点气泡，一般用于印刷高级精细的证件、单页、摺页、样本、目录和日历等。

5．白版纸

分单、双面两种，纸张洁白、平滑，质地紧密，伸缩性小，有韧性，耐折叠。主要用于包装装潢。

6．玻璃纸

纸面明亮、洁白，具有玻璃光泽，上墨性能好，印品色彩鲜艳，常用于印刷高档印刷品。

优秀平面广告赏析：窗

作品分析：这是第 22 届金犊奖获奖作品之一，大面积灰色的墙面上露出铁笼子般小小的窗，映出自闭症患者的孤独、无奈，与世隔绝以及对外面世界的渴望，旁边打出一行小字：没有人愿意住在笼子里，他们需要被理解……仿佛自闭症患者在窃窃私语……作品通过黑白与虚实的对比，在无声地呐喊：请关爱自闭症群体。

优秀平面广告赏析：活瓷·活水

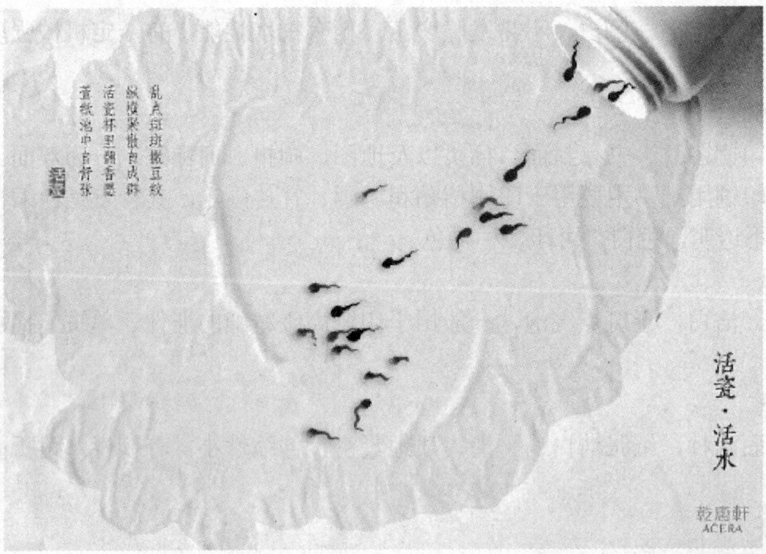

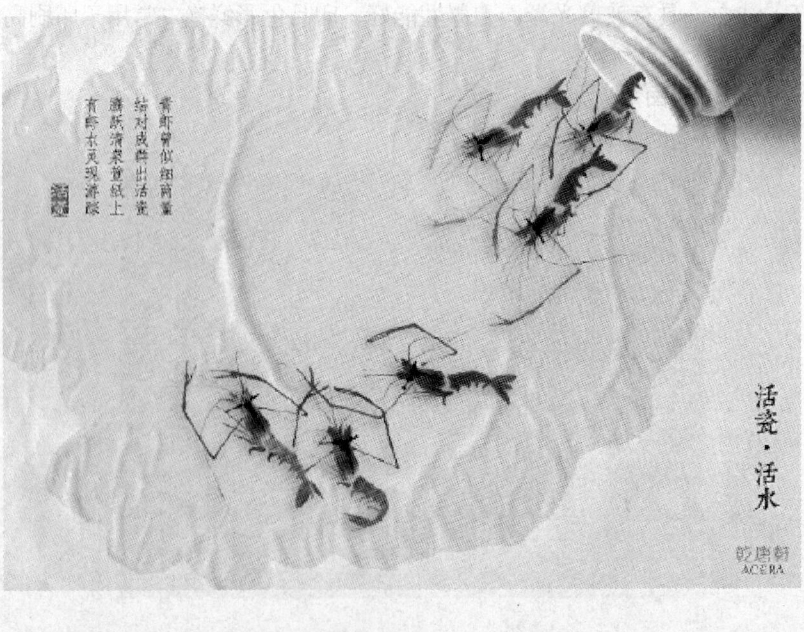

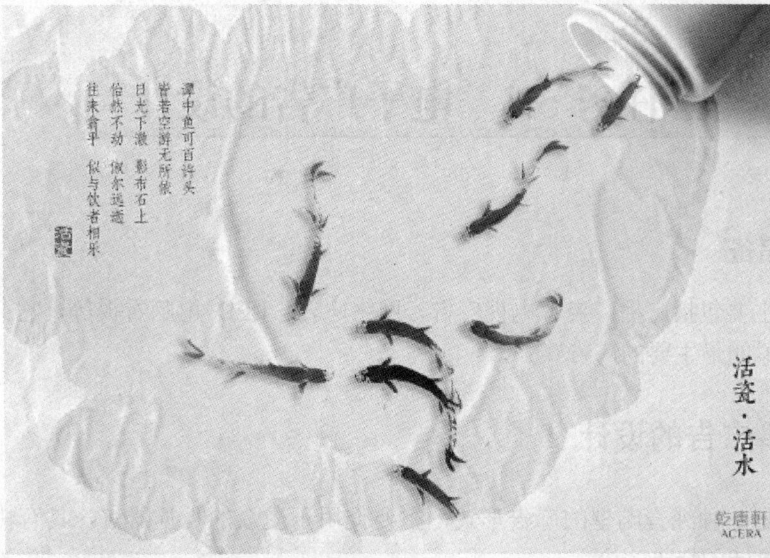

作品分析：这是第 23 届金犊奖获奖作品之一，从瓷杯里流出的水，浸湿了国画，顿时，画面中的蝌蚪、虾、鱼儿活了起来，好一个“活瓷·活水”，好一个创意！作品融入了民族元素：陶瓷、水墨画，美不胜收。正是印证了那句话：民族的才是世界的！

资料来源：http://www.cnad.com/（中国广告网）

任务演练：设计魅族 MX4 手机平面广告

1．演练目的

通过本次演练，提高学生的平面广告设计能力。

2．演练要求

依据前期的广告策略决策及创意提案，设计魅族 MX4 手机平面广告。要求主题鲜明，富有创意，版面布局合理。

3．演练步骤

步骤 1：确定广告主题。

步骤 2：设计广告画面。

步骤 3：设计广告文字。

步骤 4：版面布局。

步骤 5：修改、完善，形成完整的魅族 MX4 手机平面广告作品。

4．演练成果

各广告策划团队提交魅族 MX4 手机平面广告设计作品，并做 PPT 汇报，从中选出最佳平面广告作品，给予奖励。

任务 5.3 电子广告的设计

知识储备

电子广告主要包括广播广告、电视广告、网络广告、LED 电脑看板等，它们是企业宣传产品、树立形象的最主要的广告媒介。

5.3.1 广播广告的设计

广播广告是一种纯音响型的广告形式，主要作用于受众的听觉器官，具有快捷、广泛、通俗、悦耳和灵活的特点。

1．广播广告的构成要素

广播广告的独特之处是通过声音来传递信息，广播广告中的声音包括人声、音乐和音响，这三声构成了“广播广告的三要素”。

（1）人声

人声主要是指人的有声语言，同时还包括人的歌声、情绪、呼吸声，以及人群的嘈杂声、交流声等。语言是人际交流的重要手段，无论是报纸、杂志等平面广告，还是电视、广播等电子广告，语言都担负着传递信息的主要任务。尤其在广播广告中，有声语言是传递商品信息、反映商品个性的主体。为此，设计广播广告的有声语言，应做到通俗易懂，简洁明快，塑造情境，重复有度。

（2）音乐

音乐是对广播广告的烘托，它往往以优美的旋律表达特殊的思想感情。在广播广告中，音乐的作用主要表现为：第一，引起听众的兴趣，避免广告平铺直叙；第二，创造气氛与情调，加深听众对企业或所宣传商品的印象；第三，突出广告主题，增加广告的感染力。一般来说，广告的背景音乐可以是从现成的作品中节选的，也可以是专门创作的，无论是哪一种形式，都要求广告音乐要有个性，要很好地表现广告主题。

（3）音响

音响是指除了人声和音乐以外的一切声音，如开动机器声、马达声和锣鼓声，以及自然界风、雨、雷电等声音。音响可以创造一个声音环境，可以叙述或表现一个时间，也可以表达思想和感情。广播广告的音响设计，要富有特色，要真实、准确，要与有声语言巧妙配合。

2．广播广告的表现形式

广播广告的表现形式主要有解说式、对话式、歌唱式及综合式等。

（1）解说式

用说明广告内容的解说词直接播报广告。它是最基本的广告形式，制作简单，多用于即时性的促销广告。采用这种形式做广告，要注意：播音者声音的选择要有特色，要引人关注；解说词要自然、生动、富有感染力；适当配以音乐，减少单调感。

（2）对话式

采用两个人或两个人以上的对话形式介绍产品或活动。这种广告形式自然有趣，富有生活气息，制作也比较简单，因此运用较为广泛。

（3）歌唱式

将广告词谱成曲，用歌曲、戏曲、快板、评书等艺术形式加以宣传，使人在欣赏音乐的同时接受广告信息。这种广告形式活泼生动，让人印象深刻。但在运用时要注意：唱词要通俗易懂，要反映广告主题，演唱者吐字一定要清晰。

（4）综合式

广告同时采用两种或两种以上的表形形式，增强感染力，激发听众兴趣。

3．广播广告的设计制作程序

（1）准备阶段

广播广告也与其他媒体一样，首先从定位开始，要先了解广告主的广告意图。然后，要根据定位中所示的广告概念完成演播脚本，它是广播广告的设计草图。脚本完成后要向广告主提示、说明。如得到广告主的认可，便开始选择和确定录音角色，收集音乐、音响资料。其中，播音员的声音形象，即音质、音调、音色个性，是决定广播广告能否实现最终创意要求的关键一步。

（2）录音阶段

在录音阶段要完成人声的录制及效果声与音乐声的录制。其中，播音员的声音录制要经过两个过程：一是预演，二是正式录音。预演时，要求演员将脚本的台词排练数遍，同时检查录音设备情况及效果。经过预演彩排后，在导演对艺术气氛以及录音技术指标的严格控制下，方可开始正式录音。

（3）合成阶段

合成是广播广告的最后一道程序，需要导演和录音师密切配合，将各种声音的主次、轻重、衔接都完成得天衣无缝。广播广告的合成阶段是一项艺术性、技术性、经验性相结合的编辑工作。

5.3.2 电视广告的设计

电视集声像、色彩、画面、语言于一体，以其形象生动、娱乐性强、表现形式多样等特点吸引受众，对消费者的视觉、听觉同时发生作用的，具有广泛影响力的大众传播媒体。由于它是高度现代化、专业化的传播媒介，因此，电视广告的设计与制作比其他类型的广告更复杂、精细。

1．电视广告的构成要素

画面、声音和时间，构成了电视广告的三要素。

（1）画面

画面是电视广告传递信息的最主要的渠道。一个画面，也可以称为一个镜头，但一个镜头有时不止一个画面。画面包括人、物、字、景、光、色等。

人或物，即被拍摄的主体。广告中的人（演员），要从广告创意的需要出发选择，力求演员的形象及表演贴近广告氛围，有利于表现广告主题，给人一种亲切、真实、可信的感觉。

字，即广告片中打出的字幕。常用的广告字幕有说明字幕、附印字幕、对白字幕、标版字幕等。其中，标版字幕，主要显示广告标题、广告口号、企业名称、品牌名称等关键文字，一定要突出醒目。

景，即背景。它包括实景和布景。实景是被摄入镜头的自然环境，真实；布景是在摄影场地人工搭建，人为制造出来的景物，拍摄方便、经济。有时也可以利用电脑特技来创造背景。

光，即摄影用光，主要有主光、副光、正侧光等。它决定着拍摄对象的色彩、影调、形状和轮廓等，使画面更具有艺术表现力。

色，即色调，一部广告片的基本调子。它是表现广告风格和主题思想的主要手段。广告色调要力求突出主题，渲染气氛，富有强烈的艺术感染力。

（2）声音

电视广告的声音同样也分为人声、音乐和音响。与广播广告不同，电视广告中的人声，可分为演白和旁白两种。演白是演员一边表演一边说的话，它具有与观众直接交流的亲切感；旁白是画外音，包括演员的内心独白、回忆或解说员的画外音，它主要用于补充画面语言的不足。无论是演白还是旁白，台词一定要简洁、口语化，富有节奏感。

（3）时间

时间直接影响着人们对电视广告信息的认知。研究表明，人们要想看清一个画面至少需要 1 秒种以上的时间，因此，电视广告的中心画面应不少于 1 秒。一般来说，电视广告的片长以不超过 60 秒为宜，具体有 5 秒、15 秒、30 秒、40 秒、45 秒和 60 秒电视广告。5 秒和 15 秒的标版广告，只能起到提醒的作用，而 30 秒以上的电视广告也只能表达一个或最多两个主题。由于受时间的限制，对电视广告的制作提出很高的要求。

2．电视广告的表现形式

电视集电影、歌舞、戏剧、文学、美术等多种艺术技巧于一身，其广告的表现形式和表现手段异常丰富。目前，常采用的表现形式有故事式、印证式、比较式、比喻式、幽默式、悬念式、解决问题式和名人推荐式等。

（1）故事式

用讲故事的形式来表达商品与受众的关系，能够较好地吸引受众的注意力，使受众产生共鸣。大卫·奥格威曾说过："伟大的广告应该是一个娓娓讲述的故事。"这种表现形式的广告，可以充分发挥电视媒体的特长，具有较强的娱乐性和戏剧性。

（2）印证式

用知名人士或普通人物来印证商品的用途及好处，以达到有口皆碑的效果。使用这种方法，要求技巧必须高明，否则受众会怀疑被访者言辞的可信度及真实性。

（3）比较式

就是通过事实的比较，将广告所宣传的商品能带给公众的利益，真实地表现出来，具体包括商品品质的对比、产品革新前后的对比、价格对比等。例如，某洗衣粉广告将所宣传的洗衣粉和其他洗衣粉所洗的衣物做比较，通过较大反差的效果，形成强烈的对比，突出表现该洗衣粉的优秀品质。它是一种竞争型的广告表现形式。

（4）比喻式

用浅显易懂，人所共知的比喻，引出广告主题。

（5）幽默式

用幽默风趣的语言或手法，展示商品的形象，使受众在轻松愉快的气氛中领会与接受广告信息。例如，我国著名小品演员赵本山、范伟等出演的电视幽默广告。

（6）悬念式

用悬念手法提高受众的注意力及好奇心，然后引出商品。

（7）解决问题式

将一个难题夸张，然后将商品介绍出来，提供解决难题的答案，如海飞丝去头皮屑广告。当新产品或改良产品上市初期，多采用此种表现形式，尤其是日常生活用品和药品广告最为普遍。

（8）名人推荐式

借助知名人士在社会上的知名度，利用他们的聚焦力和号召力，影响目标受众的态度，刺激消费者购买欲望。

电视广告从制作技术手段上可以分为两大类：一类是胶片广告，采用 35 mm 电影摄影机拍摄；另一类是录像广告，用电视摄像机拍摄。胶片广告的特点是表现商品及人物时，画面较为细腻，色彩还原好，表现手段丰富，具有较强的感染力。录像广告的特点是图像和声音更为逼真，制作周期短，费用相对低廉。我国目前的电视广告制作以录像广告为主。

3．电视广告的设计制作程序

（1）策划设计阶段

这一阶段的工作主要包括：首先，了解广告主的广告意图，进行定位，然后根据定位，完成电视广告分镜头脚本，即故事版的创作；其次，确定广告制作人员的组成，如导演、摄影师、美工等，根据脚本的需要选择演员；最后，召开制作人员会议，做好具体分工。这一阶段的核心任务是完成分镜头脚本和组成广告摄制小组。

（2）实际拍摄阶段

当摄制组进入拍摄场地，导演就成为对各工种进行总控制的指挥中心，一切应在导演领导下有条不紊地进行。作为广告的导演，要注意调动演员的创造性，总体把握各镜头之间的关系，能够灵活处理现场情况。

（3）后期制作阶段

广告片的剪辑是广告制作的最后一道程序，也是一种再创造的过程。它既可以使前期拍摄的素材发挥最大的作用，同时也可以利用各种编辑技巧，通过声音、画面的组合，以及音乐、音响等，为广告增添新魅力，创造出神奇的艺术效果。通常广告片的素材与成片的比例为几十比一，可见这一阶段的工作是非常艰巨的。另外，由于广告有严格的时间限制，在广告剪辑中，画面以帧来计算，为此，剪辑师对时间的控制要十分精确。

5.3.3 网络广告的设计

随着信息产业的飞速发展，以 Internet 为传播媒介的网络广告已成为很有潜质的新型媒体形式，它具有传统广告所无法比拟的优势。

1．网络广告的构成要素

网络广告具有五大传达要素，即文字、图像、空间、时序和声音。网络广告的设计表现手法与传统广告相比，虽然构成广告画面的元素大致相同，但网络广告却增加了一些新的要素。比如，相对平面广告而言，网络广告增加了声音、动态和时序的变化，时序是指画面可以按照预定的顺序出现；相对于电视广告而言，网络广告的优势为空间上的层页链接，链接是指通过单击可以链接到另一页面中，实现空间的转换。网络广告的这些要素，各自都有不同的使命和作用，只有将这些要素进行统一编排，网络广告的功能才会更明确，给受众的印象更深刻。

2．网络广告的主要形式

（1）网幅广告

网幅广告包含横幅广告（Banner）、按钮广告（Button）、通栏、竖边、巨幅等，是以 GIF、JPG、Flash 等格式建立的图像文件，定位在网页中大多用来表现广告内容，同时还可使用 Java 等语言使其产生交互性，用播放软件 Shockwave 等插件工具增强表现力。

（2）文本链广告

文本链广告是以一排文字作为一个广告，单击可以进入相应的广告页面。这是一种对浏览者干扰最少，但却较为有效果的网络广告形式，如图 5-15 所示。

（3）电子邮件广告

电子邮件广告具有针对性强、费用低廉的特点，且广告内容不受限制，特别是其针对性强的特点，为其他网上广告方式所不及。

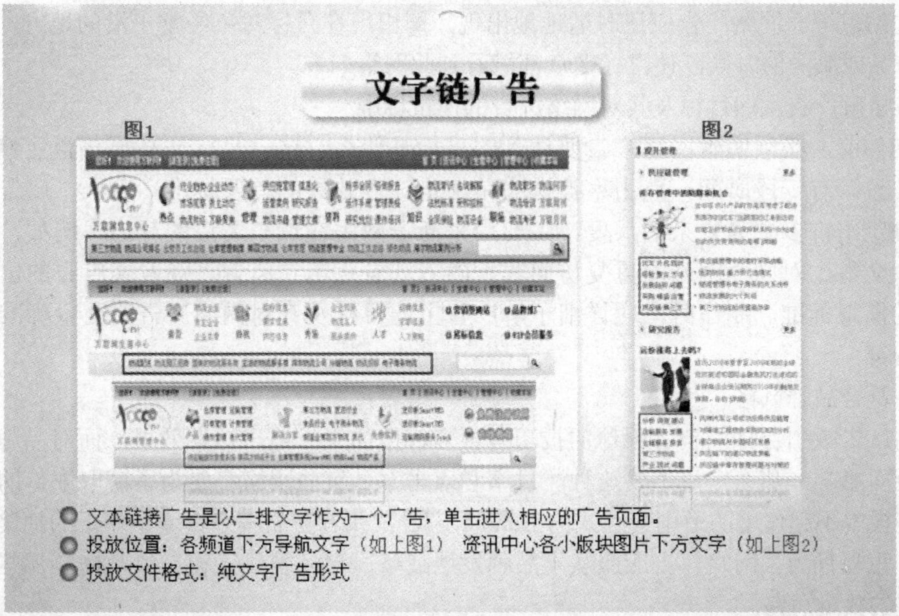

图 5-15 文字链广告

（4）与内容相结合的广告形式

从表面上看起来，这类广告更像网页上的内容，浏览者在浏览网页内容的同时，获得了广告信息。

（5）插播式广告

插播式广告又称弹出式广告，访客在请求登录网页时，强制插入一个广告页面或弹出广告窗口，它们有点类似电视广告，都是打断正常节目的播放，强迫观看。插播式广告有各种尺寸，有全屏的也有小窗口的，有静态也有动态的，浏览者可以通过关闭窗口放弃观看广告，这是电视广告所无法做到的。

（6）富媒体（Rich Media）广告

一般指使用浏览器插件或其他脚本语言、Java 语言等编写的具有复杂视觉效果和交互功能的网络广告。这类广告的效果如何，一方面取决于站点的服务器终端设置，另一方面取决于访问者的浏览器是否能顺利查看。一般来说，富媒体广告能表现更多、更精彩的广告内容。

3．网络广告的制作原则

网络广告的制作方法有很多种，其基本原则与传统广告有相同之处。下面就以网络广告最基本的形式——Banner 为例，介绍网络广告制作的基本原则。

（1）研究目标对象

在制作网络广告之前，应仔细研究目标对象的每一个细节，包括他们的上网行为，经常喜欢去的站点等。网络广告应适时适地地出现，即出现在目标对象经常出没的地方，在需要了解该产品或服务的时候，使目标受众都能看到此网络广告。

（2）了解广告主的目标及其对网络广告的衡量标准

在制作前，必须明确网络广告要达到的目标是什么，这一目标又必须与企业整体营销目标相一致。有一段时间，点击率被认为是衡量广告效果的首要标准。后来，广告主对在线广告制定出许多更为复杂的尺度，主要用来衡量网民在点击之后的行为，例如，在线注册、产生交易、对同一网站的重复访问等。随着观看点击式广告、观看式广告的出现，又有了新的衡量标准。制作时，应详细了解广告主的目标及其对网络广告的衡量标准，要尽量与其相符。

（3）符合品牌风格

网络广告吸引目标消费者眼球的技巧有很多，但如果只追求短期效果，而对品牌的可信度产生负面影响，那么宁可不要这种注目率和点击率。有些网络广告为了博取廉价的点击，采用一些根本不起作用的所谓交互式的 Banner 广告，或者与品牌宗旨毫不相干的抽奖活动，这是一种短视行为。网络广告应服从于品牌发展战略，与品牌风格相一致，抛弃那些不利于品牌发展的狭隘思路。

（4）内容简单明了

网络广告的幅面一般都很小，因此，要求网络广告的内容务必简单明了。如果有几个相互之间关联的营销主题，可以采用系列广告的形式来传达，如果要传递复杂概念，可以采用中间网页或迷你站点。

（5）建立有效组合

采用富媒体广告技术的广告比动态 GIF Banner、标题及按钮能产生更高的点击率。可以将富媒体广告技术与动态 GIF 图片和按钮有机地结合，建立一个有效的在线广告组合，最大程度地达到客户的预期目标。

（6）保持用词一致

网络广告具有链接性，在不同的网页可以看到同一品牌的广告，因此，应该保持广告语言，特别是广告口号的一致性。另外，网络广告是企业整体广告策略的一部分，网络广告的用词还应该与其他传统媒体广告的用词保持一致。

知识链接：影视广告脚本的种类

1．概念脚本

即 concept board，是创意的基本架构。概念脚本不需要很详细的情节描述，有时只是明确广告需要表达的重点内容、营造什么样的气氛以及突出何种情感等要素。

2．文字脚本

即 script，以文字描述场景、动作、对白、音效等。文字脚本标准规则是每页左半边介绍画面部分，按镜头顺序进行依次描述，右半边是声音部分的描述，包括旁白和音效。

3．故事脚本

即 story board，也称故事板，把文字脚本描述的创意构想通过美术手段进行视觉化呈现。为了方便提案，有时将主要画面都事先加以绘制，一般也是按照镜头顺序依次绘制而成。

4．分镜头脚本

即 shooting board，也称制作脚本。从导演的拍摄角度出发，往往标明镜头角度、焦距、灯光等具体制作要素，利于正式拍摄参考。

5．相片脚本

即 photo board，多使用在广告测试、归档。

知识链接：影视广告拍摄术语

1．景别

景别，是指由于摄影机与被摄体的距离不同，而造成被摄体在摄影机寻像器中所呈现出的范围大小的区别。景别的划分，一般可分为五种，由近至远分别为特写（人体肩部以上）、近景（人体胸部以上）、中景（人体膝部以上）、全景（人体的全部和周围背景）、远景（被摄体所处环境）。

2．镜头

变焦距镜头，摄影机位置角度不动，运用镜头的移动，改变画面与对象的距离，使画面视野变大或变小。不同的焦距变化会造成不断的空间转换，引导观众或注意某一个局部，或进入更广阔的空间。

变焦点镜头，运用镜头内部焦点的清晰与模糊的虚实变化，调整画面的表现重点，展示广告主题。

慢镜头，用高速摄影机拍摄对象，然后按正常速度放映，使之产生缓慢的运动感。它多用来创造意境，加强画面的感染力。

快镜头，用低速或定时间隔拍摄，然后按正常速度放映，使其产生快速的运动感。它对于表现那些形成过程非常慢的产品有特别意义，会创造一种喜剧的效果。

3．镜头的运动方式

随着摄影机纵向、横向、垂直、不同角度的运动变化，形成了各种不同的镜头运动方式。

推镜头，拍摄对象不动，摄影机向前移动，由远及近，由全景逐渐推成人物近景或特写。它的主要作用在于描写细节，突出主体，刻画人物，制造悬念等。

拉镜头，其镜头运动方向与前一种相反，拍摄对象不动，摄影机逐渐远离拍摄对象，使人产生宽广舒展的感觉。

跟镜头，摄影机跟随运动者拍摄，可连续而详尽地表现角色在行动中的动作和表情，有利于展示人物在动态中的精神面貌。

摇镜头，拍摄位置不变，镜头在一个固定轴心，上下或左右摇动，将现实环境中的景物按顺序收入画面，就像人的眼睛在审视周围一切一样。左右摇一般适用于表现浩大的群众场面或壮阔的自然美景，上下摇则适用于展示高大建筑的雄伟或悬崖峭壁的险峻。

移镜头，摄影机沿各个方向做移动拍摄，可以把行动着的人物和景位交织在一起，产生强烈的动态感和节奏感。通常说明移的方式，常用水平方向的横移、垂直方向的升降和沿弧线方向的环移等来描述。

升降镜头，可分为上升镜头和下降镜头。上升镜头，摄影机从平摄慢慢升起，形成俯视拍摄，以显示广阔的空间；下降镜头则相反，多用于拍摄大场面的场景，能够改变镜头和画面的空间，有助于加强戏剧效果。

知识链接：广播广告脚本范本

公益广告“监狱篇”

时间：40秒

背景音乐：大提琴曲——“缠绵往事”渐起。

音响：关闭铁门的声音由刺耳到渐渐消失。

男声（带有沉闷悔恨的语气）：我叫司徒永波，18岁，因故意杀人被判死刑。

女声（缓慢欲哭的声音）：我叫余雪，今年19岁，因吸毒抢劫被判有期徒刑3年。

男声（悔悟的语气）：我叫李明，今年18岁，因强奸被判有期徒刑8年。

背景音乐响起8秒，由强到弱。

女声旁白：对年青一代，多一份爱，多一点关心，社会就会少一份罪恶，多一点安定。

背景音乐渐渐变小直至停止。

知识链接：电视广告脚本范本1

中国人民保险公司上海分公司广告

镜头一：（特写）两条金鱼在鱼缸里悠闲自在地游来游去。

镜头二：（叠化到中间）一个金鱼缸安稳地放在架子上。

镜头三：（拉至全景）突然，鱼缸从架子上跌落下来，掉在地上摔得粉碎，水、鱼和玻璃碎片四处飞溅。

镜头四：（特写）一条金鱼在地上来回翻腾，奄奄一息。

镜头五：（全景推至中景）地上的水、金鱼和玻璃碎片逐渐聚拢起来，顺着倒下的轨迹回复到架子的原来位置上，玻璃碎片合拢成鱼缸，两条金鱼又像往常一样在水缸里悠闲自在地游来游去。

镜头六：（用特技叠上字幕）参加保险，化险为夷。

镜头七：（叠化到全景）拾元人民币迅速一圈排开。

镜头八：（全景用特技叠上字幕）中国人民保险公司上海分公司。

知识链接：电视广告脚本范本 2

南方黑芝麻糊广告

时间：20 世纪 30 年代的一个晚上

地点：江南小镇街巷

人物：小男孩、挑担卖芝麻糊的妇女、妇女的小女儿

片长：30 秒

镜号	景别	镜头运动	画面说明	画外音、字幕	音乐、音效
1	全	下移	麻石小巷，天色近晚，一对挑担的母女向幽深的陋巷走去	妇女叫卖声："黑芝麻糊哎——"	
2	特		芝麻糊担子的油灯，有节奏地摇动		音乐起
3	近		深宅大院门内，一个小男孩使劲拨开粗重的樘栊，挤出门来，深吸着飘来的香气	男声："小时候一听见黑芝麻糊的叫卖声，我就再也坐不住了……" 妇女的叫卖声："黑芝麻糊哎——"	
4	近		女孩儿头也不抬地用木棍搅动芝麻糊锅		
		右摇	芝麻糊担子		
			妇女从锅中舀出芝麻糊倒入碗中		
5	特	拉中	递给一位老太太		
			大锅里，浓稠的芝麻糊不断地滚腾，热气蒸腾		
6	特		男孩搓手，舔嘴迫不及待的样子		
7	大特	下移	大铜勺被提得老高，勺倾倒下，热乎乎的芝麻糊流出		
			碗接		
8	大特		小男孩埋头猛吃，大碗几乎盖住了脸庞		
9	特		小女孩投去新奇的目光		
10	近	摇	几名过路食客美美地吃着，妇女接过食客递过来的碗，周围蒸腾着浓浓的香气	左下角字幕：南方黑芝麻糊	
11	特		站在大人背后的小男孩将碗舔得干干净净		
12	特		女孩掩嘴善意地笑		
13	近	下移	妇女爱怜地给小男孩添上一勺，轻轻地抹去他脸上的残糊		

续表

镜号	景别	镜头运动	画面说明	画外音、字幕	音乐、音效
14	大特		小男孩默默地抬起头，目光里似羞涩、似感激、似怀想、意味深长…… 热气自右入画	叠字幕：“一股浓香，一缕温暖”	
15			包装精美的黑芝麻糊	男声：“南方黑芝麻糊”	
16	特		商标、商品名、厂名	字幕：南方黑芝麻糊 广西南方儿童食品厂	

任务演练：设计魅族 MX4 手机电视广告脚本

1．演练目的

通过本次演练，提高学生的电视广告设计能力，同时学会撰写电视广告脚本。

2．演练要求

依据前期的广告策略决策及创意提案，完成电视广告脚本，要求主题鲜明，富有创意。

3．演练步骤

步骤 1：确定广告主题。

步骤 2：完成文字脚本。

步骤 3：完成故事脚本。

步骤 4：完成分镜头脚本。

4．演练成果

各广告策划团队提交魅族 MX4 手机电视广告分镜头脚本，并做 PPT 汇报。

经典广告点评

柯达胶卷“柯达一刻”（20 秒）电视广告

广告分镜头脚本

<table>
<tr><th>序号</th><th>镜头</th><th>画面</th><th>配音</th></tr>
<tr><td>1</td><td>平、中
推近</td><td>K 字母，以光谱之七色光出现，占居画面中央。渐变成空心，里面一男孩在洗脸池边挤牙膏</td><td rowspan="3">男声歌唱：
这一刻多温馨，
甜的笑，真的心，
镌记了每一刻，
柯达，啊，
就让每一刻掌握你手中，
别让它溜走，
别让它悄悄溜走</td></tr>
<tr><td>2</td><td>平、近</td><td>挤不出来，用力，牙膏猛然挤出，喷了男孩一脸。男孩一惊，呆立。相机“咔嚓”将影像固定</td></tr>
<tr><td>3</td><td>平、中</td><td>公园中，一群少年滑旱冰。疾跑、转弯，前面一人摔倒，后面的人跟着倒下。七仰八叉地冲到一少女穿旱冰鞋的脚前。相机“咔嚓”将这一刻锁定</td></tr>
<tr><td>4</td><td>平、近</td><td>舞台上，幼儿园的小朋友表演节目。扮成老虎的男孩穿着一身虎皮衣，向穿小白兔衣服的女孩蹦跳着，突然裤带松了，虎皮裤落下，小屁股显露。“小老虎”十分尴尬地提起虎皮裤。相机“咔嚓”将这一瞬间留住</td><td rowspan="4">柯达镌记了每一刻。
……
男声旁白：
属于你的家庭欢乐，柯达为你记录</td></tr>
<tr><td>5</td><td>平、近</td><td>爷爷、孙子、奶奶依次坐于沙发，欣赏着手中的照片。爸爸、妈妈站在身后一起观看，其乐融融</td></tr>
<tr><td>6</td><td>特写</td><td>柯达胶卷五彩的包装盒</td></tr>
<tr><td>7</td><td>定格</td><td>柯达商标
字幕：www.kodak.com</td></tr>
</table>

创意说明

胶卷是该广告片中记录关键时刻的“主角”，广告展示了生活中经常发生一些有趣的故事片段，每到关键时刻就被柯达记录下来，以此表达：“记录每一刻，不让它流走，柯达为你记录每一刻属于你的家庭欢乐”的诉求。

技巧分析

这里主要分析其镜头的组合运用。广告共由 7 组镜头组成，分别运用平移、拉近，再平移、再渐渐拉近的手法，完整地记录了四个不同的画面。在这些镜头中，所表达的全部是一些日常生活中的动情故事，记录下这珍贵而又难忘的瞬间正是人们的愿望。这则广告每个镜头的结尾，都出现一个照片的图像，把生动的场面，定格在照片中，构思巧妙，独具匠心。

知识点小结

广义的广告文案是指广告作品本身，即广告作品的全部内容；狭义的广告文案则是指广告作品中的语言文字部分。广告文案是一种特殊的应用文体，根据诉求方式的不同，可以把广告文案划分为三种文体类型：理性型广告文案、情感型广告文案、情理交融型广告文案。广告文案由标题、正文、口号、随文四个部分构成。广告文案的创作不同于一般的文学创作，它要为广告的商业目的服务，还要受到媒体时空的限制，因此，广告文案的创作必须遵循如下要求：主题鲜明，定位准确；取材真实，内容准确；结构简明，布局严密；用词准确，言简意赅；生动形象，便于记忆。

构成平面广告的基本要素主要有图像、文字、色彩、布局等。报纸广告和杂志广告是平面广告的两大主要类型。报纸主要运用文字、图像、色彩、线条以及空白等版面语言表现广告内容，其主要的表现形式有文字型、图文并茂型、空白广告等。在报纸广告的设计中，应关注如何提高报纸广告注目率的问题，这与版面大小的安排、版面位置的选择、读者的阅读方式，以及色彩的运用密切相关。杂志广告的表现形式多种多样，主要有直接利用封面形象和标题、广告语、目录为杂志自身做广告，独居一页、跨页或采用半页做广告，连续登载，随杂志附上艺术欣赏性较高的插页、明信片、贺年卡、年历、甚至小唱片，还有其他特殊形式的广告。因为杂志广告表现力丰富，读者阅读视觉距离短，可以长时间静心地阅读，所以杂志广告的制作相对于报纸广告而言，无论在形式和内容上，还是在制作技巧上都要更为讲究。

电子广告主要包括广播广告、电视广告、网络广告等。广播广告是一种纯音响型的广告形式，广播广告中的声音包括人声、音响和音乐，被称之为“广播广告的三要素”。广播广告的表现形式主要有解说式、对话式、歌唱式及综合式等。画面、声音与时间构成了电视广告的三大要素。电视广告的表现形式主要有故事式、时间式、印证式、比较式、比喻式、幽默式、悬念式、解决问题式、名人推荐式等。网络广告具有五大传达要素，即文字、图像、空间、时序和声音，这些要素各自都有不同的使命和作用，只有将这些要素进行统一编排，网络广告的功能才会更明确，给受众的印象更深刻。网络广告的主要形式有网幅广告、文本链接广告、电子邮件广告、与内容相结合式、插播式广告和富媒体。

能力培养与训练

1．名词解释

广告文案　广告口号　色相　明度　纯度　注目率　广播广告三要素　电视广告三要素　网络广告

2．简答题

（1）举例介绍广告文案的三种文体类型。

（2）简述广告标题与广告口号的区别与联系。

（3）简述广告文案的创作要求。

（4）简述构成平面广告的基本要素及其特点。

（5）广告图像的表现技巧有哪些？

（6）请举例介绍色彩与消费心理的关系。

（7）平面广告布局应遵循哪些原则？

（8）如何提高报纸广告的注目率？

（9）简述杂志广告的制作技巧。

（10）请举例介绍电视广告的制作要求。

（11）网络广告的构成要素有哪些？

（12）举例分析网络广告的制作原则。

3．技能题

（1）请以“健康、有活力”为主题，为××饮料撰写一则广告文案，并设计一幅平面广告。

（2）请就吸烟、酗酒、噪声、环境保护等事项创作一则平面、广播或网络形式的公益广告。

4．经典平面广告评析

下图为“雀巢咖啡”的平面广告，请运用本章所学的平面广告设计理论，对该设计作品加以评析。

项目六

广告策划方案的设计与实施

能力目标

■ 能够独立撰写广告策划方案

■ 能够按广告策划方案，开展广告策划实践，进一步提高广告策划能力

■ 能够有效进行广告效果的测评

知识目标

■ 知道广告策划方案的一般格式

■ 了解广告策划方案的基本内容

■ 掌握广告策划方案的编写方法

■ 掌握广告效果的测评方法

情境分析

作为中国智能手机创新与设计的领先者，魅族于 2014 年 9 月 2 日 14 时 30 分在北京召开了新品发布会，正式发布最新一代智能手机——MX4。早在 2 个月前，魅族科技已与创行广告公司合作，由创行广告公司为新品上市做全面广告策划。该公司策划部旗下的各广告策划团队，依据前期完成的广告战略、策略决策方案以及创意提案，形成最终的完整的广告策划方案，并监督实施与管理，最后要进行广告效果的测评。

任务分解

任务 1：广告策划方案的撰写

任务 2：广告策划方案的实施

任务 3：广告效果的测评

案例导入

诺基亚音乐手机广告策划书

前　言

伴随着多功能手机在市场上的推广，音乐手机应运而生，成为成熟市场的新生产物以及市场利润增长点，同时也是继百万像素手机后的市场新宠。对音乐手机后市的看好以及较大的市场利润空间使得诸多手机厂商在此领域展开角逐，而消费者对音乐手机的关注，在一定

程度上催生了音乐手机在市场上的繁荣。诺基亚作为手机行业的佼佼者，当然不会放过任何一个发展的机会，一场轰轰烈烈的音乐手机保卫战就此展开。

诺基亚是移动通信的全球领先者，推动着更广阔的移动性行业持续发展。秉承“携手同行，共创未来”的宗旨，诺基亚和本地合作伙伴一起打造在中国长期发展的道路，并致力于成为最佳的合作伙伴。从20世纪50年代起，诺基亚就与中国建立了贸易关系。1985年，诺基亚在北京开设了第一家办事处，开始了在华的初期发展阶段；90年代中期，诺基亚通过在中国建立合资企业，实现本地化生产，并逐步将其发展成为诺基亚全球主要的生产基地；进入新世纪，诺基亚通过加强与中国在最新的通信技术领域的密切合作，深入参与中国信息产业的发展，并进一步将中国打造成为诺基亚全球的研发和人才基地。

虽然诺基亚在中国已经有很大的影响力了，但是在音乐手机这方面，诺基亚却落后于诸如索爱、LG、摩托罗拉等竞争对手，而现在，音乐手机市场的快速升温充分表明，音乐手机正在成为移动音乐市场的主力军。所以如何使诺基亚音乐手机能在市场上占得一席之地，甚至是可以超过其他的竞争对手，成为音乐手机的领军者，这是本策划的主要目的。我们力求通过广告宣传，大范围地去介绍诺基亚全新系列音乐手机，同时向消费者灌输一种概念：音乐，让我说……

一、市场环境分析

1. 音乐手机市场状况分析

1）音乐手机市场潜力巨大，但目前市场开发不足

部分厂商的观望以及市场上产品的不丰富，使得目前音乐手机在市场上处于酝酿的状态，市场规模不大，但其在市场上的发展潜力较大。从已经上市的145款机型来看，其中不乏大量成熟的、性能稳定的商业化产品。技术上，在上游部件厂商、软件厂商和部分手机厂商的共同努力下，已逐步攻克了由融合带来的操作复杂、存储容量有限、电池续航能力差、音质音效不好等技术细节问题，音乐手机产品正朝着性能完善和技术成熟的方向发展。产品价格上，受产品成本和厂商定价策略影响所造成的高价格也已有所改善。此外，在市场的高度关注、产品制造商供给力量的推动以及消费者有效需求的多重作用下，音乐手机市场必将迎来高速成长。

2）多种手机形态并行发展，音乐手机将超过拍照手机

虽然音乐手机大有超过智能手机等不同形态手机的势头，在市场上大行其道。但由于不同的产品定位以及市场多元化需求，使得音乐手机、智能手机、游戏手机等能够在市场上处于并行不悖的状态。但同拍照手机相比，音乐手机优势明显，且将会比拍照手机更受市场欢迎。其主要原因为：拍照手机的市场发展、普及、产品的广泛应用，尤其在实用领域需要配套产业如即时打印等方面的支持，但音乐手机作为娱乐性更强的产品类型，其实用价值更容易体现，这是音乐手机与拍照手机相比最大的市场优势，也是其在市场上的迅速发展、普及的重要原因。

3）音乐手机市场产品处于混乱的状态

音乐手机市场混乱的最大表现是产品在概念上的模糊，将 MP3 手机等同于音乐手机。其次是在产品价格区间分布较广，造成产品的性价比上难以界定，甚至还有的厂商爆出 1000 元以下的低价。此外，虽然目前音乐手机作为中端产品已与消费者心理预期价位相差无几，但与整体市场对比来看，其主流价位仍高于整体市场 2000 元左右，这同样也就为音乐手机价格战以及降价做好准备。

4）国产厂商在音乐手机市场乏力

在音乐手机市场，虽然国产厂商夏新、联想等诸多厂商均有音乐手机面市，尤其是波导，一连发布了 9 款音乐手机新品，但国产的音乐手机在整体市场上较低的关注度造成市场竞争力不高。相比之下，国外厂商在音乐手机领域发展繁荣。

5）联合成为音乐手机市场的一大看点

从诺基亚与微软、索爱与索尼、摩托罗拉与苹果的联合中可见，走向联合成为提升在音乐手机市场竞争力的一大手段。而在中国 MP3 播放器市场，不乏纽曼、爱国者等在数字音乐市场的领先厂商，与他们的合作也将成为一种新的趋势。

2. 音乐手机市场竞争分析

在索尼、爱立信成功地利用以音乐播放为主要诉求的 Walkman 系列手机使得该公司全球市场占有率得以提高后，各家手机大厂如三星、摩托罗拉等大厂商便纷纷投入音乐手机市场的开发。

2006 年年初，全球手机市场占有率最高的诺基亚也宣布将推出副牌 XpressMusic 参与音乐手机市场之竞争，甚至连苹果公司都打算利用 iPod 打下的基础来进军音乐手机市场。音乐手机在 2004—2005 年年成长率高达 83.3%，在 2005—2006 年之间年成长率更高达 90.9%。预计 2007 年、2008 年也都有接近 5 成的年成长率，这对于已经相当成熟的手机市场来说都是相当惊人的数字，也就是为何各主要国际大厂都竞相投入这块市场的主要原因。

而音乐手机之所以能够具有这样的成长爆发力，除了随身听本就是消费者习惯的硬设备之外，音乐播放功能在电源耗用上是目前手机电池可以接受的范围，且手机与随身听一样是随身携带的物品，而随着手机储存容量的增加，播放音质与播放功能的改善，在 2004 年后，音乐播放已几乎成为所有中高阶层手机必备的功能。

本方案认为，相对于电视，手机在手机屏幕、电源等限制以及相关数码内容上尚未成熟之时，音乐手机市场在 2006—2008 年 3 年中将成为各手机制造大厂的兵家必争之地，而在歌曲储存数量、音质、输出入的便利性、支持的音效格式乃至下载服务，都是决定各厂商是否能够打败众家对手，拥有高市场占有率的主要因素。

更重要的是，除了手机制造业之外，音乐手机市场发展将扩及手机制造业、电信系统业与数码业这三大产业，整体产业链发展与成形，势必影响到未来手机在多媒体产业上商业模式的发展方向，值得多加留意。

3. 诺基亚产品分析

诺基亚利用全线产品，全方位的营销攻略大力进攻音乐手机市场，成功地找回了自己在音乐手机市场应有的位置。

早在 2003 年，诺基亚推出了它的第一款音乐手机 3300，但并没有作为最重要的产品线推广。相反，索爱这个后起之秀却利用 Walkman 这个经典品牌攻城略地，迅速地把自己塑造成音乐手机的代言人。诺基亚作为行业老大，当然不愿意眼睁睁地看着对手抢占市场，它需要发起一场攻势，树立自己在音乐手机领域应有的位置。实际上，与其说是一场攻势，不如说是一场保卫战，因为从战略上来说，它已经落到了后面。但它也有相当的品牌号召力，以研发实力和营销能力做后盾，有相当强的“后发优势”。

2006 年，诺基亚为此成立了专门推动音乐手机市场的项目组，并以此为核心，集合广告、公关、互动营销一起，开始在一个整合平台上，制定音乐手机战略，规划音乐产品推广。

年初，诺基亚音乐网站音“悦”汇开通；4 月，诺基亚首款以音乐为主打的时尚机型 3250 上市；5 月，音乐手机旗舰诺基亚 N91 发布；8 月，“爱运动、爱音乐”的个性音乐手机诺基亚 5500 Sport 推出；9 月，全新音乐手机诺基亚 5300、诺基亚 5200、新装诺基亚 3250 和诺基亚 N91 8 GB 亮相。上述 7 款音乐手机分别覆盖不同消费群体，完成了对各个市场区隔的成功合围，让诺基亚拥有了完整的音乐手机产品序列。再加上致力于移动音乐内容服务的诺基亚音“悦”汇，诺基亚成功树立了自己在整个音乐手机生态系统中的品牌地位。

产品是最为坚实的基础。在此基础上，诺基亚展开了更深层次的整合品牌推广。9 月，借诺基亚 5300、诺基亚 5200 和新装诺基亚 3250 发布之机，诺基亚高调推出全新音乐品牌“音乐，让我说……”为主题的品牌营销活动，拉开了音乐品牌战役的序幕，原本就热火朝天的音乐手机市场竞争又多了一个强劲的对手。

不同人群会聚集在不同的影响力中心周围。诺基亚音“悦”汇、诺基亚 3250、诺基亚 5300、诺基亚 5200 和新装诺基亚 3250 的发布，充分借助了潘玮珀在年轻消费群体中的口碑和影响力；高端机型诺基亚 N91 的助阵者是国际著名大提琴家李垂谊；诺基亚 5500 Sport 运动音乐的特性则通过巴特尔得到了淋漓尽致的发挥。

在与音乐品牌及音乐人的合作当中，诺基亚创造性地将合作内容作为病毒行销的元素注入营销及传播的各个接触点之中。在目前诺基亚与 MTV 音乐电视频道的联合行销当中，众多极富创新和“音乐，让我说……”元素的电视广告、活动视频及音频、Flash 动画、明星镜头将被大量地应用在电视、广播、互联网、WAP 及终端等各个接触点。同样的合作形式也出现在了嘻哈歌手孔令奇为诺基亚创作的“音乐让我说话……”的主题歌曲上。此外诺基亚还通过大面积软性传播的方式来影响目标人群，并传递诺基亚的音乐理念。

在媒体传播上，诺基亚的媒体语言已不再是技术术语的罗列，而是本着“科技以人为本”的原则更加贴近消费者。许多音乐、娱乐、运动、户外、旅游、时尚、数码等媒体和传统的媒体一起进入诺基亚的传播链，从各个角度将诺基亚的音乐手机和音乐品牌信息传达给消费者。

2006 年，诺基亚在音乐手机市场耕耘收获颇丰。易观国际的报告显示，诺基亚已经是消费者最认可的音乐手机品牌之一。看来，诺基亚的音乐手机保卫战已经大有收获，大有后来者居上的气势。

二、营销提案

1. 目标人群

城市年轻人，18～25 岁，热爱音乐，喜欢与朋友们分享音乐，音乐是他们表达情感的一种方式，音乐是他们沟通的语言，快乐、痛苦、忧伤、愤怒……一切都可以通过音乐来表现。

2. 产品定价

目前，诺基亚的音乐系列手机包括有 N5300、N5200、N5500、N3250，其价格从 1200 到 2200 之间，适合年轻人消费者群。他们经济能力不够，但是追求时尚，消费欲望强，而这个价位也在他们的心理承受能力之内。

3. 广告目标

（1）推动全新系列音乐手机的成功上市。

（2）介绍“音乐，让我说……”的概念。

（3）建立和巩固诺基亚音乐手机品牌的领导地位。

4. 产品定位

（1）专为年轻人量身打造的音乐手机。

（2）让你随时随地享受移动音乐带来的无限乐趣，并通过音乐表达情感，通过音乐认识、结交更多的朋友。

5. 产品推广

沿用诺基亚以往的产品推广宣传方式，运用时尚元素，张扬青春活力，唤起音乐的力量，吸引年青消费者的眼光，促进诺基亚音乐系列手机 N5300、N5200、N5500、N3250 的销售。

（1）诺基亚免费音乐会。举办一个诺基亚音乐会，请港台流行歌手演出，免费入场，但仅限 15 岁以上年轻人才可进入，同时在人们入场之后向他们派发产品宣传单，并在活动中间开展一次诺基亚音乐手机的走秀活动，让靓丽的模特带着手机向人们展示。

（2）诺基亚音乐星球主题活动。建造一个体验馆，让人们感受音乐的魅力，同时达到宣传诺基亚音乐系列手机的效果。

（3）诺基亚音乐系列手机展。举办一个诺基亚音乐手机展览会，邀请相关媒体参加，同时在会展中加入诺基亚巨型扑克（见下文介绍），用以吸引人们的眼球。

（4）诺基亚音乐让“礼”听，促销赠送活动。买任何一款诺基亚音乐手机，到诺基亚营业厅，凭购买收据，玩诺基亚音乐明星问答游戏，答对 3 条，即可获得诺基亚音乐明星礼品。礼品有王力宏签名的 CD、潘韦柏手办公仔，等等。

6. 广告宣传

通过对“音乐，让我说……”的广告宣传口号的推广，让诺基亚的音乐理念深入人心，用富有创意的电视广告与吸引眼球的大幅户外广告引起受众的注意与购买欲望。

7. 售后服务

（1）认真校对诺基亚在各地的维修中心的地址、电话，等等，重新制作售后服务手册。

（2）对顾客承诺非人为原因 7 天内出现问题的手机包换，三个月保修

（3）加强对维修中心人员的教育，真诚待客，建立良好的维修中心形象。

三、创意设计提案

以电视和大型户外平面广告为主，力求在视觉上对消费者形成强大的震撼力和冲击力，向消费者介绍一种“音乐，让我说……”的概念，并让这种概念深入人心。

1. 电视广告创意——诺基亚音乐星球

场景 1: 一开始是一个星球的远景，星球表面上有一个模糊的音符在跳动，然后镜头慢慢拉近，然后看到星球上有一个牌子，上面写着：欢迎来到诺基亚音乐星球。接着镜头拉到星球里面，看到星球上面有好多的音符在跳动，人与人之间也是通过音乐来交流，他们交流的工具也不再是我们所熟悉的东西了，而是用诺基亚音乐手机来表达彼此的想法，那些在星球上调动的音符就是人们所交流的内容，最后人们都把手上的手机举起来，大唱：音乐，让我说……

上述场景主要表现你可以随时随地享受诺基亚音乐系列手机所带来的音乐乐趣，也向人们介绍“音乐，让我说……”这个概念。同时，举办诺基亚音乐星球主题活动。这是和上面那个电视广告相辅相成的一个活动，就是建立一个音乐体验馆，用音乐将整个空间覆盖起来，让人们可以在里面感觉音乐的魅力。体验馆内部把它装饰成一个模拟海洋馆的样子，但是周围游动的并不是鱼，而是诺基亚音乐系列手机，用最优美的音乐去表现诺基亚音乐系列手机良好的音质，用音乐去捕获消费者的心。

场景 2: 一开始音乐星球还是那么地平静，人们依然在享受着属于他们自己的音乐生活，但是突然有一群入侵者攻击了这个星球，人们很慌张地在逃，正当入侵者得意洋洋的时候，突然一个音符穿过其中一个入侵者的胸口，那个入侵者也随着消失了。镜头转到另一边，原来音乐星球上的居民都把自己手上的诺基亚音乐手机作为了一种武器，用手机发射出来的音符去攻击入侵者。不一会儿，入侵者全部被消灭，人们都举着手机在欢庆胜利。

这个场景主要表现诺基亚音乐手机强大的音乐穿透力和震撼力，用音符可以更好地将“音乐，让我说……”这个概念表达出来，又不会过于直白。

2. 平面广告创意

平面广告一：音乐，打开脑袋让你说……

这是一个系列广告，由四个场景组成，每个场景分别用诺基亚四种音乐手机来表现。

第一个场景是一个人在学习的时候，看起来很认真在学习，脸上表情很专注，但是也有一丝痛苦的味道流露。仔细一看，他的后脑有一扇门打开了，那是一扇长方形的门，门口站着一个小人，就是那个“学习的人”的袖珍版，小人手上拿着手机，插着耳塞在听音乐，看起来很轻松，和学习的那个“大人”形成鲜明的对比，在画面中加入“音乐，打开脑袋让你

说……”一行文字。

第二个场景是一个人在工作的时候，他正好在会议室里开会，他在向同事们发表一些什么东西，可是他的后脑同样打开了一扇门，下面的跟第一个一样。

第三个场景是一个人在被老婆数落的时候，第四个场景是一个人在旅游的时候。

这个平面广告是想表现出音乐可以让我们拥有很轻松、很舒服的感觉，同时也是在说，音乐是我们生活的一部分，我们的生活随处都有音乐。

平面广告二：音乐，喜怒哀乐任你说……

这也是一个系列广告，用诺基亚四种音乐手机分别表现出喜、怒、哀、乐这四种情感。具体画面表现是这样的：第一个画面是将诺基亚音乐手机经过夸张变形，变成一张笑脸，画面追求的是一种震撼力和视觉冲击力，所以要把整个画面做得夸张一点，然后其他画面也是用同样的手法表现出来。

这个平面广告是通过情感诉求来表现的，主要是想表达出音乐是人们表达情感的一种方式，音乐是他们沟通的语言，快乐、痛苦、忧伤、愤怒……一切都可以通过音乐来表现，而喜怒哀乐正是人们最基本的情感表现。

3. 实物广告创意——巨型扑克牌

制作诺基亚扑克，这个扑克跟普通的扑克不一样，它比普通的大很多倍，长 2 米，宽 1.6 米，用扑克牌里面最大的四张 K，黑桃、红心、梅花和方块，将里面传统的图案改成诺基亚音乐手机的四个系列产品，然后加以产品的介绍，让看者可以一目了然，扑克里面的其他四张 Q 和 J 则换成索爱、摩托罗拉、LG 等诺基亚竞争对手的音乐手机，但只有图片，没有信息介绍，最后将这些大型扑克牌在诺基亚音乐手机产品宣传会上按照 K-Q-J 的顺序展览出来，这样可以很好地抓住观者的眼球。

之所以要在扑克牌中加入索爱等其他产品，是因为我们想在无形中制造一个观念，那就是：诺基亚才是音乐手机市场的领军者，因为 K>Q>J，所以表面是在宣传其他产品，实际上是在更好的表现自己。

四、媒介提案

此次活动的主要目标受众是年轻人，组成年轻人的主流就是所谓“80 后”。时下的年轻人基本上不看报纸，看也就是浏览一下，所以报纸广告对他们没有多大用处。电视广告则要与他们所关注的节目相配合，如轰动全国的“超女”大赛，节目期间播出的产品广告大大影响了这批年轻人。杂志广告则更要注意选择能对他们产生冲击力的时尚人物或正在热捧的体育或影视明星，同时还要印制精良。还要有一些公关活动，不断地维系着与他们的沟通联系。其次，网络媒体是他们喜欢的形式之一。年轻人喜欢在购买前在网络上查资料，了解信息，网络对他们的购买行为有很大的影响。因此，可以选择网络做宣传。

1. 电视

以全国性的主流电视媒体为主，尤其是受年轻人欢迎的电视频道，如娱乐、体育、影视频道为主，购买热门节目的黄金时段。主要选择的电视媒体有：湖南卫视《音乐不断》、湖南卫视《音乐不断歌友会》、CCTV5 体育新闻。

2. 户外媒体

在全国各大城市、各省主要二级城市投放户外大型标板广告、灯箱广告、车体广告。

1）候车亭灯箱。在北京、上海、广州、深圳等大城市以及各省的重要二级城市的主要繁华路段的候车亭投放。灯箱的发布时间为 30 天，每天 24 小时（晚上七点钟左右开始亮灯到凌晨）。

2）公交车车体广告。在路过市区主要路线的公交车上投放。车体广告流动性强，广告面积大，受众面广，强迫视觉，包括在站台等待上车、看站牌名的市民都会看到，开车族也都会看到广告，无论是等车或者超车。

3）大型标板广告。在北京、上海、广州、深圳等大城市以及各省的重要二级城市的主要繁华路段投放。无论到哪里都是视觉的焦点。广告面积大，受众面广。

3. 杂志

挑选有全国影响力的时尚类杂志投放创意平面广告，关注诺基亚音乐手机的时尚、活力的元素。主要做《城市》插页广告、《瑞丽》页面广告、《数字电子》封面广告、《女友》插页广告、《运动与休闲》插页广告。

4. 网络广告

挑选门户网站、著名电子产品网站投放广告，刊登诺基亚音乐手机的测评，用口碑与实力吸引消费者的目光。主要选择的网络媒体有：太平洋电脑网、IT168 网、新浪网、搜狐网、中关村在线网。

五、广告预算

1. 广告制作预算

电视广告："诺基亚音乐星球篇"，约 300 000 元。

平面广告一："音乐，打开脑袋让你说篇"，约 50 000 元。

平面广告二："音乐，喜怒哀乐任你说篇"， 约 50 000 元。

实物广告费用：主要用于印刷制作诺基亚的宣传扑克牌，约 600 000 元。

2. 媒体投放预算

（1）电视媒体

媒　体	收费标准	月　计
湖南卫视《音乐不断》	30 145 元/15 秒	435 000/月
湖南卫视《音乐不断歌友会》	10 450 元/15 秒	450 000/月
CCTV5 体育新闻	30 400/15 秒	1 200 000/月
合计	2 085 000/月	

（2）户外媒体

以下报价以北京市户外媒体收费标准为参照。

候车亭广告：灯箱的标准统一尺寸为：350cm 长×150cm 高。以 30 天为期，约 135 000

元。

公交车车体广告：公交车车身广告实行 50 辆车为一组，每辆车为 1.2 万元。以 30 天为期，约 120 000 元。

大型标板广告：购买以“S”型牌（广告牌面积超过 250 平方米，分布于大型楼顶、路边的超大型广告牌）和“B”型牌（广告牌面积在 21 平方米至 249 平方米之间，如楼顶、楼侧、立柱式等中型广告牌）为主。以 30 天为期，约 200 000 元。

（3）杂志媒体

媒　体	收费标准
《城市》插页广告	40 000 元
《瑞丽》页面广告	50 000 元
《数字电子》封面广告	30 000 元
《女友》插页广告	25 000 元
《运动与休闲》插页广告	25 000 元
合计	170 000 元

（4）网络媒体

媒　体	收费标准
太平洋电脑网，网页旗幅广告+测评	50 000 元
IT168 网，网页旗幅广告+测评	30 000 元
新浪网，网页旗幅广告	40 000 元
搜狐网，网络视频广告	30 000 元
中关村在线网，网页旗幅广告+测评	40 000 元
合计	170 000

总计，约为 3 880 000 元。

资料来源：百度文库 http：//wenku.baidu.com，经编者整理，有部分改动

任务 6.1　广告策划方案的撰写

知识储备

广告策划方案是广告策划的产物，是广告策划所决定的战略、策略、方法、步骤的书面体现，是广告策划一系列思维和决策活动的最后归纳。广告策划方案对整个广告活动的执行，具有规划和指导的作用。

6.1.1　广告策划方案的一般格式

广告策划方案没有固定的格式，只要能清楚、完整地反映一次广告活动就行。根据产品和客户的要求不同，策划方案的写作格式与内容都会有很大的不同。下面介绍比较常见的、策划者较多使用的广告策划方案的写作格式，仅供参考。

1．封面

封面要提供以下信息：①题目，尽管整个广告策划方案没有固定的格式，但题目是所有的策划方案必须具备的。题目应该语句通顺、简单明了，一般可以写成"关于××的广告策划方案"、"××的广告策划实施方案"等；②策划机构或策划人的名称；③策划完成日期；④策划方案的编号。

2．目录

列举广告策划方案各个部分的标题及对应的页码，让客户了解整个策划方案的基本框架，引导阅读。它是策划方案的简要提纲。

3．前言

简要说明制定本策划方案的缘由及意义，或指出企业目前的处境和面临的问题点，希望通过本次策划能解决什么问题，达到什么样的目的。或者也可以简要介绍本策划方案的主要内容，以方便客户了解全貌。

4．正文

正文包括广告策划方案的全部内容，如市场分析、广告战略和策略、广告计划、广告预算、广告效果的预测与监控等，它是广告策划方案的核心。

5．附录

对策划方案中相关内容有重要参考价值和作为重要证据的相关材料，应附在策划方案最后，供客户参考所用。如市场调查问卷、访谈提纲、市场调查报告等。

6.1.2　广告策划方案的基本内容

一份完整的广告策划方案一般包括市场分析、广告战略与策略、广告计划、广告效果预测与监控等四个部分内容。

1．市场分析

市场分析部分应该包括广告调查的全部结果，主要有营销环境分析、消费者分析、产品分析、竞争态势分析、企业和竞争对手广告分析等，这一部分将为后续的广告战略和策略的提出，提供有说服力的依据。

（1）营销环境分析

① 宏观环境分析：对企业目标市场所处区域的经济环境、政治法律环境、文化环境、

人口环境、科技环境的分析。

② 微观环境分析：对企业与供应商、企业与产品的营销中间商关系的分析。

③ 市场概况分析：对当前市场规模、市场构成及其特性的分析。

④ 总结：对以上的营销环境进行总结，提出机会与威胁、优势与劣势。

（2）消费者分析

① 总体消费态势分析：分析当前的消费时尚以及各类消费者消费本产品的状况如何。

② 现有消费者分析：主要包括现有消费者基本情况分析，比如性别、年龄、收入、职业、教育、社会阶层、地理分布等；现有消费者消费行为分析，比如购买动机、时间、频率、数量、地点等；现有消费者态度分析，比如对产品的认知程度、喜爱程度、偏好程度及使用后的满意程度等。

③ 潜在消费者分析：主要包括潜在消费者的基本情况分析；潜在消费者的购买行为分析，比如现在购买哪些品牌的产品，对这些产品的态度如何，有无新的购买计划等；潜在消费者被本品牌吸引的可能性分析，比如潜在消费者对本品牌的态度如何，潜在消费者需求的满足程度如何等。

④ 总结：通过以上分析，找出机会与威胁、优势与劣势，并指明目标消费者的特性和需求。

（3）产品分析

① 产品特征分析：主要包括产品性能分析，比如产品最突出的性能及最适合消费者需求的性能是什么，产品还有哪些性能不能满足消费者的需求；产品质量分析，比如消费者对产品质量的满意程度如何，产品的质量有无继续提高的可能性；产品价格分析，比如产品价格在同类产品中居于什么档次，消费者对产品价格的认识如何；产品的材质分析，比如产品的原料是什么，在材质上有无特别之处；产品的生产工艺分析，比如产品通过什么样的工艺生产，在生产工艺上有无特别之处；产品的外观与包装分析，比如产品的外观与包装对消费者是否具有吸引力，消费者对产品外观与包装的评价如何等；最后，把广告产品与其他同类产品相比较，分析其在性能、质量、价格、材质、工艺、消费者的认知与购买上有什么优势与不足。

② 产品生命周期分析：分析产品处于生命周期的哪一阶段，主要标志和特点是什么。

③ 产品品牌形象的分析：主要分析企业附予产品的形象，比如企业为产品设计的形象是什么样，有没有不合理之处；消费者对产品形象的认知，比如消费者认为产品形象是什么样，消费者认知的形象与企业设定的形象是否相符，产品形象在消费者认知方面有没有问题等。

④ 产品定位分析：主要包括分析产品的预期定位，比如企业对产品定位有没有设想，设想怎么样，有没有不合理之处；分析消费者对产品定位的认知，比如消费者认知的产品定位是什么样，是否与企业设定的定位相符，消费者对产品定位的预期如何；最后，分析产品定位的效果，比如产品定位是否达到了预期的效果，在营销中是否有困难等。

⑤ 总结：通过以上分析，找出机会与威胁、优势与劣势，并指出主要问题点。

（4）竞争态势分析

① 企业在竞争中的地位分析：主要分析企业的市场占有率、企业自身的资源和目标等，从而确定企业在竞争中的地位。

② 企业的竞争对手分析：分析企业的主要竞争对手都有谁，竞争对手的基本情况如何，以及竞争对手的优势与劣势。

③ 总结：将企业与竞争对手进行比较，提出机会与威胁、优势与劣势，并提出主要问题点。

（5）企业与竞争对手的广告分析

主要对企业与竞争对手以往的广告活动进行分析，比如企业与竞争对手以往广告的目标市场策略、产品定位策略、广告表现策略、媒介策略是什么，其广告效果如何等。最后，将企业以往的广告与竞争对手的广告相比较，分析其优势和劣势，找出主要问题点。

2．广告战略与策略

（1）广告目标

阐明本次广告活动的目标是什么，是提高知名度，还是促进销售，或者是树立形象。广告目标可以用一定的数值或比例来表示。

（2）目标市场策略

首先，对企业原有市场的特性和规模进行分析，指出重新设定目标市场的必要性；其次，进行市场细分，对各个细分市场进行评估，找出对企业最有价值的细分市场；最后，确定企业的目标市场策略，并分析选择该目标市场的依据。

（3）产品定位策略

首先，对企业以往的定位策略进行评价，指出重新定位的必要性；然后，对产品定位进行表述，并指出新定位的依据和优势是什么。

（4）广告诉求策略

阐明广告诉求对象及其特性、广告诉求重点、广告诉求方法等。

（5）广告表现策略

阐明广告主题及其选择依据、广告创意说明、广告表现的风格、各类媒体的广告表现等。

（6）广告媒介策略

主要包括广告媒介的选择及组合策略、广告发布时机策略和广告发布频率策略等。

3．广告计划

除了广告目标、广告时间、广告目标市场、广告诉求对象和广告诉求重点外，还包括以下几方面。

（1）广告表现

具体包括印刷广告的文稿图案和布局、广播广告脚本、电视广告脚本、户外广告牌设计等，并指出各媒介广告的规格和制作要求。

（2）广告发布计划

主要介绍各媒介广告发布排期表。

（3）其他活动计划

包括促销活动计划、公关活动计划等。

（4）广告预算

确定广告费用总额，并做好广告调查和策划费用、广告设计制作费用、广告媒介费用、其他活动费用、机动费用的分配。

4．广告效果预测和监控

（1）广告效果预测

对广告主题、广告创意、广告文案、广告作品进行测试，预测其广告宣传效果。

（2）广告效果监控

指明如何对广告媒介的发布进行监控，以保证其广告效果的正常发挥。

在实际撰写广告策划方案时，上述几个部分可有增减或合并分列，也可以将媒体策划、广告预算、效果评估和总结等部分专门列出，形成相对独立的文案。在编写过程中，其内容应根据具体情况而定。

6.1.3 广告策划方案的编写要求

1．广告策划方案应以解决问题为核心

评判广告策划方案的优劣，首先要看其是否明确地找到了企业广告战略及策略上的问题点，有无解决对策。因此，编写广告策划方案，必须以解决问题为核心，按照提出问题—分析问题—解决问题的逻辑顺序来编写，先找出问题，再提出合理有效的解决方案和建议。要做到产品定位明确，广告诉求主题和表现方法清晰、简洁，具体的实施方案要成本低、效果好。

2．广告策划方案应量化、具体、切实可行

首先，目标设定要明确，策划书中涉及的营销目标，如销售额、市场占有率、购买率等，还有传播目标，如知名度、认知度、理解度等，都应明确地设定出来；其次，工作指标要具体和量化，必要时要用数字来表达，如广告活动中目标受众人数、覆盖地区数量、广告活动的目标购买率、增长率等，都要有量化的数据指标；最后，执行方案要细致、切实可行，优秀的构想必须通过精细的执行才能充分发挥功效，因此，具体的执行方案要足够精细，切不可粗糙，否则会造成时间、人力、物力等方面的延误，影响整个广告策划活动的效果。

3．广告策划方案应简洁明确、重点突出

撰写广告策划方案，一般要求简短，避免冗长。要简要、概述、分类，删除一切多余的文字，尽量避免再三再四地重复相同概念，或过分玩弄文字，要力求简练、易读、易懂。另外，策划方案应围绕重点问题和重要策略进行论证及阐述，必要时可将重点问题、关键文字提前到每部分或每个页面的开头，以便引导客户阅读并加深记忆。

知识链接：广告大师对广告策划方案提出的要求

美国广告大师莱特斯·第林诺尔认为成功的广告策划书，应该包括以下内容。

（1）性格，是指这种商品是男用，还是女用？它是低档商品，还是高档商品？

（2）历史，是指本商品的原始材料、价格历史、包装记录、消费者态度记录、区域性销售记录、广告费用记录、媒体广告的经验等。

（3）难题，是指商品在销售过程会遇到什么难题，怎样去克服这些难题。

（4）机会，是指商品的销售量，受众的购买力。

（5）文稿，是指确定什么样的广告主题以及确定这个主题的理由。

（6）媒体，是指选择什么样的广告媒体来做宣传，以及选择这种媒体的理由。

（7）推广，是指广告主如何实施广告计划，以及怎样应付某些突如其来的情况。

（8）建议，策划人员发现商品的性能、外观等方面如果存在缺陷，可以在广告策划书中提出改进的合理建议。

（9）包装，是指对商品的包装以及广告包装提出建设性的意见。

（10）价格，是指广告策划人员对商品的价格提出看法。

（11）预算，是指企业投入广告活动的费用计划。

知识链接：提升广告策划方案文本形象的技巧

广告策划书文本要注意整体形象的统一，如果形象不统一，即使内容十分精彩，也会降低说服接受者的效果。

1. 文本总体布局

文本应该有正式的封面和封底，要有简明的目录，第一层次的标题要独占一页。

2. 版面

在标题下面提示重点内容；版心的形状应该与纸张的形状相似；版心的大小以占纸张面积的 60%～70%为宜，版心与页面边缘的上下左右等距；使用的图表与文字应该具有平衡感，在视觉上不别扭、不突兀；版面的布局应该按照视线移动的规律来进行，人的视线一般是从上到下、从左到右、顺时针方向移动，因此，重点部分应放在视觉中心的位置，即左上部和中上部，次要的内容则安排在比较边缘的位置。

3. 装订

可使用穿孔式装订或螺旋式装订，无论使用哪一种，都应以易于翻阅、不遮挡版面为首要原则。使用穿孔式装订（2 孔或 4 孔），应该保留 25 毫米的空白作为装订线；使用螺旋式装订，应该保留 15 毫米的空白作为装订线。

4. 字体

策划书文本中字号的大小应该根据内容的重要程度而有所区别，各级标题应该使用比正文稍大的字号，但是字号的级别最多不应该超过 3 种。

知识链接：广告策划方案范本 1

光明活性乳广告策划方案

策划说明：在业内，上海光明乳业有限公司这两年实现东西联营、品牌全国化而为人所道。光明在品牌全国化方面做得很好，但在联营上还是比较集中在华东地区。目前，福建省内乳品市场硝烟四起，面对达能酸奶的地位牢固、长富牛奶的地理优势，光明虽有生动的电视广告扩大知名度，但终究没有与之相应的产品铺路。本策划书在于避开光明乳业在福建市场无生产依托的劣势，以将引导 21 世纪奶类消费新潮流的健康饮品活性乳冲击当地市场，为日后乳业的全面进攻打下坚实基础。

一、企业及总体市场分析

中国的乳业生产，与过去相比成绩显著，与国际相比差距很大，与需要相比严重滞后，与潜力相比前景广阔。在这个前提下，上海光明这个极具上海特色的老牌企业，1998 年销售收入为 10.93 亿元，利润 5897.49 万元，资产总值 8.83 亿元。1999 年销售收入达到 14.38 亿元，利润 7402.6 万元，资产总值 10.37 亿元。光明作为一家具有 40 多年历史的老企业，长期以来服务于上海一方天地，在上海，光明有 80%的市场占有率，几乎是垄断。而光明乳业的奶源、生产规模也是相应上海市场而建的。

1995 年开始，光明走出上海，创建全国品牌。创建全国品牌，不是简单地把广告做到其他省市、混个脸熟就罢了的事，实实在在的销售网络是必要条件。究其根本，是要以生产为依托，尤其是奶类这样的食品加工，就近运输是比较牢靠的方式。光明很好地布局了它在全国的辐射势力，用四个字概括就是：资源重组。迄今为止，光明已在全国开设了 6 家工厂。最早的内蒙呼伦贝尔光明公司和黑龙江富裕公司正好是中国北方的奶牛带，奶源存在，而且奶价便宜，仅是上海的一半。更有利的是，当地产奶高峰正是上海产奶的低谷，资源上形成南北互补。随后，西安、北京、武汉以及最近无锡厂的建立，用足了全国资源，做法大都雷同。

与生产基地的建立相对应的便是销售网络的建立，这是最终的目的。在生产基地四散开来之后，光明先是谨慎地利用沪宁、沪杭两条高速公路，在宁、沪、杭区域形成 2000 多个销售网点，然后在南京、无锡、苏州、杭州建立直销网点，以“冷链”通道打开新的消费市场，成功实现了“华东成片”、“长江连线”。但是光明在联营上还是比较集中在华东地区。

在福建市场，由于光明没有生产依托，鲜牛奶无法补货，致使本地产品优势明显。目前，更是有长富、百信等本地品牌大打宣传促销战，对光明形成了一种威胁。虽然，当年光明从丹麦汉森实验室引进世界一流的乳酸菌种，推出了与达能抗衡的光明牌四连环酸奶，年产量达 2000 吨以上，但是达能酸奶率先进入福建市场，并在厦门建厂，牢牢把握住了酸奶市场。光明唯一能进入的只有长效奶市场，而在这一区域，伊利、雀巢具有明显优势，宝莱、澳洲奶等知名品牌也与光明争一杯羹。尽管光明的电视广告令人印象深刻，但是其他品牌的广告同样也起到了告知、树立品牌形象的作用，如李湘做的宝莱牛奶广告。即便我国加入 WTO 后，国家一些保护措施有一定缓冲时间，但来自世界名牌的威胁更直接、压力更大。所以，光明当前在福建的销售不容乐观，问题的严重性在于市场份额的丧失，势必导致日后光明品牌在此的发展受阻。因为，市场先机已然丧失，其他品牌拥有高忠诚度，光明即使那时在福建联营，也已举步维艰。所以，光明急需采用侧翼攻击战术，拿出与众不同的拳头产品，在新的领域占尽先机，并为日后发展打下品牌根基。公司选择的产品便是乳酸菌饮料（商品名：活性乳）。

二、市场分析

1．市场背景

现代乳品是食品工业的重要支柱，为国家高增长产业之一，在我国发展潜力巨大。现在世界年人均消费牛乳 100 千克以上，而我国仅为 5.5 千克以上。业内专家预测到 2010 年，我国年人均消费牛乳将达 25 千克。

农业部的报告指出，今后一个时期，我国奶业将有一个较大的发展空间。奶类消费在动物类食品构成中的比重将有所提高，在居民消费支出中的比重将稳步上升。

奶类消费者年龄结构发生变化，奶制品逐渐成为大中城市居民的生活必需品；消费者的职业结构发生变化，各类职业对奶类消费趋向平衡；奶类消费方式也趋向多元化，一方面讲求营养与口味，另一方面由于生活节奏的加快，方便食用的乳制品消费量将大幅度上升。

发酵乳、乳酸奶营养全面，口味多样，而且饮用方便，越来越受到广大消费者的青睐。其作为普通牛奶、果味奶的换代产品，在不久的将来大有取代鲜奶、果味奶的趋势，从而成为乳品、饮料消费的主流之势。

美国卫生饮食专家日前预测：21 世纪的健康饮品是可保持生理健康，且具有一定疗效的活性乳酸奶或添加其他有益细菌的乳品。

调查表明，福建乳品市场潜力巨大，尤其是乳酸菌饮料，是目前乳制品市场中可以利用的一个空档。

2．产品情况

1）活性乳酸菌的作用

活性乳酸菌能治疗肠道功能紊乱、维持肠道菌群平衡，并具有抗肿瘤、降低胆固醇、延缓衰老、抑制妇女阴内病原菌、控制内霉素、促进铁和维生素 D 的吸收、抗辐射的作用。据中央电视台国际频道报道：目前，国外医学界有用乳酸菌替代青霉素的趋势。

2）乳酸菌饮料介绍

乳酸菌饮料经鲜牛奶净化、标准化、配料、HTST 预热、高压均质、乳化、发酵、高温瞬间灭菌、菌种活化培育、密闭发酵、配料、灌装封口等多道工序制成。发酵过程中去掉了牛奶中许多有害物质，保留了丰富的活性乳酸菌。活性乳除了具有牛奶营养丰富的特点外，还由于经过活性乳酸菌发酵处理，其蛋白质分解成分子量更小的凝固奶酪、肽、氨基酸等，更易消化吸收。活性乳能帮助消化，增强人体抵抗力，而且营养全面，口味多样，饮用方便。经科学研究发现，乳酸菌饮料比牛乳的消化率更接近母乳，并且营养均衡，绝对不会令人发胖。它能够分解乳糖，因此患有乳糖不耐症的人也可安心饮用。它是普通牛奶、果奶的换代产品。与酸奶相比，保存与运输的适应性更强，与酸奶饮料相比，后者营养价值显然不能与之相提并论。目前，市场上还有众多强调维生素 A、D 和钙营养的 AD 钙奶饮料，如益乐宝、乐百氏、娃哈哈、太阳神、美乐多、津威、小家伙、喜乐、椰树等。它们作为饮料的成分更多，与强调帮助消化、增强人体抵抗力的活性乳酸菌饮料诉求不同，且其目标市场也更为狭窄。

3．竞争状况

目前，生产相关乳酸菌饮料的企业有以下公司。

隆氏食品公司：是生产经营花生蛋白饮料、纯净水、矿泉水及其他花生系列食品的大型现代化企业。

北京家佳康饮料食品有限公司：提供豆奶产品。

津威食品饮料有限公司：生产发酵型乳酸奶、乳酸菌饮料、果冻布丁系列、调味品（酱油）系列等。

露露集团：生产经营以杏仁为主的植物蛋白饮料、果汁饮料及各种肉类罐头。

光泉牧场股份有限公司：生产乳品、健康食品及饮料。

浙江李子园牛奶食品有限公司：生产鲜奶、甜牛奶和草莓牛奶等乳制品。

九龙维记牛奶公司：经营奶类乳类食品和饮料。

福建大乘乳品有限公司：主要产品有酸奶、鲜奶、朱古力奶、草莓奶，位于南平市。

燕塘牛奶公司：产品分为纸盒、塑料袋、塑料杯、塑料瓶、玻璃瓶等五种包装，生产消毒鲜奶、花式奶、灭菌奶、酸奶、乳酸菌饮料等。

秦皇岛市得瑞乳业有限责任公司：产品有奶粉、炼乳、液体奶、酸奶、果汁、酸乳饮料、冰淇淋等。

乐百氏集团：生产饮用水、酸奶、牛奶、果冻、茶等保健品。

湖南太子奶集团生物科技有限责任公司：生产乳酸菌饮品，拥有“日出”、“太子”两个驰名商标。

其中，湖南太子奶集团生物科技有限责任公司拥有全行业领先的乳酸菌发酵核心技术，其主导产品“日出”牌太子奶，口感独特，品质稳定，备受市场的认可和消费者的推崇。

在所有品牌中，最具威胁的是“日出”牌太子奶，每瓶太子奶富含 180 亿个活性乳酸菌、16 种维持生命的元素、18 种人体必需的氨基酸，与光明活性乳成分相近。虽然它在中央电视台打了广告，但其知名度远远比不上光明，在福建市场，它根本就没有进入，所以，光明应抓住先机。

三、企业分析

光明拥有中国乳业最高级的研究所，最顶尖的人才，而且引用了很多国际先进技术，所以光明在技术上具有绝对优势。光明是城市性企业，要牢牢掌握住城市市场，它的定位是中等收入的大众化消费品。

四、产品分析

1．产品的个性内涵

光明活性乳是比牛奶更超前的乳制品，对于目前还在强调多喝牛奶的中国居民而言，比较超前。实际上，早在 20 世纪 80 年代末 90 年代初，国外品牌的活性乳已登陆中国市场，其电视广告动感前卫，极具诱惑力，放在今天也不过时。只是那时国人消费意识及水准不比现在，活性乳几年后销声匿迹。但今天，活性乳卷土重来的时机已到，它向传统的消费观念挑战，引导 21 世纪奶类消费新潮流。所以，它是与未来接轨的、与众不同的，更有利人体的乳制品。

2．产品的精神意义

光明活性乳是昨天的超前、今天的时尚、明天的必然选择，其自然健康的品质能使消费者产生引领时尚的优越感和享受优良生活品质的满足感。

3．产品的优势

目前亚洲人均消费奶类已超过 40 千克，而我国人均占有奶量不足 7 千克，所以我国乳业生产前景广阔。

活性乳除了具有牛奶营养丰富的特点外，其蛋白质分解成分子量更小的凝固奶酪、肽、氨基酸等，更易消化吸收。乳脂肪被发酵分解，脂肪酸比原奶增加。乳糖经发酵产生乳酸，能抵制肠道有害菌繁殖。它能帮助消化，增强人体抵抗力，比牛乳的消化率更接近母乳，并且营养均衡，绝对不会令人发胖。它能分解乳糖，因此患有乳糖不耐症的人也可安心饮用。

21 世纪的保健饮品是可保持生理健康，且具有一定疗效的活性乳酸菌奶或添加其他有益细菌的乳品。活性乳符合这一趋势，其市场的巨大潜力还未被发掘出来。

活性乳是饮料，比酸奶方便，又比其他 AD 钙奶之类饮品口味纯正。它横跨乳品、饮料两大消费市场，市场前景广阔。

福建市场尚无同类产品进入，占领先机优势明显。

4．问题点

消费观念有待更新；

对新产品的认识需要一个过程；

销售网络有待建立，铺货率有待提高；

提防市场先机的丧失。

五、销售分析

活性乳是饮料，即使不是就近运输也无妨，因此不以生产为依托，销售网络也能建立。同类产品中，尚无一种进入福建市场，而光明早以长效奶在福建铺货，不过因产品种类限制，铺货面不是太广，尚有待扩大，但比起其他产品，已占尽先机。

六、企业营销战略

1．企业营销重点

光明乳业的总体营销策略是侧翼攻击，先占领活性乳市场，打下品牌知名度、美誉度、忠诚度，让消费者对光明其他产品产生期待感，为日后光明全面进入福建市场打下基础。而光明活性乳占领市场的突破口在于其独特的性能。先期的宣传以事实性诉求为主，之后再加大情感诉求广告的比例。

2．产品定位

光明活性乳是酸菌奶，又是饮料，所以是高科技的保健型乳饮品。

强调光明活性乳是帮助消化、增强人体抵抗力的活性乳酸菌饮料，抓住“活”字做文章，给人以健康活力的印象。

强调光明活性乳是引导21世纪奶类消费新潮流的健康饮品，是时尚生活的方便饮品。

3．销售目标

光明恬性乳的销售地区偏重于生活水准高的城市，至于销售对象，虽然饮用光明活性乳的人群比较广泛，可以是正在生长发育的儿童、追求新奇的青少年、生活节奏快的现代上班族，也可以是注重保养的中年人、对饮品要求更高的老年人，它尤其适合于注重肠胃功能的人士饮用。然而，使用者与购买者是两个概念，由于观念问题，就目前而言，光明活性乳的销售对象是城市中等及偏上生活水平的人群，年龄在 6～40 岁左右，其具体特征是喜欢尝试新鲜事物，容易改变旧的消费观念，更注重保养身心，对饮食有更高要求。

4．包装战略

光明活性乳是以观念而不是年龄区隔市场，因此包装要时尚、清新、充满活力。色调沿用光明一贯的白与蓝，可用不同包装材料使产品适合不同的场合，并且分别设不同大小型号，以适合不同用途。

5．定价战略

光明活性乳的价格高于果味奶与雀巢长效奶，低于达能酸奶，与光明长效奶差不多。因为它针对的是生活水准较高的城市中上层居民，因而价格易被接受。

6．建立系统的POP宣传，让售点宣传形成统一的风格

完善零售商网络，与零售商保持密切的关系，鼓励其推销光明活性乳。因其价格与其他乳饮品差别不大，对目标消费者而言，转换产品的代价不大，而且配合其独特功效的广告宣传，再加消费者对新饮品、新口味的好奇，所以不需要特别进行价格上的促销。

七、广告战略和策略

1．广告目标

在此计划执行期（一年）内，巩固光明品牌的高知名度，并建立光明的美誉度。光明活性乳在目标市场上取得消费者的普遍好感与认可，拥有高市场占有率。

2．广告地区

福建经济发达地区，以厦、漳、泉以及福州、三明等地区为主。

3．广告对象

目标城市中等及偏上收入人群，其具体特征是喜欢尝试新鲜事物，容易改变旧的消费观念，更注重保养身心，对饮食有更高要求。

4．广告创意及诉求

广告创意可以从光明活性乳是“引导 21 世纪奶类消费新潮流之健康饮品”的诉求入手，塑造健康活力又时尚的品牌形象。广告诉求在前期以理性、感性相结合，中期加重事实诉求，后期则侧重于情感诉求。其广告口号前中期为“新生活、新饮品、光明活性乳”，中后期为“活力无穷新生活，光明活性乳”。

5．创作策略

1）杂志广告

采用理性诉求策略，使用新闻稿形式，利用时尚杂志、生活杂志引导消费潮流的特点，使产品信息顺利到达受众。

2）报纸广告

同样采用理性诉求策略，通过赞助某些生活栏目，得以刊登新闻稿形式的光明活性乳广告。

3）电视广告

沿用光明牛奶电视广告的奶牛形象，核心创意是光明的奶牛也喝活性乳。

（1）感性与理性相结合的广告系列

采用类似麦当劳的广告开头，躺在晃动的摇篮里的小奶牛一会儿露出期待的表情，一会儿露出沮丧的表情。镜头拉远，原来是摇篮边桌子上有一瓶光明活性乳，此时它的哥哥（或爸爸、爷爷、奶奶等）进来，自言自语，边拿来喝边说着喝光明活性乳的理由（表明产品的不同功能）。然后，对小奶牛的焦躁进行了无用的安慰，最后是小奶牛极沮丧的面部表情特写，用不安的小声音加旁白：“难道我只能喝牛奶吗？”同时，屏幕上出现不停快速晃动的字——新生活、新饮品，光明活性乳。最后是光明乳业的企业标志。

（2）纯感性的广告

① 一群玩滑板、听音乐起舞的光明奶牛的远中近镜头，最后是一头健壮的奶牛喝光明活性乳的特写，然后它对着镜头说：“难道我只能吃草吗？”然后，屏幕上出现不停快速晃动的字——新生活、新饮品，光明活性乳。最后是光明乳业的企业标志。

② 其余同上，只是晃动的口号改为“活力无穷新生活，光明活性乳”。

4）户外平面广告

产品形象的感性诉求广告，口号与整个广告活动的口号相同。

5）网络广告

在各知名搜索引擎发布提示性广告，同时做好本企业网站建设。

6．广告实施战略

① 策划案拟将一年的广告活动分为三大期：引入期、生长期、延续期。

② 引入期广告（三个月）：以用感性与理性相结合的电视系列广告打响知名度为主，以报纸、杂志的理性广告为铺，再附之以网络提示性广告。

③ 生长期广告（六个月）：在原有基础上，加大报纸、杂志理性宣传的分量，提高渗透率。吸引消费者访问光明乳业的网站。变光明灌输商品信息为消费者主动寻求信息。

④ 延续期广告（三个月）：从电视广告的纯感性广告①逐渐过渡到②，找出中期广告的薄弱环节，以补充性方案最终全面占领市场。

⑤ 注意点：在各个时期都要注重企业整体的形象宣传，树立高科技光明，品质过硬的品牌形象。

八、媒体策略

1．媒体组合策略

以电视、报纸、杂志为主要媒体，户外、车体、海报、POP 宣传册、小赠品、网络为辅助媒体。

2．媒体的选择

报纸：《福建日报》《福州晚报》《南方周末》《厦门日报》。

杂志：《消费指南》《美化生活》《时尚》《新周刊》《ELLE》《家庭》《健与美》。

电视：福建电视台、福州电视台、厦门电视台。

搜索引擎：Sina.com、Sohu.com、Yahoo.com、Hunhun.com、163.com、263.com。

其他媒体配合：公交车站的大灯箱广告尤其要重视。

九、公共关系及促销计划

1．公共关系的目的

① 争取获得媒体支持。

② 协调企业与配销渠道的关系，促进产品销售与推广。

③ 建立良好的企业形象，使消费者由品牌认知转向好感。

2．活动计划

① 由企业提供资料，利用媒体报道完成产品的普及教育任务。同时，配合企业的相关活动，在事后做出有关的新闻报道。报道主题和方向如下：

- 活性乳是引导 21 世纪奶类消费新潮流的健康饮品，是时尚生活的方便饮品；
- 活性乳的特点是保健功能，尤其是它能帮助消化、增强人体抵抗力；
- 企业人物专访。

② 经销商会议。帮助经销商全面认识产品，争取上市后销售的全面展开。

③ 开设电话、网络生活热线服务，提供营养咨询服务。

④ 在特定节日，进行试饮活动，争取大量消费者的试饮，有利于对品牌产生好感。

⑤ 赞助有影响的大型活动和公益活动。

⑥ 制作大量可爱的光明活性乳奶牛吉祥物及其贴画或钥匙扣，作为累积购买的奖励。

十、广告预算及效果评估（略）

十一、方案说明

此策划提供了广告企划的总体思路及框架，许多细节部分还有待充实完善，其中主要有：

① 各媒体广告的具体创意设计；

② 公共关系活动的详细计划；

③ 广告预算的细目表；

④ 各阶段广告及公共关系活动的协调与监控等。

资料来源：闫洪深.现代广告策划，北京：高等教育出版社，245 页.

知识链接：广告策划方案范本 2

泸州老窖广告策划方案

一、方案的背景

最近几年由国家主管部门确定把泸州老窖正在酿酒的窖池，作为全国重点文物进行保护的这种认定，不但具有权威性，而且是受法律保护并且具有法律效力的，它应该是泸州老窖的一件看家宝。在白酒市场竞争如此激烈的今天，它应该成为战胜对手的有力法宝。泸州老窖对此也展开了很多工作，比如不惜花巨资在中央电视台做广告，承办四川名酒节等，这些确实给泸州老窖产生了很大的影响及回报。在此基础上，泸州老窖还应该为这些策划配套做许多有用的后续工作，才能使策划的效果发挥得淋漓尽致。因此，在此为泸州老窖设计了以下配套实施方案。

二、策划的宗旨

花最少的钱获得最大的广告效果，从而获得最大的实际收益效果。采取的方法是故意设置“陷阱”引诱记者，引出新闻源头，让记者用新闻的形式去炒作，从而获得最大的广告效果。

三、策划的目标

通过此次活动产生广告效应，从而宣传国窖酒的品牌，产生品牌效应，带动泸州老窖的整体效益。

四、策划的立足点和中心

“国窖酒是酒类唯一作为全国重点文物保护的‘中国第一窖’精酿而成”。

首先，如果不说是“酒类唯一”，消费者就可能从另外的角度去理解：文物多的是，其他酒肯定也有。强调“酒类唯一”就是给消费者一个准确信息：只有国窖酒有，而其他酒没有。其次，再用“中国第一窖”突出“第一”，“第一”传递给消费者的信息是：最好的。而在广告中往往是不准用“第一”、“最”等文字的，由于“中国第一窖”是权威部门授予的，所以可以作为广告语。如果只用“国宝窖池”等文字，则显得比较模糊，给消费者传递的信息不是很强烈，没有“中国第一窖”传递的信息那么清楚、强烈。围绕“国窖酒是酒类唯一作为全国重点文物保护的‘中国第一窖’精酿而成”而展开策划，就给了消费者确信国窖酒比其他高价位的酒更好的充足且可信的理由，而且这个理由并不牵强附会，也没有丝毫勉强的痕迹。这个主题实用且有针对性，比华而不实的广告语有用得多。

即使国窖酒得到了消费者的认可，但消费者对其他高价位酒已经形成心理定势及消费习惯，所以必须配合其他的策划去打破消费者对这些酒的心理定势。比如围绕此主题做一些有关“酒类唯一作为国家重点文物保护的‘中国第一窖’”的文化背景的介绍，让消费者确信“中国第一窖”不是虚张声势，而是有深刻的文化背景，是货真价实的。

另外，泸州老窖可以利用作为文物保护的国窖池做文章，利用人们的逆反心理进行广告策划，宣传产量有限的国窖酒就是当今社会紧缺商品的代表。为什么会紧缺？因为它采用已有四百年历史的窖池酿造，所以产量有限。这样一下子就会激起人们对这种紧俏品的购买欲望，更何况它是人们生活中可以显示身份的酒。

五、本次活动的目的

① 从广告策划角度提高公司及国窖酒的知名度。

② 通过此次活动，让公司的新领导得到社会的认知，从而塑造新领导的形象。

③ 通过售酒盈利。

④ 通过此次活动产生后续影响，从而让广大消费者购买国窖酒及泸州老窖系列产品。

六、具体实施方案

选择媒体：本次活动主要选择本省媒体。

4 月 19 日，在《华西都市报》、《成都商报》A1 版刊出面积为 8.5 cm×6 cm 的广告，内容如下：

猜一猜，一个很有趣也很难的问题：

1．如今还有没有紧俏商品？

今天日常生活中商品已是琳琅满目，该商品为什么还会成为紧俏商品？

2．什么酒，一瓶居然卖了 18 万元？为什么能卖 18 万元？

4 月 20 日，在《华西都市报》、《成都商报》A1 版刊出面积为 8.5 cm×6 cm 的广告，内容如下：

昨日第 1 版猜一猜的答案：

如今还有紧俏商品。泸州老窖股份有限公司所产的“国窖酒”还是紧俏商品。因为“国窖酒”是由中国酒类唯一作为国家重点文物保护的“中国第一窖”精酿而成，所以产量有限。

4 月 21 日，在《四川青年报》做一个整版广告，介绍有关泸州老窖酒文化的一些情况，然后重点介绍实施过的拍卖大典的系列策划。

4 月 24 日，在成都泸天化大厦举行新闻发布会，发布会的内容大致是：

鉴于成都消费者很难买到紧俏的国窖酒，泸州老窖股份有限公司为了感谢成都消费者过去对泸州老窖的支持与厚爱，特别在五一节准备了一份厚礼，公司经过各方面协调，紧急调运一批紧俏的国窖酒到成都以满足消费者节日的需求。泸州老窖新上任的董事长在 4 月 29 日将亲临成都红旗批发公司 9 分场，现场包装销售国窖酒及泸州老窖系列酒，并实行 8.5 折优惠。凡购买 5 瓶以上国窖酒及 1500 元以上泸州老窖系列酒，送成都红旗批发公司 9 折金卡一张，送《四川青年报》一个月，送畅销书《策划与广告技巧及误区》一本（该书中有专题——“泸州老窖的策划与管理之道”——介绍泸州老窖）；满 500 元者送成都红旗批发公司 9.3 折优惠卡一张，送畅销书《策划与广告技巧及误区》一本；凡到场购买泸州老窖系列酒都均可获 8.5 折优惠，满 300 元者送成都红旗批发公司 9.3 折优惠卡一张。

邀请新闻单位到场。（名单略）

4 月 27 日，在《成都商报》A2 版做 17.5 cm×6 cm 的广告，在《华西都市报》A4 版做 17.5 cm×6 cm 的广告，内容如下：

五一劳动节特别礼品！

让人心动和非常有意义的礼品——国窖酒

鉴于成都消费者很难买到紧俏的国窖酒，泸州老窖股份有限公司为了感谢成都消费者过去对泸州老窖的支持和厚爱，特别为在五一节准备了一份厚礼，公司经过各方面协调，紧急调运一批紧俏的国窖酒到成都以满足消费者节日的需求。泸州老窖新上任的董事长在 4 月 29 日，将亲临成都红旗批发公司 9 分场，现场包装销售国窖酒及泸州老窖系列酒，并实行 8.5 折优惠。凡购买 5 瓶以上国窖酒及 1500 元以上泸州老窖系列酒，送成都红旗批发公司 9 折金卡一张，送《四川青年报》一个月，送畅销书《策划与广告技巧及误区》一本；满 500 元者送成都红旗批发公司 9.3 折优惠卡一张，送畅销书《策划与广告技巧及误区》一本；凡到场购买泸州老窖系列酒都均可获 8.5 折优惠，满 300 元者送成都红旗批发公司 9.3 折优惠卡一张。凡到现场均可品尝价值昂贵的国窖酒，并可获精致小礼品一份。

咨询电话：……

在四川电视台一套收视率最高节目“今晚有彩”中做广告，并送国窖酒 3 瓶（赠送给抢答答对者）、老窖酒 6 瓶（赠送给嘉宾）。

（1）在该节目中设置两道问答题让现场观众抢答：

A. 在中国酒类中唯一作为全国重点文物保护的是：

答案：泸州老窖的酿酒窖池。

B. 在近日《华西都市报》、《成都商报》上有一道猜一猜的题：

如今还有没有紧俏商品？今天日常生活中商品已是琳琅满目，该商品为什么还会成为紧俏商品？

答案：如今还有紧俏商品。泸州老窖股份有限公司所产的“国窖酒”还是紧俏商品。因为“国窖酒”是中国酒类唯一作为全国重点文物保护的“中国第一窖”精酿而成，所以产量有限。

（2）组成泸州老窖方队到现场，着有泸州老窖标志的服装，并在前面举广告牌，每个字限为 70 cm×70 cm（限 10 个字），广告内容为“中国第一窖”，并在后面拉横幅“泸州老窖——国窖酒”。电视画面在一定时候会切换给观众，并把作为文物的窖池的照片展现在电视上，让现场观众抢答这是什么，抢答答对后为该观众发奖，奖品为一瓶国窖酒。此时给国窖酒一个特写，主持人这时说：“国窖酒是由中国酒类唯一作为全国重点文物保护的‘中国第一窖’精酿而成，所以产量有限。为了满足成都消费者的需求，泸州老窖公司将在劳动节，在成都现场 8.5 折售酒，但国窖酒因为产量有限所以不打折。详细情况请看《华西都市报》、《成都商报》。”主持人在这时请董事长上台给答对者颁奖。董事长在颁奖时说出简短台词：“我在这里代表国窖人对长期支持、关心国窖酒的消费者致以衷心的感谢。”当把老窖酒送给嘉宾时，镜头对准礼仪小姐身上的绶带，上面写着：国窖酒，酒中精品。

（3）在现场放置花篮、彩气球以活跃气氛。

七、问题点

① 运多少国窖酒及系列老窖酒到红旗批发公司？与红旗批发公司如何结账？保安问题如何解决？建议：由公司及红旗批发公司各出一部分人员。

② 停车场在哪里？现场交通如何维持？如何与有关部门协调？

八、经费概算（略）

九、方案调整和补充

为了使这个广告策划再上一个层次，最后决定：第一，把销售收入的 2 万元，现场捐赠给希望工程；第二，与四川大学合作，给基础学科的在校大学生提供更多的勤工俭学的机会。策划部有很多时候、很多工作需要找暂时的工作人员，比如市场调查人员、举办各种活动的礼仪人员、挂各种广告的勤杂人员等，这些工作他们都准备用基础学科的在校贫困大学生，并给他们满意的报酬，以解决他们的后顾之忧，让他们能安心学习，致力于基础学科的发展。

资料来源：吴粲、李林.广告策划学，北京：中国人民大学出版社，447 页.

任务演练：撰写魅族 MX4 手机广告策划方案

1. 演练目的

通过本次演练，提高学生的广告策划方案撰写能力。

2．演练要求

各广告策划团队将前期完成的任务串连汇总，根据策划方案的内容及格式要求，撰写广告策划方案。方案要求市场分析准确、到位；产品定位合理；广告表现体现定位，富有创意；媒体选择与发布计划合理；结构完整，语言流畅，排版工整。

3．演练步骤

步骤 1：完成市场分析部分的撰写。

步骤 2：完成广告战略策略决策部分的撰写。

步骤 3：完成广告计划部分的撰写。

步骤 4：完成经费预算及广告效果预测部分的撰写。

步骤 5：汇总，形成完整的魅族 MX4 手机广告策划方案。

4．演练成果

各广告策划团队提交魅族 MX4 手机广告策划方案，并做 PPT 汇报。根据各团队完成的质量情况，选出优胜团队，并给予“策划精英”的称号。

任务 6.2　广告策划方案的实施

知识储备

广告策划方案的实施并非像人们想像的那样，照着策划方案的内容去做那么简单。它是一项复杂的系统工程，涉及各个部门的协调与配合。实施策划的组织和人员，要准确地理解策划的重点和意图，要掌握策划实施的科学方法和技巧，要理顺各种内外部关系，才能保证策划方案的顺利实施。

6.2.1　广告策划方案的可行性分析

虽然广告策划方案的编写是建立在市场调查与分析的基础上的，但所收集的资料大多是市场活动过去或眼前的资料，未来的广告活动还存在很多可变和不确定因素。因此，在具体实施前，必须对策划方案作进一步的可行性分析和论证。可行性论证不是一般的评论可行或不可行，而是要对具体的战略和策略进行定量、定性分析。其分析的内容可以归纳为以下几点：

① 目标决策的可行性分析；

② 实现目标的各种策略的可行性分析；

③ 对执行计划的可行性分析；

④ 对整体和局部，以及各环节之间的相互配合和协调的可行性分析；

⑤ 对经济效益和社会效益的可行性分析；

⑥ 核对整体策划流程的科学性，并对某些重要提法的准确性进行修订。

对广告策划方案的可行性论证，表面上看是评价广告策划文本，而实际上涉及整个广告，分析论证的内容比较全面，具体的评价指标参见表 6-1。

表 6-1　广告策划方案评估量表

项　目	总　分	评估指标	指标分值	实际得分
文书结构	3	结构完整性 用词准确性 表达清晰性	1 1 1	
广告调查	4	方案科学性 结论可靠性	2 2	
目标决策	6	切合企业 切合产品 切合公众	2 2 2	
定位策略	9	符合商品形象 突出品牌优势 富有特色	3 3 3	
媒介策略	12	有效性（可展示商品形象） 具有整合性 符合公众媒介习惯 可行性	3 3 3 3	
诉求策略	8	诉求对象明确 诉求符号有冲击力 诉求信息有感染力 诉求方式有心理依据	2 2 2 2	
主题创意	12	鲜明 准确（符合定位创意要求） 吸引力 新颖	3 3 3 3	
广告文案创作	12	标题吸引性 标语鼓动性 正文有效性 表述具有冲击力	3 3 3 3	
广告表现策略	18	广告图画美观性 广告图画有用性 广告音乐有效性 广告设计科学性 布局合理性 作品气息具有文化性	3 3 3 3 3 3	
广告计划	3	系列性 连贯性 可行性	1 1 1	
经费预算	6	合理性	6	
想像量级	7	冲击力 说服力	4 3	

广告策划方案经评估、修改后，向客户提交，经客户认可批准后，方可实施。

6.2.2 广告策划方案的实施程序

策划人员完成广告策划方案后，设计制作部门及媒介部门要按照广告计划执行广告任务。具体的广告策划方案实施程序如下。

（1）确定策划实施的具体时间或阶段。

（2）确定各项目的负责人并制定工作职责。

（3）实施具体项目：

首先，要完成广告作品。第一步，设计、制作用于发布的广告作品；第二步，客户审阅广告作品，检查是否达到广告策划方案所表述的要求；第三步，工商行政部门审核广告，检查是否违反了相应的法律法规。

其次，购买广告媒体。按照广告策划方案中的媒体策略，组织对广告媒体的预订与购买。

最后，发布广告，同时实施广告计划中的其他活动。发布广告时，一定要按照广告计划执行，策划人员有责任对媒体的执行情况进行监督与管理。

（4）广告效果的测定：对广告所产生的实际效果进行测定，包括传播效果、心理效果与销售效果，用于评价广告活动。

（5）总结：对整个广告策划工作进行全面总结，找出成功与失败的地方，为下一次广告策划工作提供指导。

6.2.3 广告策划成功的关键

广告策划是一项谋略性、全局性的工作，其能否成功取决于多方面要素是否有效配合。作为专业广告公司来说，应理顺各种内外部关系，摆脱旧观念的束缚，切实抓好以下几项工作。

1．抓好广告调研

成功的广告策划来源于对实际情况的全面、系统的调查研究，对市场的分析越充分，越能找出解决问题的最佳方案。广告策划方案绝不是闭门造车，不是仅凭个人的聪明才智与主观臆想，花几天时间就能写出来的。实践证明：纸上谈兵是经不起市场考验的，只有通过市场调查掌握了大量的资料，再由策划小组共同研究，集思广益，发挥整体优势，才能制定出切实可行的广告策划方案。

2．加强策划人员与广告客户之间的沟通

由于广告策划常由专业广告公司负责，而具体实施有时则由企业进行，使得策划与实施日趋分离。因此，策划实施之前，应确保实施者准确理解策划的重点与意图，使之在实施中不偏离预定方向，这就需要在实施前进行充分的沟通。策划者与广告客户的真诚合作是保证策划实施成功的前提条件。

3．提高广告策划方案实施的灵活性

广告策划方案并非是一成不变的，由于各种主观和客观的原因，在实施过程中，随时都要对原有的方案进行调整，以适应市场的变化。尤其针对一些突发性事件，必须采取相应措施，以变应变。为了提高策划方案实施的灵活性，要做到以下几点：

第一，要掌握大量准确、详细的资料，提高预见能力；

第二，要虚心听取各方的意见，尤其是广告客户的意见，双方在为消费者考虑的前提下，要共同协商、实现双赢；

第三，要动态策划，在实施中要及时调整方案、变换对策，只有这样才能在竞争中取得主动权。

4．加强策划工作与媒介部门的协调

广告是通过媒介传递信息的活动，媒介的合理选择与精准投放是广告策划的重要内容之一。为了保证广告活动的顺利实施，不仅要有一份完美的媒介策划方案，更为主要的是要取得媒介的合作，保证媒介能按照预定的时间、地点和最佳的时机发布广告，实现“策划—制作—媒介发布”的科学分工与协作。

5．加强广告策划与其他营销活动的配合

现代营销已进入整合营销传播时代，即综合协调使用各种形式的传播方式，以统一的目标和统一的传播形象，传递一致的产品信息，以树立统一的品牌形象，达到有效传播和产品行销的目的。在整合营销传播思想的影响下，广告不是独立的促销方式，它必须与广告主的各种营销传播活动统一运作。只有做到广告活动与其他促销活动的完美结合，才能收到最佳的传播效果。

6．加强对实施过程的监督与考核

策划实施是按既定方案一步步实行的过程，广告策划人员应负起监督广告策划实施的责任，运用科学的方法和程序，定期对实施过程进行监督与考核，以保证策划方案的真正落实。

任务演练：魅族MX4手机广告策划方案实施模拟演练

1．演练目的

通过广告策划方案的具体实施，在实践中提高学生的广告策划能力。

2．演练要求

各广告策划团队分别采用角色扮演的方式，在合理分工的基础上，按照广告计划，实施具体的广告活动。

3．演练步骤

步骤1：进行广告策划方案的可行性分析。

步骤2：角色模拟，实施广告活动。

步骤 3：邀请广告公司人员及专业教师，对各广告策划团队的表现进行点评与考核。

4．演练成果

各广告策划团队提交魅族 MX4 手机广告策划方案实施总结，并做 PPT 汇报。

任务 6.3　广告效果的测评

知识储备

6.3.1　广告效果的类型

广告效果，即广告活动对信息传播、产品销售、消费者行为以及社会经济、文化所产生的多元的广泛的影响。广告效果具体包括传播效果、经济效果、心理效果与社会效果。

1．传播效果

即，社会公众接受广告作品的层次和深度。它是广告作品本身的效果，反映消费者接触和接受广告作品的情况。

2．经济效果

即，企业在广告活动中所获得的经济利益，它是广告主做广告的内在动力，直接反映广告所引起的产品销售状况，它是测定广告效果的重要内容。

3．心理效果

即，广告对社会公众的各种心理活动的影响，它是广告活动对消费者内心世界的影响，反映消费者对广告的注意度、记忆度、兴趣以及购买行为等方面。

4．社会效果

即，广告构思、广告语言及广告表现所反映出的价值观、艺术、审美、尊严对整个社会的文化、道德、伦理等方面造成的影响。

除此之外，根据不同的划分标准，广告效果还可以分为多种类型。例如，根据广告产生效果的时间长短不同，广告效果可分为即时效果、近期效果和远期效果；根据广告在消费者心目中所产生的影响不同，广告心理效果还可分为认知效果、态度效果和行动效果；根据广告效果调查要素不同，广告效果可分为广告信息调查、广告媒体调查和广告活动效果调查。总之，广告效果是多元的、广泛的，因此，准确地测定广告效果并不是一件很容易的事情。

6.3.2 广告效果的特性

1．复合性

广告是一种综合的复杂的信息传播活动，它既可以通过各种表现形式来表现，又可以通过多种媒体组合来传播，同时又受到企业其他营销活动、同行业竞争广告和有关新闻宣传活动的影响。因而，广告效果呈现出复合性，即广告效果的产生是各种复杂因素综合作用的结果。

2．累积性

任何广告都不是一次性的发布，而是反复的发布，而每次广告发布都会在一定程度上加深消费者的印象，扩大对广告产品的认知范围和认知强度。因此，消费者产生购买欲望或采取购买行为，都不能说是哪一次广告发布的结果，而是整个广告发布过程的结果。

3．滞后性

人们对广告的认识是逐步的，广告对人的心理认知的影响以及诱导人们采取购买行为，需要有一段的时间，也就是说，广告效果必须经过广告发布一段时间后才能实现，它不会立竿见影（POP 广告除外）。因此，评估广告效果首先要把握广告产生效果的时间间隔，一般广告发布后要在两个月左右后才会产生相应的影响，但这不是绝对的。有的广告即时效果好，有的广告则需要相当的时间才会显露效果，这就给广告效果的测评增加了难度。

4．间接性

消费者直接接触广告并受到广告的影响，对广告产品产生兴趣，甚至购买，这固然是广告作用的结果，但是，在现实生活中，消费者购买产品常常是接受过广告影响的他人向其推荐的结果，尤其是化妆品、新产品等。这种间接受到广告影响而产生心理和行为上的变化，是广告效果的一个显著表现。

除此之外，广告效果还有隐含性、连锁性、损耗性、难测定性等诸多特性。在众多的广告效果特性中，复合性与累积性是最基本的特性。

6.3.3 广告效果的测评内容与方法

按广告活动过程，广告效果的测评主要分为事前测评、事中测评与事后测评。每一种测评，其内容与方法都有所不同。

1．广告效果的事前测评

事前测评是指广告正式播出前，对选择的媒体及广告毛片，如印刷广告的草图、广播广告的毛带、电视广告的故事板进行测评。其目的：一是指出广告方案中存在的问题；二是比较不同候选方案，以便选出最佳广告方案。事前测评具体包括对媒体的事前测评和对广告作品的事前测评两部分。

1）对广告媒体的测评

对广告媒体的测评主要包括：广告媒体选择是否正确；重点媒体和辅助媒体的确定是否合理；媒体组合是否合理有效，成本是否较低；是否考虑到竞争对手的媒体组合情况，该媒体组合是否有竞争力；所选媒体是否适合消费者的使用习惯，在其心目中地位如何；广告发布的时间、频率是否得当；广告节目的空间位置是否适宜等。

对广告媒体的测评，主要采用视听率调查的方法，具体方法如下。

（1）日记式调查法

由被调查者（抽样选出）将每天所看到或听到的节目一一填入调查问卷上。此法主要以家庭为单位，把全部成员收看（听）节目的情况按性别、年龄等类别填好。一般调查期间为一周或更长一点，在此期间，必须有专门的调查员按期上门督促填好问卷，调查结束后，收回问卷。经过统计分析得出的百分比，就是视听率。

（2）记忆式调查法

在节目播出后当天，如果是下午或晚上的节目就在次日上午，调查人员立即进行访问调查，请被调查者回忆所看到的节目。从调查视听率角度而言，调查访问的时间离节目播出时间不易太久，以免遗忘。

（3）电话调查法

顾名思义，就是向目标对象打电话询问正在观看的节目。选定一个时间段（如 19：30—20：00），请调查员同时向目标对象打电话，询问他们是否在看电视、看什么节目，有几个人在看等，并记录下访问结果。记录表上要有电话号码、被调查者姓名、性别、年龄段的记录，提问的问题要特别简单，时间不能太长，以免引起厌烦情绪。

（4）机械调查法

即采用机械装置进行收视率调查。公司在目标对象家中安装自动记录装置，按照时间自动在装置内的软片上记录下目标对象所观看的电视台、电视节目等。机械调查法可以以家庭为单位进行统计，也可以以个人为单位进行统计。

2）对广告作品的测评

对广告作品的测评主要包括对广告主题的测评、对广告创意的测评以及对广告完成稿的测评。

广告主题是贯穿于广告作品中的纲目，要求鲜明、突出，诉求有力，针对性强，因此，对广告作品的测评，首先是要测评广告主题的设定是否合理。测评广告主题，主要围绕广告主题是否明确、能否被认可，诉求重点是否突出，与目标消费者的关注点是否一致，能否引起注意，能否满足消费者的需求等问题来展开。

广告作品完成前，还要对其表现广告主题的构思进行检测，看创意有无新意，能否准确、生动地表现广告主题，是否引人入胜，感染力如何等。对广告创意进行测评，便于充分了解目标受众的有关意见和建议，以便能随时调整、修改已有的创意，选择最佳的创意方案，减少广告创作过程中的风险和成本。

广告完成稿是指已经设计制作完成，但还没有正式投放市场的广告样品，如电视广告样片、报纸杂志广告样稿等。对广告完成稿测评主要是进一步检验广告制作是否完美地体现了广告创意，以保证广告作品的最优。

对广告作品的测评，主要采用如下方法。

（1）残象测试法

此种方法多用于主题测试。是利用人的记忆特点完成的，因为人在短时间的记忆力是有限的，记住的东西，即残留的印象必是刺激强烈的。如果被测试者记忆的内容与广告主题不相吻合，则需要重新提炼广告主题。

（2）专家意见综合法

是指将设计好的广告作品，逐个交给与广告活动有关的 10～15 名专家进行评审，请他们在规定的时间内，用书面形式给评审表指标打分，寄回组织者，从中选择最佳作品。

（3）要点采分法

它是先设计一个广告要点采分表，然后请消费者代表打分，以分值高低判断广告作品的优劣。

（4）仪器测定法

即运用各种生理仪器对广告作品中各要素进行综合测定，包括生理电流计、瞳孔照相机、视问摄影机、瞬间显露器等。机械测试法可以更真实细致地了解消费者对广告作品的反应，以此判断出其真实想法和口头表述之间的差距，为修改广告作品提供充分的依据。

2．广告效果的事中测评

事中测评是指在广告活动期间内对广告效果进行的测评。其目的在于尽早发现广告方案中存在的尚未发现的问题，以便及时调整广告策略，以适应市场的变化。

常见的广告效果事中测评方法有以下几种。

1）市场销售试验法

又称实验调查法，它包括纵向试验和横向试验两种。纵向试验是对同一市场，广告发布前、后的市场效果进行比较；横向试验是对不同市场，有无广告发布的市场效果进行比较。

2）询问测验法

即，在媒体、商品包装等印刷广告上设一特定的回条，让受众在阅读广告后将其剪下寄回，以此来了解广告的接收情况。这种测评法一般是将同一则广告作品，在各种印刷媒体上同时推出，通过统计各媒体的回条回收情况，来判断哪一种或几种广告媒体更加有效，为广告公司测评媒体组合的优劣提供依据。运用这一方法必须经过周密的策划和安排，同时要给寄“回条”的消费者提供一定的优惠条件。

3）分割测定法

又称分割刊载法，它是询问测验法的一种变形，比询问测验法更复杂和严格。具体操作是将两种广告文本分别在同一期的广告媒体公开刊出，一半份数刊登一种广告文本，另一半份数刊登另一种广告文本，每一条广告文本下面都设有回条，通过回条的回收情况，来测定哪一种广告文本效果更好。此法在国外较常见。

3．广告效果的事后测评

事后测评是指广告活动结束后，对广告效果进行综合评估，这是最常见的广告效果测评方法。其目的在于了解广告实际产生的结果，以便为今后的广告提供借鉴。事后测评一般是根据广告目标来测评，主要检验预设广告目标的实现程度，因此，其测评内容视广告目标而定。

常见的广告效果事后测评内容与方法有以下几种。

1）广告到达效果测评

主要是对广告受众的媒体接触情况进行调查，以测评媒体的选择是否得当。对于电子类媒体，其具体的测评指标有视听率、毛评点、到达率、频次等；对于印刷类媒体，主要通过发行量的大小来评判。

2）广告知晓程度测评

主要是测评广告的知名度及受注意度，即消费者对企业及其产品的知晓程度。具体的测评指标有注目率、阅读率和精读率。

（1）注目率

注目率是指见过宣传广告的消费者与媒体读者的百分比，它是对广告传播广度的测定。

（2）阅读率

阅读率是指收视（听）过广告，并能记得此广告内容的消费者的比率，它是对广告传播深度的测定。

（3）精读率

精读率是指不仅见过、记得广告宣传内容，并能理解广告宣传内容的消费者的比率，它是对广告传播深度的进一步测定。

3）态度变化测评

主要是测评消费者对厂家及品牌的忠诚度、偏好度。一个人的态度变化很难直接观察到，一般只能从其表现出来的言辞和行动去推测，常用的测评方法有问卷、语义差异试验、投射法等。

4）广告销售效果测评

主要是测评广告对产品销售的影响。因大多数客户做广告的目的是为了提高销售效果，因此广告销售效果的测评成为事后测评的主要内容。广告销售效果的测评指标主要有以下几种。

（1）广告费用比率

为测定每单位销售额所支付的广告费用，可以采用广告费用比率这一相对指标，它表明广告费用支出与销售额之间的对比关系。其计算公式如下：

广告费用比率＝本期广告费用总额 / 本期广告后销售总额×100％

广告费用比率反映出一定时间内企业广告费支出占同期销售额的比例。广告费用比率越小，说明广告效果越好，反之，则广告效果越差。

（2）单位广告费用销售率

广告费用比率的倒数便是单位广告费用销售率，它表明每支出一单位的广告费用所能实现的销售额。其计算公式如下：

单位广告费用销售率＝本期广告后销售总额 / 本期广告费用总额×100%

单位广告费用销售率越大，说明广告效果越好；反之，则广告效果越差。

（3）单位广告费用销售增加率

单位广告费用销售增加率是指受广告活动影响，单位广告费用所引起的销售额的变化。其计算公式如下：

单位广告费用销售增加率＝

（本期广告后销售额－本期广告前销售额）/ 本期广告费用总额×100%

单位广告费用销售增加率可以反映出平均每元广告费用所带来的促销效益。

（4）市场占有率

市场占有率是指某品牌产品在一定时期、一定市场的销售额占同类产品销售总额的比例。其计算公式如下：

市场占有率＝某品牌产品销售额 / 同类产品销售总额×100%

（5）广告效果指数（AEI）

AEI 是 Advertising Effectiveness Index 的英文简称，即广告效果指数。该模式强调，在广告刊播后，要先调查两种情况：一是消费者看没看过广告；二是消费者有没有购买过广告中的产品。假定广告产品购买情况的调查结果如下，如表 6-2 所示。

表 6-2　广告产品购买情况调查表　　单位：人

	看过广告的人数	未看过广告的人数	合计
购买广告产品的人数	a	b	$a+b$
未购买广告产品的人数	c	d	$c+d$
合　计	$a+c$	$b+d$	n

注：a 表示看过广告而购买产品的人数；b 表示未看过广告而购买产品的人数；c 表示看过广告但没购买产品的人数；d 表示未看过广告也未购买产品的人数。

从表 6-2 中可以看出，在没有看过广告的人中，也有 $b/(b+d)$的比例购买了广告的产品，他们是受广告以外的其他因素的影响而购买产品的。所以要从看过广告而购买产品的人 a 当中，减去因广告以外的其他因素而购买的$(a+c)\times b/(b+d)$人，才是真正因为广告而导致购买的人。用这个人数除以被调查的总人数，便会得到广告效果指数。其计算公式如下：

$$\text{AEI} = [a-(a+c)\times b/(b+d)]/n\times 100\%$$

例如，某企业为提高产品销售量，共发起两次广告活动，经调查所得资料如表 6-3 和表 6-4 所示。

表 6-3　第一次广告活动调查表　　单位：人

	看过广告的人数	未看过广告的人数	合　计
购买广告产品的人数	41	24	65
未购买广告产品的人数	51	84	135
合　计	92	108	200

表 6-4　第二次广告活动调查表　　单位：人

	看过广告的人数	未看过广告的人数	合　计
购买广告产品的人数	52	20	72
未购买广告产品的人数	45	83	128
合　计	97	103	200

运用上述公式，两次广告活动的广告效果指数分别为：

$$AEI1 = [41-92\times24/108]/200\times100\%=10.28\%$$

$$AEI2 = [52-97\times20/103]/200\times100\%=16.58\%$$

从计算结果中可以看出，第一次广告活动的效果指数为 10.28%，第二次广告活动的效果指数为 16.58%，第二次广告活动效果更显著一些。

利用广告效果指数，可以得出因广告实施而获得的实质效果。

知识链接：仅仅用销售效果来衡量广告表现是一种误导

将产品销售额的上升与下滑完全归咎于广告的作用，并以此来评判广告效果是非常危险的。实践证明，产品销售量的变化受以下多种因素的影响：产品功能、品质、包装、品牌形象、价格、渠道商的配合、销售促进、人员销售、广告宣传等，销售量是它们的合力。同时，也会受到诸如经济不景气、竞争对手打压、季节气候变化、政治事件影响等多种抵消作用。可见，一些广告主认定广告与销售之间是因果关系的想法是一种误导。

知识链接：广告效果评估的困惑

广告是由多成员、多企业参与，共同完成的一项信息传播活动，由于各参与群体所扮演的角色不同，追求的利益不同，导致各群体的立场有很大的不同，如表 6-5 所示。

表 6-5 广告相关群体的立场分析

群　体	立　场
广告主	商业立场，建立品牌，促进销售
广告公司	崇尚创意的绝对自由，同时也受制于自身赢利的压力
广告媒体	帮助广告主达成商业目的，同时也有证明自己是好传播平台的潜在压力
广告受众	广告信息的被动接受者，广告主最想施加影响的人
广告调查机构	协助广告主进行广告效果的评估，同时自身也存在赢利的压力
广告评奖机构	期盼该奖项成为广告界的权威

资料来源：陶应虎.广告理论与策划.北京：清华大学出版社，2001. 385 页.

广告主一掷千金，是想获得可观的商业利润，有利于企业的生存和发展；广告公司作为专业的广告代理机构，由许多才华横溢的广告人才组成，他们从骨子里崇尚创意的绝对自由，希望能够获得业内的赏识与认可，希望能够拿大奖。这就使得现实中的广告主与广告人，相互之间难以理解，广告人认为广告主目光短浅，经常无情地扼杀天才创意；而广告主则认为广告人自以为是，无法理解自己如此清晰简单的意图。这就是为什么获大奖的广告，消费者往往很难看到，而看到的广告，一般都与大奖无缘的原因。

在现实生活中，广告主与广告公司双方的博弈，一般会以广告主的获胜为最终结果，而这种结果，会导致广告公司出现两种行为：一是妥协，完全屈从于广告主的意图，创作的广告多具有强烈的促销色彩，缺乏艺术性；二是扭曲，其创作思维逐渐被广告主“同化”，没有自己的个性，或者是通过灰色手段，拉拢客户中对广告创意有话语权的人物，以期达到目的。

任务演练：魅族 MX4 手机广告效果测评模拟演练

1．演练目的

通过对广告活动的追踪、修订与改进，提高广告效果测评能力，并进一步提升广告策划能力。

2．演练要求

各广告策划团队模拟广告效果测评工作小组，对教师指定的其他广告策划团队中的某一团队的广告活动进行效果评估。要求各工作小组通过组内讨论的方式确定测评内容与方法，并组织实施广告效果的测评，最后撰写测评分析报告。

3．演练步骤

步骤 1：教师指定测评对象。

步骤 2：讨论测评内容与方法。

步骤 3：实施广告效果的测评。

步骤 4：撰写魅族 MX4 手机广告效果测评分析报告。

4. 演练成果

各广告策划团队提交魅族 MX4 手机广告效果测评分析报告，并做 PPT 汇报。

经典广告点评

小顽童搭配大明星

奥利奥，1912 年诞生于美国，是卡夫食品有限公司的明星产品。它一经上市就成为美国最畅销的夹心饼干。奥利奥的名字来源现在已经没有人能够解释清了，但这并不影响全世界的人们对它的喜爱和迷恋。如今奥利奥已经像篮球和可乐一样成为美国本土文化的一部分。人们一提到奥利奥，马上就会想起它独特的吃法：先扭一扭，再舔一舔，最后泡一泡。而且奥利奥的制作工艺很考究，外表有精雕细刻的纹理，三层黑白搭配的设计，让每一个品尝者都爱不释手。

奥利奥的销售业绩一直处于世界食品行业的前列，这与它成功的广告宣传是分不开的。奥利奥广告在充分调查受众、尊重受众的前提下，遵循情感诉求，树立起自己温馨幸福的品牌形象。

奥利奥的广告：伴随着优美的音乐，大明星姚明和一个小顽童出现在人们的眼前。小顽童笑着问姚明："姚明，你知道怎么吃奥利奥吗？"姚明回答："当然知道。"然后，拿起一个奥利奥饼干，一边告诉小顽童具体吃法，一边亲自示范："先扭一扭，舔一舔，再泡一泡。"当姚明说到这里，准备泡饼干的时候，小顽童却把牛奶杯移到了远处。姚明笑了笑，利用自己的长手臂从小顽童的身后绕过去，将奥利奥在牛奶杯中泡了泡。小顽童惊讶地"哦"了一声。然后，他又端着牛奶杯走到了离姚明很远的地方，笑着对姚明说"哈哈，看你还泡得到我吗？"这时，姚明举起奥利奥像投篮球一样，将其投进了牛奶杯中，小顽童惊讶地张大了嘴巴，姚明得意地看着小顽童。小顽童笑着拿起泡过的那块奥利奥放进了嘴里，开心地吃了起来。

整篇广告充满了童趣与温馨，激发了人们对儿时的回忆与留恋。谁没有过童年，谁又不羡慕童年，人们总是在逝去的东西上产生更多的怀念。在如今广告满天飞的时代，我们的呼吸里都掺杂着商业的味道。许多广告商在实际操作中，仅仅依据主观的思维判断去选择广告的形式和内容，甚至有些厂商丧失职业道德做些虚假广告。但奥利奥却是这方面的楷模，奥利奥的广告作品素来讲究"以情感人"，广告内容常常反映的是儿童天真无邪的笑，朋友之间的友谊，家人之间的亲情。它以这种感情的流露作为美的标准，引起消费者的共鸣。它以其独特的构思，带给我们美味奥利奥的同时，更多的是对每一个人深深地心灵震撼和感动。

奥利奥广告另一个成功之处就在于它独特的吃法："扭一扭，舔一舔，泡一泡"，先把夹心饼干分开，品尝一下夹心馅香甜的巧克力味，再把两块饼干用力合上，在牛奶中浸泡一下放到嘴里，这样才能品尝到其中的美味。虽然这种吃法看上去有些可笑，但却加深了人们对奥利奥的印象，尤其对模仿能力超强的孩子会产生极大的吸引力。如今我们一提到奥利奥，就会想到这句："扭一扭，舔一舔，泡一泡，只有奥利奥"，同时我们也会想到那些天真调皮的孩子。

资料来源：许广崇.攻心为上，88 个经典广告策划.长沙：湖南科学技术出版社，170 页.

知识点小结

广告策划方案是广告策划所决定的战略、策略、方法、步骤的书面体现，是广告策划一系列思维和决策活动的最后归纳。广告策划方案对整个广告活动的执行，具有规划和指导作用。常见的广告策划方案一般由封面、目录、前言、正文、附录等五个部分组成，但这一写作格式并非是固定不变的，根据产品和客户的要求不同，策划方案的写作格式会有很大的不同。

一份完整的广告策划方案包括市场分析、广告战略和策略、广告计划、广告效果预测与监控等四个部分内容。其中，市场分析部分主要有营销环境分析、消费者分析、产品分析、竞争态势分析、企业和竞争对手广告分析等，这一部分将为后续的广告策略提供有说服力的支撑和依据；广告战略和策略部分包括广告目标的确定、目标市场策略、产品定位策略、广告诉求策略、广告表现策略、广告媒介策略等；广告计划部分是具体的广告活动执行方案，包括广告目标、广告时间、广告目标市场、广告诉求对象、广告诉求重点、广告表现、广告发布计划、其他活动计划、广告预算等；最后部分是对广告效果的预测和监控。在实际撰写广告策划方案时，上述几个部分可有增减或合并分列，也可以将媒体策划、广告预算、效果评估和总结等部分专门列出，形成相对独立的文案。在编写过程中，其内容应根据具体情况而定。

一份优秀的广告策划方案必须具备以下要求：广告策划方案应以解决问题为核心；广告策划方案应量化、具体、切实可行；广告策划方案应简洁明确、重点突出。

广告策划方案的实施是一项复杂的系统工程，它涉及各个部门的协调与配合。实施策划的组织和人员，要准确地理解策划的重点和意图，要掌握策划实施的科学方法和技巧，要理顺各种内外部关系，才能保证策划方案的顺利实施。

广告效果是广告活动对信息传播、产品销售、消费者行为以及社会经济、文化所产生的多元的广泛的影响。广告效果具体包括传播效果、经济效果、心理效果与社会效果。广告效果具有复合性、累积性、滞后性、间接性等特征。

按广告活动过程，广告效果的测评主要分为事前测评、事中测评与事后测评。每一种测评，其内容与方法都有所不同。事前测评是指广告正式播出前，对选择的媒体及广告毛片，如印刷广告的草图、广播广告的毛带、电视广告的故事板进行测评，主要包括对媒体的事前测评和对广告作品的事前测评；事中测评是指在广告活动期间内，对广告效果进行的测评，常见的测评方法有市场销售试验法、询问测验法与分割测定法；事后测评是指广告活动结束后，对广告效果进行综合评估，其测评内容视广告目标而定，常见的广告效果事后测评有广告到达效果测评、广告知晓程度测评、态度变化测评以及广告销售效果测评。

能力培养与训练

1．名词解释

广告策划方案　　广告经济效果　　广告心理效果　　广告社会效果　　广告传播效果

2．简答题

（1）简述广告策划方案的基本内容。

（2）一份优秀的广告策划方案必须具备哪些要求？

（3）在广告策划方案的实施过程中，要做好哪些工作？

（4）简述做好广告策划方案的可行性论证。

（5）为什么要加强广告策划与其他营销活动的配合？如何配合？请说出你的观点。

（6）分别站在广告公司与广告客户的角度，你认为在广告策划方案的实施过程中，最担心可能出现的问题有哪些？

（7）简述广告效果的一般特性。

（8）广告效果事前测定的主要内容和方法有哪些？

（9）广告效果事中测定的主要方法有哪些？

（10）广告效果事后测定的主要内容和方法有哪些？

3．技能题

（1）考察一家广告公司，对其广告策划的实际操作流程进行描述，并参与广告策划方案的编写工作，谈一谈自己的心得体会。

（2）请为一次以资助山区贫困孩子上学为主题的大型慈善文艺演出活动进行广告策划，并撰写广告策划方案。具体主办单位、时间、地点，由专业教师设定。

4．思维训练

训练1

一位犹太大亨，曾给几个期望商业上有成就的青年讲过这样一个故事：有三只猎狗追一只土拨鼠，土拨鼠钻进了一个树洞。这个树洞只有一个出口，可一会儿，居然从树洞里钻出一只兔子。兔子飞快地向前跑，并爬上另一棵大树。兔子在树上，慌忙中没有站稳，掉了下来，砸晕了正仰头看的三只猎狗，最后，兔子终于逃脱了。故事讲完了，犹太大亨问："这个故事有什么问题吗？""兔子不会爬树！"一位年轻人抗议道。"一只小兔子怎么可能同时砸晕三只猎狗呢？"另外一位年轻人提出这样的疑问。直到再也没有人能挑出毛病了，犹太大亨才说："还有一个问题，你们没有提到，土拨鼠哪儿去了？"

问题：

这个小故事说明了一个什么道理？

训练 2：

有两个园丁在菜园里为主人干活。园丁甲看见白菜叶上生了虫子，便把虫子捉了踩死。园丁乙看到了，就埋怨他不该踩死虫子，于是两个园丁吵了起来。这时，主人带着管家走了过来，责问他俩为什么吵架。

园丁甲说："主人，我看到虫子在吃白菜，就把虫子捉了踩死。我觉得，不踩死虫子，怎么能保护白菜呢？"主人点点头说："你说得对，完全对！"

园丁乙说："主人，虫子也是一条生命，它不吃白菜怎么能活下去呢？而园丁甲却把虫子踩死。我要不阻止他，怎么能保护虫子的生命呢？"主人也点点头说："你说得对，完全对！"

站在一旁的管家有些迷惑不解，他悄声地问："主人，根据逻辑学上的道理，要是两种观点发生矛盾的话，其中必有一错，而不可能都是对的。"主人又点点头说："你说得对，完全对！"

问题：

为什么三种不同的意见都对？这个故事给我们什么启示？

5．案例分析

汽车制造商"窃读"消费者大脑

跑车、性、可卡因、巧克力对男性大脑快感控制中心的刺激竟然是相同的——这是戴姆勒-克莱斯勒、福特（欧洲）和其他一些汽车制造商，利用医学和心理学研究方法的最新研究成果中的一个有趣发现。

这些国外的汽车制造商正在试图利用认知神经科学的理论，通过核磁共振成像仪和脑电波检测装置，解读消费者的思维方式，从而更有效地销售汽车。

戴姆勒-克莱斯勒实验：跑车好比孔雀尾巴

在德国，戴姆勒-克莱斯勒研究中心处于消费者脑神经研究领域的前沿，他们与乌尔姆大学精神病学/放射诊断学系合作开展了一些相关的研究项目。在研究过程中，12 名对汽车非常感兴趣的男性消费者，被放置在通常用于诊断脑部肿瘤的核磁共振成像仪中。研究人员向这些志愿者展示了 66 幅不同汽车的照片，包括跑车、轿车和小型车，并要求他们对这些车的吸引力打分。毫无疑问，这些男性认为跑车比普通的轿车和小型车更有吸引力。研究人员更关注的是：在大脑皮层中哪个具体区域，在受到跑车图像刺激后，比受到轿车和小型车图像刺激产生更强的反应。研究发现，大脑中有两个区域在看到跑车图像时，应激反应增强。一个区域是大脑的反应中心，它通常只对各种自然生理刺激产生反应，比如性、可卡因、巧克力等可以对人体产生刺激和快感的事物。另一个区域与事物的社会认知度有关。"跑车是一个社会符号，它炫耀了车主的身份地位，因为它很贵。"项目高级研究员汉瑞克·瓦尔特解释说。单从使用上说，跑车是一种不切实际的交通工具：它空间有限，价格昂贵，甚至有时不太安全。但是另一方面，跑车确实是财富和社会地位的象征。

瓦尔特拿孔雀开屏做了个比喻："这就好像孔雀漂亮的尾羽，它本身对争斗或是觅食没有任何帮助。那为什么雄孔雀在吸引雌孔雀的时候，要展示华而不实的羽毛呢？因为，如果一只雄孔雀连无用的尾毛都如此华美，充满能量的话，那意味着它一定非常的强健，当然对异性更有吸引力。"

福特实验："测"出来的市场

福特的市场人员也在消费者脑神经研究领域完成了一项探索性实验。福特汽车研究的重点之一，是希望认知神经科学研究技术能够帮助他们了解：如何让消费者对福特品牌产生情感上的共鸣。福特公司曾在投放电视广告之前，系统地针对目标群体进行测试调查，但是有时候那些被测试者太客气了，只说一些公司想听的好话。而且这种测试还有一个局限性，就是参与者往往只表达了他们有意识的反应，而非常重要的潜意识反应却很难得到。18 个月前，福特委托英国的 Pre-Diction 公司，在墨尔本某大学脑神经教授理查德·塞尔伯斯坦的带领下，使用一种特殊装置进行了一项研究。受试者戴上装有电极的装置，观看福特和一些其他汽车厂商的电视广告节目。电极装置记录下了大脑中不同部分脑电波的活动强度，从而找寻出哪一个广告更能引起强烈的感官刺激。"虽然这只是一个试验，但我们认为它很有意义。"福特欧洲市场与联络部的经理 Matthias Kunst 说。"我们认识到，真实地了解情感表现非常重要，我们必须认真考虑。"

问题：

1. 案例中所使用的是哪一种广告效果测评技术？对于案例中提到的公司，这样的测评方法是否合理？谈一谈你的看法。

2. 谈一谈如何正确选择广告效果测评方法。

附录 A

中华人民共和国广告法

（1994 年 10 月 27 日第八届全国人民代表大会常务委员会第十次会议通过；2015 年 4 月 24 日第十二届全国人民代表大会常务委员会第十四次会议修订）

第一章　总则

第一条　为了规范广告活动，保护消费者的合法权益，促进广告业的健康发展，维护社会经济秩序，制定本法。

第二条　在中华人民共和国境内，商品经营者或者服务提供者通过一定媒介和形式直接或者间接地介绍自己所推销的商品或者服务的商业广告活动，适用本法。

本法所称广告主，是指为推销商品或者服务，自行或者委托他人设计、制作、发布广告的自然人、法人或者其他组织。

本法所称广告经营者，是指接受委托提供广告设计、制作、代理服务的自然人、法人或者其他组织。

本法所称广告发布者，是指为广告主或者广告主委托的广告经营者发布广告的自然人、法人或者其他组织。

本法所称广告代言人，是指广告主以外的，在广告中以自己的名义或者形象对商品、服务作推荐、证明的自然人、法人或者其他组织。

第三条　广告应当真实、合法，以健康的表现形式表达广告内容，符合社会主义精神文明建设和弘扬中华民族优秀传统文化的要求。

第四条　广告不得含有虚假或者引人误解的内容，不得欺骗、误导消费者。

广告主应当对广告内容的真实性负责。

第五条　广告主、广告经营者、广告发布者从事广告活动，应当遵守法律、法规，诚实信用，公平竞争。

第六条　国务院工商行政管理部门主管全国的广告监督管理工作，国务院有关部门在各自的职责范围内负责广告管理相关工作。

县级以上地方工商行政管理部门主管本行政区域的广告监督管理工作，县级以上地方人民政府有关部门在各自的职责范围内负责广告管理相关工作。

第七条　广告行业组织依照法律、法规和章程的规定，制定行业规范，加强行业自律，促进行业发展，引导会员依法从事广告活动，推动广告行业诚信建设。

第二章　广告内容准则

第八条　广告中对商品的性能、功能、产地、用途、质量、成分、价格、生产者、有效期限、允诺等或者对服务的内容、提供者、形式、质量、价格、允诺等有表示的，应当准确、清楚、明白。

广告中表明推销的商品或者服务附带赠送的，应当明示所附带赠送商品或者服务的品种、规格、数量、期限和方式。

法律、行政法规规定广告中应当明示的内容，应当显著、清晰表示。

第九条　广告不得有下列情形：

（一）使用或者变相使用中华人民共和国的国旗、国歌、国徽，军旗、军歌、军徽；

（二）使用或者变相使用国家机关、国家机关工作人员的名义或者形象；

（三）使用“国家级”、“最高级”、“最佳”等用语；

（四）损害国家的尊严或者利益，泄露国家秘密；

（五）妨碍社会安定，损害社会公共利益；

（六）危害人身、财产安全，泄露个人隐私；

（七）妨碍社会公共秩序或者违背社会良好风尚；

（八）含有淫秽、色情、赌博、迷信、恐怖、暴力的内容；

（九）含有民族、种族、宗教、性别歧视的内容；

（十）妨碍环境、自然资源或者文化遗产保护；

（十一）法律、行政法规规定禁止的其他情形。

第十条　广告不得损害未成年人和残疾人的身心健康。

第十一条　广告内容涉及的事项需要取得行政许可的，应当与许可的内容相符合。

广告使用数据、统计资料、调查结果、文摘、引用语等引证内容的，应当真实、准确，并表明出处。引证内容有适用范围和有效期限的，应当明确表示。

第十二条　广告中涉及专利产品或者专利方法的，应当标明专利号和专利种类。

未取得专利权的，不得在广告中谎称取得专利权。

禁止使用未授予专利权的专利申请和已经终止、撤销、无效的专利作广告。

第十三条　广告不得贬低其他生产经营者的商品或者服务。

第十四条　广告应当具有可识别性，能够使消费者辨明其为广告。

大众传播媒介不得以新闻报道形式变相发布广告。通过大众传播媒介发布的广告应当显著标明“广告”，与其他非广告信息相区别，不得使消费者产生误解。

广播电台、电视台发布广告，应当遵守国务院有关部门关于时长、方式的规定，并应当对广告时长作出明显提示。

第十五条 麻醉药品、精神药品、医疗用毒性药品、放射性药品等特殊药品，药品类易制毒化学品，以及戒毒治疗的药品、医疗器械和治疗方法，不得作广告。

前款规定以外的处方药，只能在国务院卫生行政部门和国务院药品监督管理部门共同指定的医学、药学专业刊物上作广告。

第十六条 医疗、药品、医疗器械广告不得含有下列内容：

（一）表示功效、安全性的断言或者保证；

（二）说明治愈率或者有效率；

（三）与其他药品、医疗器械的功效和安全性或者其他医疗机构比较；

（四）利用广告代言人作推荐、证明；

（五）法律、行政法规规定禁止的其他内容。

药品广告的内容不得与国务院药品监督管理部门批准的说明书不一致，并应当显著标明禁忌、不良反应。处方药广告应当显著标明“本广告仅供医学药学专业人士阅读”，非处方药广告应当显著标明“请按药品说明书或者在药师指导下购买和使用”。

推荐给个人自用的医疗器械的广告，应当显著标明“请仔细阅读产品说明书或者在医务人员的指导下购买和使用”。医疗器械产品注册证明文件中有禁忌内容、注意事项的，广告中应当显著标明“禁忌内容或者注意事项详见说明书”。

第十七条 除医疗、药品、医疗器械广告外，禁止其他任何广告涉及疾病治疗功能，并不得使用医疗用语或者易使推销的商品与药品、医疗器械相混淆的用语。

第十八条 保健食品广告不得含有下列内容：

（一）表示功效、安全性的断言或者保证；

（二）涉及疾病预防、治疗功能；

（三）声称或者暗示广告商品为保障健康所必需；

（四）与药品、其他保健食品进行比较；

（五）利用广告代言人作推荐、证明；

（六）法律、行政法规规定禁止的其他内容。

保健食品广告应当显著标明“本品不能代替药物”。

第十九条 广播电台、电视台、报刊音像出版单位、互联网信息服务提供者不得以介绍健康、养生知识等形式变相发布医疗、药品、医疗器械、保健食品广告。

第二十条 禁止在大众传播媒介或者公共场所发布声称全部或者部分替代母乳的婴儿乳制品、饮料和其他食品广告。

第二十一条 农药、兽药、饲料和饲料添加剂广告不得含有下列内容：

（一）表示功效、安全性的断言或者保证；

（二）利用科研单位、学术机构、技术推广机构、行业协会或者专业人士、用户的名义或者形象作推荐、证明；

（三）说明有效率；

（四）违反安全使用规程的文字、语言或者画面；

（五）法律、行政法规规定禁止的其他内容。

第二十二条 禁止在大众传播媒介或者公共场所、公共交通工具、户外发布烟草广告。禁止向未成年人发送任何形式的烟草广告。

禁止利用其他商品或者服务的广告、公益广告，宣传烟草制品名称、商标、包装、装潢以及类似内容。

烟草制品生产者或者销售者发布的迁址、更名、招聘等启事中，不得含有烟草制品名称、商标、包装、装潢以及类似内容。

第二十三条 酒类广告不得含有下列内容：

（一）诱导、怂恿饮酒或者宣传无节制饮酒；

（二）出现饮酒的动作；

（三）表现驾驶车、船、飞机等活动；

（四）明示或者暗示饮酒有消除紧张和焦虑、增加体力等功效。

第二十四条 教育、培训广告不得含有下列内容：

（一）对升学、通过考试、获得学位学历或者合格证书，或者对教育、培训的效果作出明示或者暗示的保证性承诺；

（二）明示或者暗示有相关考试机构或者其工作人员、考试命题人员参与教育、培训；

（三）利用科研单位、学术机构、教育机构、行业协会、专业人士、受益者的名义或者形象作推荐、证明。

第二十五条 招商等有投资回报预期的商品或者服务广告，应当对可能存在的风险以及风险责任承担有合理提示或者警示，并不得含有下列内容：

（一）对未来效果、收益或者与其相关的情况作出保证性承诺，明示或者暗示保本、无风险或者保收益等，国家另有规定的除外；

（二）利用学术机构、行业协会、专业人士、受益者的名义或者形象作推荐、证明。

第二十六条 房地产广告，房源信息应当真实，面积应当表明为建筑面积或者套内建筑面积，并不得含有下列内容：

（一）升值或者投资回报的承诺；

（二）以项目到达某一具体参照物的所需时间表示项目位置；

（三）违反国家有关价格管理的规定；

（四）对规划或者建设中的交通、商业、文化教育设施以及其他市政条件作误导宣传。

第二十七条 农作物种子、林木种子、草种子、种畜禽、水产苗种和种养殖广告关于品种名称、生产性能、生长量或者产量、品质、抗性、特殊使用价值、经济价值、适宜种植或者养殖的范围和条件等方面的表述应当真实、清楚、明白，并不得含有下列内容：

（一）作科学上无法验证的断言；

（二）表示功效的断言或者保证；

（三）对经济效益进行分析、预测或者作保证性承诺；

（四）利用科研单位、学术机构、技术推广机构、行业协会或者专业人士、用户的名义或者形象作推荐、证明。

第二十八条 广告以虚假或者引人误解的内容欺骗、误导消费者的，构成虚假广告。

广告有下列情形之一的，为虚假广告：

（一）商品或者服务不存在的；

（二）商品的性能、功能、产地、用途、质量、规格、成分、价格、生产者、有效期限、销售状况、曾获荣誉等信息，或者服务的内容、提供者、形式、质量、价格、销售状况、曾获荣誉等信息，以及与商品或者服务有关的允诺等信息与实际情况不符，对购买行为有实质性影响的；

（三）使用虚构、伪造或者无法验证的科研成果、统计资料、调查结果、文摘、引用语等信息作证明材料的；

（四）虚构使用商品或者接受服务的效果的；

（五）以虚假或者引人误解的内容欺骗、误导消费者的其他情形。[2]

第三章 广告行为规范

第二十九条 广播电台、电视台、报刊出版单位从事广告发布业务的，应当设有专门从事广告业务的机构，配备必要的人员，具有与发布广告相适应的场所、设备，并向县级以上地方工商行政管理部门办理广告发布登记。

第三十条 广告主、广告经营者、广告发布者之间在广告活动中应当依法订立书面合同。

第三十一条 广告主、广告经营者、广告发布者不得在广告活动中进行任何形式的不正当竞争。

第三十二条 广告主委托设计、制作、发布广告，应当委托具有合法经营资格的广告经营者、广告发布者。

第三十三条 广告主或者广告经营者在广告中使用他人名义或者形象的，应当事先取得其书面同意；使用无民事行为能力人、限制民事行为能力人的名义或者形象的，应当事先取得其监护人的书面同意。

第三十四条 广告经营者、广告发布者应当按照国家有关规定，建立、健全广告业务的承接登记、审核、档案管理制度。

广告经营者、广告发布者依据法律、行政法规查验有关证明文件，核对广告内容。对内容不符或者证明文件不全的广告，广告经营者不得提供设计、制作、代理服务，广告发布者不得发布。

第三十五条 广告经营者、广告发布者应当公布其收费标准和收费办法。

第三十六条 广告发布者向广告主、广告经营者提供的覆盖率、收视率、点击率、发行量等资料应当真实。

第三十七条 法律、行政法规规定禁止生产、销售的产品或者提供的服务，以及禁止发布广告的商品或者服务，任何单位或者个人不得设计、制作、代理、发布广告。

第三十八条 广告代言人在广告中对商品、服务作推荐、证明，应当依据事实，符合本法和有关法律、行政法规规定，并不得为其未使用过的商品或者未接受过的服务作推荐、证明。

不得利用不满十周岁的未成年人作为广告代言人。

对在虚假广告中作推荐、证明受到行政处罚未满三年的自然人、法人或者其他组织，不得利用其作为广告代言人。

第三十九条 不得在中小学校、幼儿园内开展广告活动，不得利用中小学生和幼儿的教材、教辅材料、练习册、文具、教具、校服、校车等发布或者变相发布广告，但公益广告除外。

第四十条 在针对未成年人的大众传播媒介上不得发布医疗、药品、保健食品、医疗器械、化妆品、酒类、美容广告，以及不利于未成年人身心健康的网络游戏广告。

针对不满十四周岁的未成年人的商品或者服务的广告不得含有下列内容：

（一）劝诱其要求家长购买广告商品或者服务；

（二）可能引发其模仿不安全行为。

第四十一条 县级以上地方人民政府应当组织有关部门加强对利用户外场所、空间、设施等发布户外广告的监督管理，制定户外广告设置规划和安全要求。

户外广告的管理办法，由地方性法规、地方政府规章规定。

第四十二条 有下列情形之一的，不得设置户外广告：

（一）利用交通安全设施、交通标志的；

（二）影响市政公共设施、交通安全设施、交通标志、消防设施、消防安全标志使用的；

（三）妨碍生产或者人民生活，损害市容市貌的；

（四）在国家机关、文物保护单位、风景名胜区等的建筑控制地带，或者县级以上地方人民政府禁止设置户外广告的区域设置的。

第四十三条 任何单位或者个人未经当事人同意或者请求，不得向其住宅、交通工具等发送广告，也不得以电子信息方式向其发送广告。

以电子信息方式发送广告的，应当明示发送者的真实身份和联系方式，并向接收者提供拒绝继续接收的方式。

第四十四条 利用互联网从事广告活动，适用本法的各项规定。

利用互联网发布、发送广告，不得影响用户正常使用网络。在互联网页面以弹出等形式发布的广告，应当显著标明关闭标志，确保一键关闭。

第四十五条 公共场所的管理者或者电信业务经营者、互联网信息服务提供者对其明知或者应知的利用其场所或者信息传输、发布平台发送、发布违法广告的，应当予以制止。

第四章 监督管理

第四十六条 发布医疗、药品、医疗器械、农药、兽药和保健食品广告，以及法律、行政法规规定应当进行审查的其他广告，应当在发布前由有关部门（以下称广告审查机关）对广告内容进行审查；未经审查，不得发布。

第四十七条 广告主申请广告审查，应当依照法律、行政法规向广告审查机关提交有关证明文件。

广告审查机关应当依照法律、行政法规规定作出审查决定，并应当将审查批准文件抄送同级工商行政管理部门。广告审查机关应当及时向社会公布批准的广告。

第四十八条 任何单位或者个人不得伪造、变造或者转让广告审查批准文件。

第四十九条 工商行政管理部门履行广告监督管理职责，可以行使下列职权：

（一）对涉嫌从事违法广告活动的场所实施现场检查；

（二）询问涉嫌违法当事人或者其法定代表人、主要负责人和其他有关人员，对有关单位或者个人进行调查；

（三）要求涉嫌违法当事人限期提供有关证明文件；

（四）查阅、复制与涉嫌违法广告有关的合同、票据、账簿、广告作品和其他有关资料；

（五）查封、扣押与涉嫌违法广告直接相关的广告物品、经营工具、设备等财物；

（六）责令暂停发布可能造成严重后果的涉嫌违法广告；

（七）法律、行政法规规定的其他职权。

工商行政管理部门应当建立健全广告监测制度，完善监测措施，及时发现和依法查处违法广告行为。

第五十条 国务院工商行政管理部门会同国务院有关部门，制定大众传播媒介广告发布行为规范。

第五十一条 工商行政管理部门依照本法规定行使职权，当事人应当协助、配合，不得拒绝、阻挠。

第五十二条 工商行政管理部门和有关部门及其工作人员对其在广告监督管理活动中知悉的商业秘密负有保密义务。

第五十三条 任何单位或者个人有权向工商行政管理部门和有关部门投诉、举报违反本法的行为。工商行政管理部门和有关部门应当向社会公开受理投诉、举报的电话、信箱或者电子邮件地址，接到投诉、举报的部门应当自收到投诉之日起七个工作日内，予以处理并告知投诉、举报人。

工商行政管理部门和有关部门不依法履行职责的，任何单位或者个人有权向其上级机关或者监察机关举报。接到举报的机关应当依法作出处理，并将处理结果及时告知举报人。

有关部门应当为投诉、举报人保密。

第五十四条 消费者协会和其他消费者组织对违反本法规定，发布虚假广告侵害消费者合法权益，以及其他损害社会公共利益的行为，依法进行社会监督。[2]

第五章 法律责任

第五十五条 违反本法规定，发布虚假广告的，由工商行政管理部门责令停止发布广告，责令广告主在相应范围内消除影响，处广告费用三倍以上五倍以下的罚款，广告费用无法计算或者明显偏低的，处二十万元以上一百万元以下的罚款；两年内有三次以上违法行为或者有其他严重情节的，处广告费用五倍以上十倍以下的罚款，广告费用无法计算或者明显偏低的，处一百万元以上二百万元以下的罚款，可以吊销营业执照，并由广告审查机关撤销广告审查批准文件、一年内不受理其广告审查申请。

医疗机构有前款规定违法行为，情节严重的，除由工商行政管理部门依照本法处罚外，卫生行政部门可以吊销诊疗科目或者吊销医疗机构执业许可证。

广告经营者、广告发布者明知或者应知广告虚假仍设计、制作、代理、发布的，由工商行政管理部门没收广告费用，并处广告费用三倍以上五倍以下的罚款，广告费用无法计算或者明显偏低的，处二十万元以上一百万元以下的罚款；两年内有三次以上违法行为或者有其他严重情节的，处广告费用五倍以上十倍以下的罚款，广告费用无法计算或者明显偏低的，处一百万元以上二百万元以下的罚款，并可以由有关部门暂停广告发布业务、吊销营业执照、吊销广告发布登记证件。

广告主、广告经营者、广告发布者有本条第一款、第三款规定行为，构成犯罪的，依法追究刑事责任。

第五十六条 违反本法规定，发布虚假广告，欺骗、误导消费者，使购买商品或者接受服务的消费者的合法权益受到损害的，由广告主依法承担民事责任。广告经营者、广告发布者不能提供广告主的真实名称、地址和有效联系方式的，消费者可以要求广告经营者、广告发布者先行赔偿。

关系消费者生命健康的商品或者服务的虚假广告，造成消费者损害的，其广告经营者、广告发布者、广告代言人应当与广告主承担连带责任。

前款规定以外的商品或者服务的虚假广告，造成消费者损害的，其广告经营者、广告发布者、广告代言人，明知或者应知广告虚假仍设计、制作、代理、发布或者作推荐、证明的，应当与广告主承担连带责任。

第五十七条 有下列行为之一的，由工商行政管理部门责令停止发布广告，对广告主处二十万元以上一百万元以下的罚款，情节严重的，并可以吊销营业执照，由广告审查机关撤销广告审查批准文件、一年内不受理其广告审查申请；对广告经营者、广告发布者，由工商行政管理部门没收广告费用，处二十万元以上一百万元以下的罚款，情节严重的，并可以吊销营业执照、吊销广告发布登记证件：

（一）发布有本法第九条、第十条规定的禁止情形的广告的；

（二）违反本法第十五条规定发布处方药广告、药品类易制毒化学品广告、戒毒治疗的医疗器械和治疗方法广告的；

（三）违反本法第二十条规定，发布声称全部或者部分替代母乳的婴儿乳制品、饮料和其他食品广告的；

（四）违反本法第二十二条规定发布烟草广告的；

（五）违反本法第三十七条规定，利用广告推销禁止生产、销售的产品或者提供的服务，或者禁止发布广告的商品或者服务的；

（六）违反本法第四十条第一款规定，在针对未成年人的大众传播媒介上发布医疗、药品、保健食品、医疗器械、化妆品、酒类、美容广告，以及不利于未成年人身心健康的网络游戏广告的。

第五十八条 有下列行为之一的，由工商行政管理部门责令停止发布广告，责令广告主在相应范围内消除影响，处广告费用一倍以上三倍以下的罚款，广告费用无法计算或者明显偏低的，处十万元以上二十万元以下的罚款；情节严重的，处广告费用三倍以上五倍以下的罚款，广告费用无法计算或者明显偏低的，处二十万元以上一百万元以下的罚款，可以吊销营业执照，并由广告审查机关撤销广告审查批准文件、一年内不受理其广告审查申请：

（一）违反本法第十六条规定发布医疗、药品、医疗器械广告的；

（二）违反本法第十七条规定，在广告中涉及疾病治疗功能，以及使用医疗用语或者易使推销的商品与药品、医疗器械相混淆的用语的；

（三）违反本法第十八条规定发布保健食品广告的；

（四）违反本法第二十一条规定发布农药、兽药、饲料和饲料添加剂广告的；

（五）违反本法第二十三条规定发布酒类广告的；

（六）违反本法第二十四条规定发布教育、培训广告的；

（七）违反本法第二十五条规定发布招商等有投资回报预期的商品或者服务广告的；

（八）违反本法第二十六条规定发布房地产广告的；

（九）违反本法第二十七条规定发布农作物种子、林木种子、草种子、种畜禽、水产苗种和种养殖广告的；

（十）违反本法第三十八条第二款规定，利用不满十周岁的未成年人作为广告代言人的；

（十一）违反本法第三十八条第三款规定，利用自然人、法人或者其他组织作为广告代言人的；

（十二）违反本法第三十九条规定，在中小学校、幼儿园内或者利用与中小学生、幼儿有关的物品发布广告的；

（十三）违反本法第四十条第二款规定，发布针对不满十四周岁的未成年人的商品或者服务的广告的；

（十四）违反本法第四十六条规定，未经审查发布广告的。

医疗机构有前款规定违法行为，情节严重的，除由工商行政管理部门依照本法处罚外，卫生行政部门可以吊销诊疗科目或者吊销医疗机构执业许可证。

广告经营者、广告发布者明知或者应知有本条第一款规定违法行为仍设计、制作、代理、发布的，由工商行政管理部门没收广告费用，并处广告费用一倍以上三倍以下的罚款，广告费用无法计算或者明显偏低的，处十万元以上二十万元以下的罚款；情节严重的，处广告费用三倍以上五倍以下的罚款，广告费用无法计算或者明显偏低的，处二十万元以上一百万元以下的罚款，并可以由有关部门暂停广告发布业务、吊销营业执照、吊销广告发布登记证件。

第五十九条　有下列行为之一的，由工商行政管理部门责令停止发布广告，对广告主处十万元以下的罚款：

（一）广告内容违反本法第八条规定的；

（二）广告引证内容违反本法第十一条规定的；

（三）涉及专利的广告违反本法第十二条规定的；

（四）违反本法第十三条规定，广告贬低其他生产经营者的商品或者服务的。

广告经营者、广告发布者明知或者应知有前款规定违法行为仍设计、制作、代理、发布的，由工商行政管理部门处十万元以下的罚款。

广告违反本法第十四条规定，不具有可识别性的，或者违反本法第十九条规定，变相发布医疗、药品、医疗器械、保健食品广告的，由工商行政管理部门责令改正，对广告发布者处十万元以下的罚款。

第六十条　违反本法第二十九条规定，广播电台、电视台、报刊出版单位未办理广告发布登记，擅自从事广告发布业务的，由工商行政管理部门责令改正，没收违法所得，违法所得一万元以上的，并处违法所得一倍以上三倍以下的罚款；违法所得不足一万元的，并处五千元以上三万元以下的罚款。

第六十一条　违反本法第三十四条规定，广告经营者、广告发布者未按照国家有关规定建立、健全广告业务管理制度的，或者未对广告内容进行核对的，由工商行政管理部门责令改正，可以处五万元以下的罚款。

违反本法第三十五条规定，广告经营者、广告发布者未公布其收费标准和收费办法的，由价格主管部门责令改正，可以处五万元以下的罚款。

第六十二条　广告代言人有下列情形之一的，由工商行政管理部门没收违法所得，并处违法所得一倍以上二倍以下的罚款：

（一）违反本法第十六条第一款第四项规定，在医疗、药品、医疗器械广告中作推荐、证明的；

（二）违反本法第十八条第一款第五项规定，在保健食品广告中作推荐、证明的；

（三）违反本法第三十八条第一款规定，为其未使用过的商品或者未接受过的服务作推荐、证明的；

（四）明知或者应知广告虚假仍在广告中对商品、服务作推荐、证明的。

第六十三条 违反本法第四十三条规定发送广告的，由有关部门责令停止违法行为，对广告主处五千元以上三万元以下的罚款。

违反本法第四十四条第二款规定，利用互联网发布广告，未显著标明关闭标志，确保一键关闭的，由工商行政管理部门责令改正，对广告主处五千元以上三万元以下的罚款。

第六十四条 违反本法第四十五条规定，公共场所的管理者和电信业务经营者、互联网信息服务提供者，明知或者应知广告活动违法不予制止的，由工商行政管理部门没收违法所得，违法所得五万元以上的，并处违法所得一倍以上三倍以下的罚款，违法所得不足五万元的，并处一万元以上五万元以下的罚款；情节严重的，由有关部门依法停止相关业务。

第六十五条 违反本法规定，隐瞒真实情况或者提供虚假材料申请广告审查的，广告审查机关不予受理或者不予批准，予以警告，一年内不受理该申请人的广告审查申请；以欺骗、贿赂等不正当手段取得广告审查批准的，广告审查机关予以撤销，处十万元以上二十万元以下的罚款，三年内不受理该申请人的广告审查申请。

第六十六条 违反本法规定，伪造、变造或者转让广告审查批准文件的，由工商行政管理部门没收违法所得，并处一万元以上十万元以下的罚款。

第六十七条 有本法规定的违法行为的，由工商行政管理部门记入信用档案，并依照有关法律、行政法规规定予以公示。

第六十八条 广播电台、电视台、报刊音像出版单位发布违法广告，或者以新闻报道形式变相发布广告，或者以介绍健康、养生知识等形式变相发布医疗、药品、医疗器械、保健食品广告，工商行政管理部门依照本法给予处罚的，应当通报新闻出版广电部门以及其他有关部门。新闻出版广电部门以及其他有关部门应当依法对负有责任的主管人员和直接责任人员给予处分；情节严重的，并可以暂停媒体的广告发布业务。

新闻出版广电部门以及其他有关部门未依照前款规定对广播电台、电视台、报刊音像出版单位进行处理的，对负有责任的主管人员和直接责任人员，依法给予处分。

第六十九条 广告主、广告经营者、广告发布者违反本法规定，有下列侵权行为之一的，依法承担民事责任：

（一）在广告中损害未成年人或者残疾人的身心健康的；

（二）假冒他人专利的；

（三）贬低其他生产经营者的商品、服务的；

（四）在广告中未经同意使用他人名义或者形象的；

（五）其他侵犯他人合法民事权益的。

第七十条 因发布虚假广告，或者有其他本法规定的违法行为，被吊销营业执照的公司、企业的法定代表人，对违法行为负有个人责任的，自该公司、企业被吊销营业执照之日起三年内不得担任公司、企业的董事、监事、高级管理人员。

第七十一条　违反本法规定，拒绝、阻挠工商行政管理部门监督检查，或者有其他构成违反治安管理行为的，依法给予治安管理处罚；构成犯罪的，依法追究刑事责任。

第七十二条　广告审查机关对违法的广告内容作出审查批准决定的，对负有责任的主管人员和直接责任人员，由任免机关或者监察机关依法给予处分；构成犯罪的，依法追究刑事责任。

第七十三条　工商行政管理部门对在履行广告监测职责中发现的违法广告行为或者对经投诉、举报的违法广告行为，不依法予以查处的，对负有责任的主管人员和直接责任人员，依法给予处分。

工商行政管理部门和负责广告管理相关工作的有关部门的工作人员玩忽职守、滥用职权、徇私舞弊的，依法给予处分。

有前两款行为，构成犯罪的，依法追究刑事责任。

第六章　附则

第七十四条　国家鼓励、支持开展公益广告宣传活动，传播社会主义核心价值观，倡导文明风尚。

大众传播媒介有义务发布公益广告。广播电台、电视台、报刊出版单位应当按照规定的版面、时段、时长发布公益广告。公益广告的管理办法，由国务院工商行政管理部门会同有关部门制定。

第七十五条　本法自2015年9月1日起施行。

附录 B

广告管理条例施行细则

（于 2004 年 11 月 30 日以国家工商行政管理总局令第 18 号公布；根据 2011 年 12 月 12 日中华人民共和国国家工商行政管理总局令第 58 号公布的《国家工商行政管理总局关于按照〈中华人民共和国行政强制法〉修改有关规章的决定》修改）

第一条 根据《广告管理条例》（以下简称《条例》）第二十一条的规定，制定本细则。

第二条 《条例》第二条规定的管理范围包括：

（一）利用报纸、期刊、图书、名录等刊登广告。

（二）利用广播、电视、电影、录像、幻灯等播映广告。

（三）利用街道、广场、机场、车站、码头等的建筑物或空间设置路牌、霓虹灯、电子显示牌、橱窗、灯箱、墙壁等广告。

（四）利用影剧院、体育场（馆）、文化馆、展览馆、宾馆、饭店、游乐场、商场等场所内外设置、张贴广告。

（五）利用车、船、飞机等交通工具设置、绘制、张贴广告。

（六）通过邮局邮寄各类广告宣传品。

（七）利用馈赠实物进行广告宣传。

（八）利用其他媒介和形式刊播、设置、张贴广告。

第三条 申请经营广告业务的企业，除符合企业登记等条件外，还应具备下列条件：

（一）有负责市场调查的机构和专业人员。

（二）有熟悉广告管理法规的管理人员及广告设计、制作、编审人员。

（三）有专职的财会人员。

（四）申请承接或代理外商来华广告，应当具备经营外商来华广告的能力。

第四条 广播电台、电视台、报刊出版单位，事业单位以及法律、行政法规规定的其他单位办理广告经营许可登记，应当具备下列条件：

（一）具有直接发布广告的媒介或手段。

（二）设有专门的广告经营机构。

（三）有广告经营设备和经营场所。

（四）有广告专业人员和熟悉广告法规的广告审查员。

第五条　中外合资经营企业、中外合作经营企业以及外资企业申请经营广告业务，按照《外商投资广告企业管理规定》，参照《条例》、本细则和其他有关规定办理。

第六条　申请经营广告业务的个体工商户，除应具备《城乡个体工商户管理暂行条例》规定的条件外，本人还应具有广告专业技能，熟悉广告管理法规。

第七条　根据《条例》第六条的规定，按照下列程序办理广告经营者登记手续：

（一）设立经营广告业务的企业，向具有管辖权的工商行政管理局申请办理企业登记，发给营业执照。

（二）广播电台、电视台、报刊出版单位，事业单位以及其他法律、行政法规规定申请兼营广告业务应当办理广告经营许可登记的单位，向省、自治区、直辖市、计划单列市或其授权的县级以上工商行政管理局申请登记，发给《广告经营许可证》。

（三）经营广告业务的个体工商户，向所在地工商行政管理局申请，经所在地工商行政管理局依法登记，发给营业执照。

第八条　广告客户申请利用广播、电视、报刊以外的媒介为卷烟做广告，须经省、自治区、直辖市工商行政管理局或其授权的省辖市工商行政管理局批准。

第九条　根据《条例》第七条的规定，广告客户申请发布广告，应当出具相应的证明：

（一）企业和个体工商户应当交验营业执照。

（二）机关、团体、事业单位提交本单位的证明。

（三）个人提交乡、镇人民政府、街道办事处或所在单位的证明。

（四）外国企业常驻代表机构，应当交验国家工商行政管理总局颁发的《外国企业在中国常驻代表机构登记证》。

第十条　根据《条例》第十一条第（一）项的规定，申请发布商品广告，应当交验符合国家标准、部标准（专业标准）、企业标准的质量证明。

第十一条　根据《条例》第十一条第（七）项的规定，申请发布下列广告应当提交有关证明：

（一）报刊出版发行广告，应当交验省、自治区、直辖市新闻出版机关核发的登记证。

（二）图书出版发行广告，应当提交新闻出版机关批准成立出版社的证明。

（三）各类文艺演出广告，应当按照有关规定提交证明文件。

第十二条　根据《条例》第十一条第（八）项的规定，申请刊播下列内容的广告，应当提交有关证明：

（一）各类展销会、订货会、交易会等广告，应当提交主办单位主管部门批准的证明。

（二）个人启事、声明等广告，应当提交所在单位、乡（镇）人民政府或街道办事处出具的证明。

第十三条　广告客户申请刊播、设置、张贴广告，应当提交各类证明的原件或有效复制件。

第十四条 广告代理收费标准为广告费的15%。

第十五条 国内企业在境外发布广告，外国企业（组织）、外籍人员在境内承揽和发布广告，应当委托在中国注册的具有广告经营资格的企业代理。违反规定者，处以违法所得额三倍以下的罚款，但最高不超过三万元，没有违法所得的，处以一万元以下的罚款。

第十六条 根据《条例》第十二条的规定，代理和发布广告，代理者和发布者均应负责审查广告内容，查验有关证明，并有权要求广告客户提交其他必要的证明文件。对于无合法证明、证明不全或内容不实的广告，不得代理、发布。

广告经营者必须建立广告的承接登记、复审和业务档案制度。广告业务档案保存的时间不得少于一年。

第十七条 广告客户违反《条例》第三条、第八条第（五）项规定，利用广告弄虚作假欺骗用户和消费者的，责令其在相应的范围内发布更正广告，并视其情节予以通报批评、处以违法所得额三倍以下的罚款，但最高不超过三万元，没有违法所得的，处以一万元以下的罚款；给用户和消费者造成损害的，承担赔偿责任。

广告经营者帮助广告客户弄虚作假的，视其情节予以通报批评、没收非法所得、处以违法所得额三倍以下的罚款，但最高不超过三万元，没有违法所得的，处以一万元以下的罚款；情节严重的，可责令停业整顿，吊销营业执照或者《广告经营许可证》；给用户和消费者造成损害的，负连带赔偿责任。

发布更正广告的费用分别由广告客户和广告经营者承担。

第十八条 违反《条例》第四条、第八条第（六）项规定的，视其情节予以通报批评、没收非法所得、处五千元以下罚款或责令停业整顿。

第十九条 广告经营者违反《条例》第六条规定，无证照经营广告业务的，按照《无照经营查处取缔办法》有关规定予以处罚；超越经营范围经营广告业务的，按照企业登记管理法规有关规定予以处罚。

第二十条 广告客户违反《条例》第七条规定的，视其情节予以通报批评、处五千元以下罚款。

第二十一条 违反《条例》第八条第（一）（二）（三）（四）项规定的，对广告经营者予以通报批评、没收非法所得、处一万元以下罚款；对广告客户视其情节予以通报批评、处一万元以下罚款。

第二十二条 新闻单位违反《条例》第九条规定的，视其情节予以通报批评、没收非法所得、处一万元以下罚款。

第二十三条 广告经营者违反《条例》第十条规定的，视其情节予以通报批评、没收非法所得、处一万元以下罚款。

第二十四条 广告客户违反《条例》第十一条规定，伪造、涂改、盗用或者非法复制广告证明的，予以通报批评、处五千元以下罚款。

广告经营者违反《条例》第十一条第（三）项规定的，处一千元以下罚款。

为广告客户出具非法或虚假证明的，予以通报批评、处五千元以下罚款，并负连带责任。

第二十五条　广告经营者违反《条例》第十二条规定的，视其情节予以通报批评、没收非法所得、处三千元以下罚款；由此造成虚假广告的，必须负责发布更正广告，给用户和消费者造成损害的，负连带赔偿责任。

第二十六条　违反《条例》第十三条规定，非法设置、张贴广告的，没收非法所得、处五千元以下罚款，并限期拆除。

第二十七条　违反《条例》第十四条、第十五条规定的，视其情节予以通报批评、责令限期改正、没收非法所得、处五千元以下罚款。

第二十八条　本细则自2005年1月1日起施行。

参考文献

[1] 叶茂中．叶茂中的营销策划．北京：中国人民大学出版社，2007.
[2] 余明阳，陈先红．广告学．2 版．合肥：安徽人民出版社，2000.
[3] 黄述富．广告学．成都：西南财经大学出版社，1999.
[4] KOTLER P，ARMSTRONG G．市场营销原理．赵平，王霞，等译．北京：清华大学出版社，2003.
[5] 贾凯君．新概念营销．北京：中国经济出版社，2007.
[6] 张金海，姚曦．广告学教程．上海：上海人民出版社，2003.
[7] 吴粲，李林．广告策划学．北京：中国人民大学出版社，2007.
[8] 闫洪深．现代广告策划．北京：高等教育出版社，2007.
[9] 纪华强．广告策划．北京：高等教育出版社，2006.
[10] 陈放，江华，李成书．广告策划学．北京：知识产权出版社，2000.
[11] 余明阳，陈先红．广告策划创意学．上海：复旦大学出版社，1999.
[12] 单宝．企业创意与策划．北京：民主与建设出版社，2002.
[13] 崔晓西，周建昌．策划训练．武汉：武汉大学出版社，2003.
[14] 潘哲初．现代广告策划．上海：复旦大学出版社，1999.
[15] 文浩．新编现代广告策划实务．北京：蓝天出版社，2003.
[16] 何修猛．现代广告学．2 版．上海：复旦大学出版社，1998.
[17] 广告人杂志社．实战广告案例教程．北京：机械工业出版社，2009.
[18] 陈宏军，江若尘．现代广告学．北京：科学出版社，2006.
[19] 王国全．新广告学．广州：广东人民出版社，2002.
[20] 单宝．企业创意与策划．北京：民主与建设出版社，2002.
[21] 吴建．广告大理论．成都：四川人民出版社，1994.
[22] 孙有为．广告学．北京：世界知识出版社，1991.
[23] 赵兴元，金立其，王海光．广告原理与实务．大连：东北财经大学出版社，2002.
[24] 苗杰．现代广告学．北京：中国人民大学出版社，1994.
[25] 梁良良．创新思维训练．北京：中央编译出版社，2001.
[26] 陶应虎．广告理论与．北京：清华大学出版社，2001.
[27] 许广崇．攻心为上，88 个经典广告策划．长沙：湖南科学技术出版社，2013.

[28] 杨佐飞. 广告策划与管理. 北京：北京大学出版社，2014.
[29] 李霞，翟瑛栋. 影视广告作品赏析. 上海：上海交通大学出版社，2009.
[30] 黄合水. 广告心理学. 厦门：厦门大学出版社，2003.
[31] 吴柏林. 广告策划实务与案例. 北京：机械工业出版社，2013.
[32] 胡德华. 市场营销原理与实务. 北京：清华大学出版社，2011.
[33] 章金萍. 市场营销实务. 杭州：浙江大学出版社，2011.